BLV Bestimmungsbuch
Pilze

Über 600 eßbare und giftige Pilze
farbig abgebildet und beschrieben

Text von J. E. Lange
und M. Lange

Illustrationen von J. E. Lange,
E. Sunesen und P. Dahlström

Überarbeitet für die
mitteleuropäischen Verhältnisse
von Prof. Dr. Meinhard Moser,
Innsbruck

Fünfte Auflage

BLV
MÜNCHEN
BERN
WIEN

Übersetzungen der dänischen Originalausgabe
erschienen bei:
Collins, London
Delachaux & Niestlé, Neuchâtel
Elsevier Nederland, Amsterdam
Mortensens, Oslo
Norstedt & Söner, Stockholm
Otava, Helsinki

BLV Bestimmungsbuch 1

© G. E. C. Gads Forlag, Kopenhagen 1969
Titel der dänischen Originalausgabe:
Illustreret Svampeflora

© für das deutsche Sprachgebiet
BLV Verlagsgesellschaft mbH, München, 1973
Einbandzeichnung: P. Dahlström

Printed in Denmark . 1. Auflage 1962
ISBN 3-405-11127-7

Tafel I: Links der »Lila-Dickfuß« *(Cortinarius traganus)* (s. Seite 164),
Mitte hinten der »Zigeuner« *(Rozites caperata)* (s. Seite 172),
rechts der »Rosa-Schmierling« *(Gomphidius roseus)* (s. Seite 184).

INHALTSVERZEICHNIS

VORWORT

Auf dem Gebiete der Pilzforschung haben sich Wissenschaftler aus zahlreichen Ländern betätigt. So hat insbesondere auch Dänemark sehr wesentliche Beiträge zur Erforschung der Pilzflora geleistet und darin eine bedeutende Tradition aufzuweisen. Schon »*Flora Danica*« enthält eine große Anzahl von Pilztafeln, besonders von der Zeit um 1800, und in den letzten hundert Jahren haben viele dänische Botaniker sich mit Pilzen beschäftigt. Mykologen wie EMIL CHR. HANSEN, EMIL ROSTRUP und Ø. WINGE haben sich Weltruf erworben.

Zu den wichtigen Werken der internationalen Literatur über Pilze gehört auch JAKOB E. LANGES »Flora Agaricina Danica«, deren fünf Bände mit 200 Farbtafeln 1935–1941 erschienen sind. Die ganz hervorragenden Illustrationen hat Jakob E. Lange in den Jahren von 1894 bis zu seinem Tod 1941 in Aquarell selbst ausgeführt. In vielen Jahren half ich meinem Vater beim Einsammeln der Pilze, die abgebildet werden sollten. Es ist mir jetzt ein Bedürfnis, eine Auswahl dieser Illustrationen einem breiteren Publikum auch in anderen Ländern zugänglich zu machen. »Flora Agaricina Danica« enthält Bilder von ungefähr 1200 Arten. Das vorliegende Buch gibt etwa ein Drittel von ihnen wieder, meist die größeren und leichter erkennbaren Arten. Ich wollte mich aber nicht nur auf *Agaricales* beschränken und habe deshalb auch von den wichtigsten übrigen Großpilzarten Bilder anfertigen lassen. E. SUNESEN und P. DAHLSTRÖM haben sie gemalt; sie sind auf den Seiten 35–75, 187–195 und 215–225 abgebildet. Soweit es mir möglich gewesen ist, die Pilze zu beschaffen, sind auch diese Illustrationen nach einem lebenden Modell ausgeführt worden; einzelne seltene Arten wurden jedoch nach früheren Veröffentlichungen dargestellt, so vier *Discomyceten* nach BOUDIERS klassischem Werk und zwei *Tuberales* nach HESSE. Die beiden Künstler haben auch für den Umschlag Bilder aus der »Flora Agaricina Danica« benützt. Die meisten Abbildungen zeigen die Pilze in zwei Drittel ihrer natürlichen Größe; andere Maßstäbe sind im Text angegeben.

Die Beschreibungen stützen sich vor allem auf eigene Beobachtungen, aber in bedeutendem Umfang auch auf »Flora Agaricina Danica«. Die Verwendbarkeit der Arten in der Küche wurde eingehender behandelt, als es in anderen Werken geschieht; sie fußen teils auf recht umfassenden eigenen Versuchen, wesentlich aber auch auf französischen Quellen. Soweit bei den Pilzbeschreibungen die Verwendbarkeit als *eßbar, giftig, ungenießbar* oder *wertlos* nicht angegeben ist, liegen keine Erfahrungen hierüber vor. In solchen Fällen ist stets Vorsicht geboten.

Ich hoffe, daß dieses Buch nach wie vor den Pilzen neue Freunde gewinnt, sowohl zur Erweiterung der Kenntnisse wie auch zur Bereicherung des Küchenzettels.

MORTEN LANGE

DER BAU DER PILZE

Die Pilze bilden eine der größten Gruppen des Pflanzenreiches. Die meisten Arten sind jedoch unansehnlich, oft nur als kleine dunkle Flecken oder spinngewebeartige Beläge erkennbar; viele sind sogar mikroskopisch klein. Es gibt aber allein in Dänemark etwa 3000 Arten mit recht großen Fruchtkörpern. Solche *Großpilze* behandelt dieses Buch. Damit soll aber nicht gesagt sein, daß die Kleinpilze keine Bedeutung hätten – ganz im Gegenteil: Die mikroskopischen *Hefepilze* (Endomyceten) sind notwendig zum Brauen und Backen; aus *Penicillium* gewinnt man das unschätzbare Heilmittel Penicillin; andere Kleinpilze sind wichtig für die Umsetzungsvorgänge im Waldboden und Ackerland; wieder andere sind als Krankheitserreger gefährlich.

Für alle Pilze gilt, daß ihnen der grüne Farbstoff Chlorophyll fehlt, der es den höheren Pflanzen und den Algen möglich macht, mit Hilfe des Lichtes den Kohlenstoff der Luft auszunutzen. Zwar können die Pilze grün sein, aber dann rührt das von anderen Farbstoffen her. Die Pilze müssen sich den Kohlenstoff, den sie zum Wachsen brauchen, entweder durch Schmarotzen auf anderen Pflanzen oder von vermodernden Pflanzenteilen in der Erde verschaffen.

Die Aufnahme der Nährstoffe geschieht durch das *Mycel* der Pilze, das aus feinen Fäden besteht, meist dünner als Spinngewebe. Bei den meisten ist das Mycel nicht zu sehen; es verzweigt sich in der Erde oder in der Wirtspflanze. Man findet jedoch häufig vermodernde Blätter, die von weißem oder farbigem Mycel regelrecht zusammengewoben sind. Bei einzelnen Arten bildet das Mycel etwas dickere Stränge, die leicht mit dem bloßen Auge zu sehen sind.

Vom Mycel werden auch die *Fruchtkörper* der Pilze gebildet. Sie bestehen aus *Hyphen* wie das Mycel, sind aber eng zusammengesponnen und auf verschiedene Weise umgestaltet. Die Fruchtkörper haben zwar vielerlei Formen, dienen aber alle dem gleichen Zweck: Hier werden die mikroskopisch kleinen Sporen gebildet, aus denen neues Mycel hervorsprießen soll.

Ascomyceten (Schlauchpilze)

Nach dem Bau der sporenbildenden Organe werden die Großpilze in zwei Hauptgruppen eingeteilt: *Ascomyceten* (Schlauchpilze) und *Basidiomyceten* (Ständerpilze). Bei den Ascomyceten werden die Sporen, meist 8, in einer häufig keulenförmigen Zelle, dem Ascus (Schlauch), gebildet. Sind sie reif, so werden sie vom Ascus ausgeschleudert. Am einfachsten gebaut unter den größeren Ascomyceten sind die Becherlinge *(Pezizaceen)*. Ihre Fruchtkörper sind schalenförmig; auf der Innenseite der Schale stehen die Asci in einer engen Palisade, dem *Hymenium*. Bei einigen nahen Verwandten, den Lorcheln *(Helvellaceen)* und Morcheln *(Morchellaceen)* ist der Becher zu einem Hut gefaltet und auf einem Stiel emporgehoben. Das Hymenium kommt so auf die Außenseite des Hutes. Die wissenschaftliche Auf-

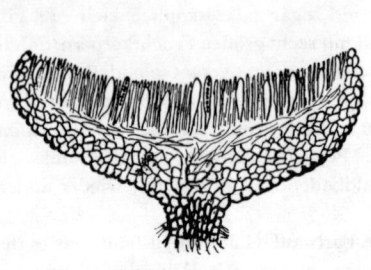

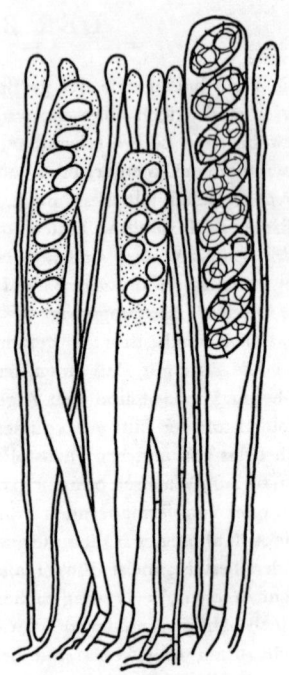

Abb. 1 Schnitt durch den Fruchtkörper eines Becherlings, etwas vergrößert. Rechts stark vergrößertes Detail des Hymeniums mit Asci und Paraphysen

teilung der Discomyceten geschieht nach mikroskopischen Merkmalen, besonders nach der Art, wie die Asci sich öffnen.

Viele Ascomyceten haben knollenförmige Fruchtkörper mit innerer Sporenbildung und wachsen unterirdisch, weshalb sie nicht leicht zu finden sind. Diese

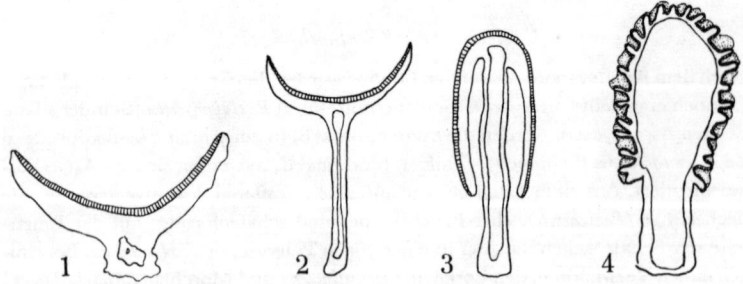

Abb. 2 Schnitt durch den Fruchtkörper von 1 Becherling, 2 Stielbecherling, 3 Verpel, 4 Morchel

8

Tuberales (Trüffeln) bilden mehrere eigene Gruppen. Die meisten Tuberales haben ein gefaltetes Hymenium; die Falten sind als feine Adern im Fleisch des Fruchtkörpers zu sehen.

Eine weitere Gruppe der Ascomyceten hat kleine kugelförmige Fruchtkörper, in denen die Asci gebildet werden; die Sporen treten durch eine feine Mündung im Scheitel des Fruchtkörpers aus. Diese *Pyrenomyceten* (Kernpilze) sind außerordentlich artenreich; hier werden aber nur einige der größeren Arten behandelt, bei denen viele kleine Fruchtkörper in einem gemeinsamen Stroma vereinigt sind, auf dessen Oberfläche die Mündungen als kleine Punkte zu sehen sind. Das Fleisch *(Stroma)* bei diesen Arten kann weich sein, ist oft aber auch hart wie Kohle. Zu den Ascomyceten gehören auch die mikroskopischen *Endomyceten* (Hefepilze).

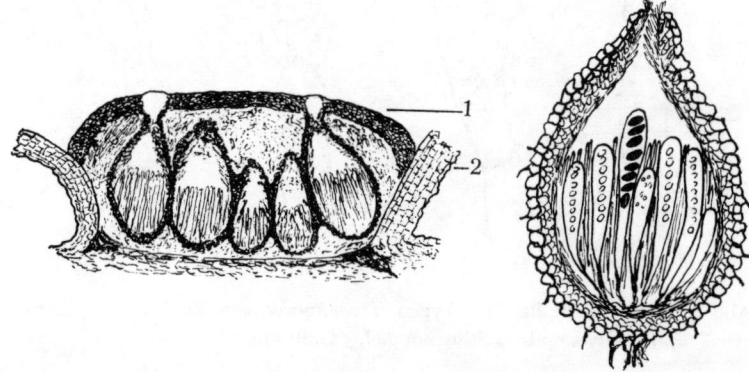

Abb. 3 Schnitt durch einen Kugelkernpilz (Eckenscheibchen) mit fünf Fruchtkörpern in gemeinsamem Stroma mit kohlenartiger Decke (Ectostroma), das sich durch die Rinde gearbeitet hat; schwach vergrößert. Rechts in starker Vergrößerung ein Einzelfruchtkörper mit Asci

Basidiomyceten (Ständerpilze)

Die Ascomyceten sind wahrscheinlich die größte Pilzgruppe, aber der Anteil der Großpilze ist bei den *Basidiomyceten* weit größer. Hier werden die Sporen, meist vier, auf kleinen Stielchen an der Spitze keulenförmiger Zellen, der *Basidien*, gebildet. Bei den einfachsten Formen ist der Fruchtkörper nur eine dünne Kruste von Hyphengewebe mit einer tapetenartigen Hymeniumschicht von Basidien auf der Oberfläche. Hierzu gehören u. a. die *Corticiaceen* (Rindenpilze), die auf modrigem Holz wachsen. Die *Stereum-Arten* (Schichtpilze) und ihre Verwandten sind fast ebenso einfach, nur ist der Fruchtkörper etwas dicker und bildet dünne, hervorragende Konsolen mit dem Hymenium auf der Unterseite. Zu den einfachsten Formen gehören auch die *Clavariaceen* (Keulenpilze), bei denen das

9

Hymenium die Außenseite des Fruchtkörpers überzieht, wie etwa der Handschuh die Finger.

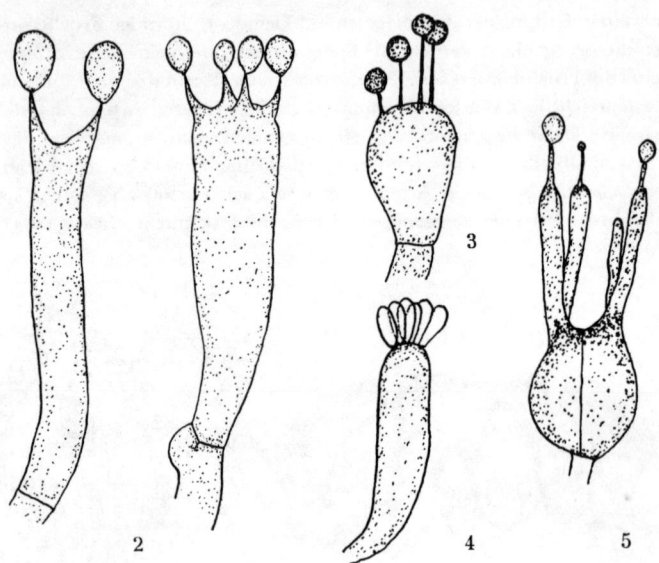

Abb. 4 Verschiedene Basidien-Typen. *1* zweisporig, von Keulenpilz, *2* Blätterpilz, *3* Bauchpilz, *4* Stinkmorchel, *5* Gallertpilz

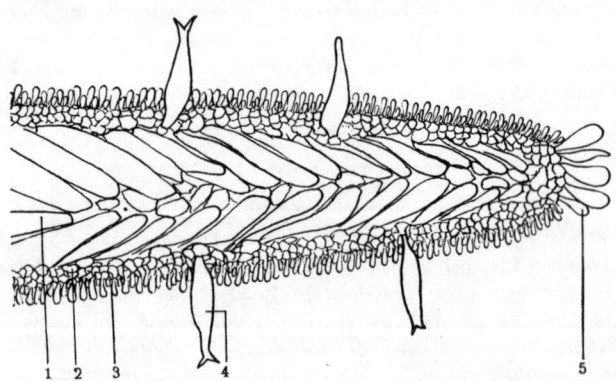

Abb. 5 Längsschnitt durch eine Lamelle eines Dachpilzes (Pluteus), stark vergrößert. *1* Trama, *2* Sub-hymenium, *3* Hymenium, *4* und *5* sterile Zellen im Hymenium (Cystiden)

Die meisten Arten sind aber komplizierter gebaut. Die *Polyporaceen* (Porlinge) haben oft hufförmige Fruchtkörper; ihre Unterseite ist von einer dichten Porenschicht gebildet, und jede einzelne Pore ist innen mit Hymenium überzogen. Bei den *Hydnaceen* (Stoppelpilze) ist die hymenium-tragende Schicht im Form von Stacheln ausgebildet, die meist auf der Unterseite eines Hutes sitzen. Dieser Fruchtkörpertypus ist sehr verbreitet unter den Basidiomyceten, bei denen die Grundform eines Stieles, der einen Hut trägt, auf dessen Unterseite das Hymenium ausgebildet ist, eine ganz besonders vielseitige Ausgestaltung gefunden hat; das gilt besonders für die größte Gruppe, die *Agaricaceen* (Blätterpilze).

Agaricales (Hutpilze)

Bei den *Blätterpilzen* ist das Hymenium über messerklingenförmige *Lamellen*, die von der Stielspitze wie Radspeichen ausstrahlen, ausgebreitet. Die einfachsten Blätterpilze haben nur einen nackten Hut mit Lamellen auf der Unterseite. Gerade bei diesen Arten spielen die Lamellen eine große Rolle für die Bestimmung. Sie können schmal oder breit, dick oder dünn sein; auch ihr Ansatz am Stiel ist verschieden, wie Abb. 6 zeigt.

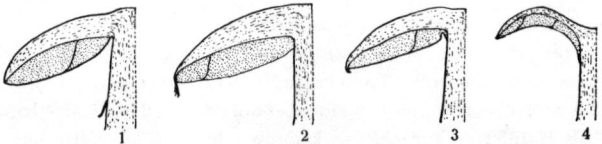

Abb. 6 Lamellenbefestigung. *1* frei, *2* angeheftet, *3* ausgerandet, *4* herablaufend

Die Sporen

Ein noch wichtigeres Merkmal ist die Farbe der Sporen, die von den Basidien gebildet werden. Die *Sporenfarbe* kann zwar unmittelbar auf dem Pilz gesehen werden; deutlicher sichtbar wird sie aber, wenn man den Hut auf ein Stück weißes Papier unter einem Glas oder einer Käseglocke legt. Nach einigen Stunden bilden die abgeworfenen Sporen einen dichten Belag. Am häufigsten ist das Sporenpulver weiß oder blaßgelb; es gibt jedoch große Pilzgruppen mit rostbraunen, purpurbraun-schwarzen oder lachsfarben roten Sporen; dagegen sind blaue oder grüne Sporen sehr selten.

Für die genauere Untersuchung der Pilze sind die Sporen auch noch wegen ihrer höchst verschiedenen Form und Größe wichtig. Es gibt hier so große Unterschiede, daß manche Art schon an einer einzigen Spore erkannt werden kann. Für die Untersuchung ist ein gutes Mikroskop nötig. Wichtige Sporenformen zeigt die Abb. 7.

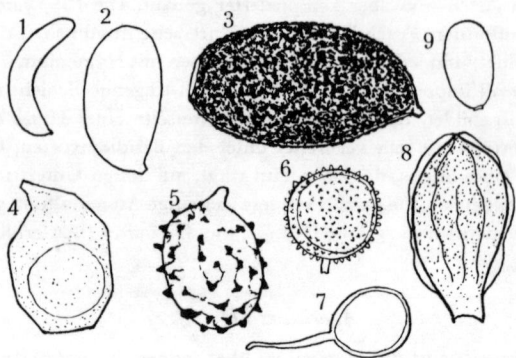

Abb. 7 Sporen in 1500-facher Vergrößerung. *1* Knäueling *(Panellus)*, *2* Trichter-
ling *(Clitocybe)*, *3* Düngerling *(Panaeolus)*, *4* Rötling *(Rhodophyllus)*, *5*
Täubling *(Russula)*, *6* Stäubling *(Lycoperdon)*, *7* Bovist *(Bovista)*, *8* Erdnuß
(Hymenogaster), *9* Wurzeltrüffel *(Rhizopogon)*

Schleier und Ring

Die komplizierter gebauten Blätterpilze haben weitere anatomische Merkmale,
die für die Bestimmung nützlich sind. So sind häufig die jungen Lamellen von
einer haut- bis spinnwebartigen Lamellenhülle, dem *Schleier*, bedeckt. Der Schleier
zerreißt bei der Reife der Sporen, bleibt aber auf dem Stiel als Ring oder auf dem
Hutrand als Hautfetzen zurück. Die kompliziertesten Blätterpilze haben noch
ein *Velum universale*, das den jungen Pilz wie eine weiche Schale ganz umgibt.
Wenn der Stiel sich streckt, wird dieses Velum gesprengt. Reste können als *Schuppen* auf dem Hut und als eine *Scheide* um die Basis des Stieles zurückbleiben
(Abb. 8). Bei einigen Arten hat das Velum universale feinkörnige Struktur und
ist auf dem aufgeschirmten Hut als eine mehlige Schicht und an der Stielbasis als
unregelmässig verstreute Körnchen zu sehen. Bei anderen Arten ist das Velum
universale nur ein schleimiger Überzug.

Gasteromyceten (Bauchpilze)

Eine besondere Gruppe von Basidiomyceten, die *Gasteromyceten*, bildet die Sporen
im Fruchtkörper und gibt sie erst bei der Reife frei, so bei den *Lycoperdaceen*
(Stäublingen), durch eine kleine Öffnung im Scheitel des birnförmigen Fruchtkörpers; bei den *Phallaceen* (Stinkmorcheln) wird die Sporenmasse dagegen auf
einen hohen Stiel gehoben, nachdem sie im kugelförmigen »Hexenei« gereift
ist. »Hexenei« nennt man den Fruchtkörper im jungen Stadium vor dem Aus-
wachsen wegen seiner Form und seines z. T. gallertartigen Inhaltes. Auch in dieser Gruppe gibt es unterirdische, trüffelähnliche Arten, die sich nicht öffnen.

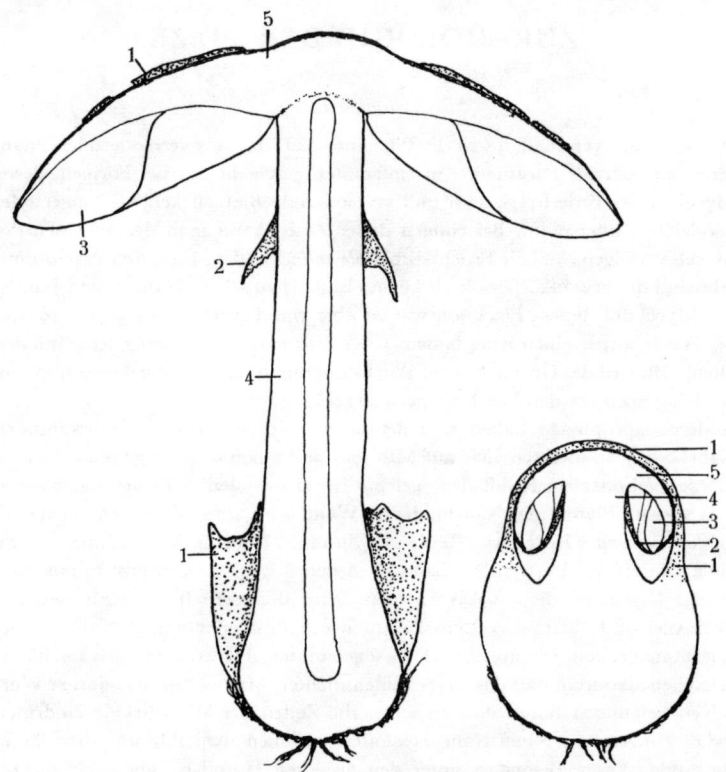

Abb. 8 Längsschnitt durch einen ganz jungen und einen ausgebildeten Wulstling *(Amanita)*. *1* Velum universale, das die Scheide und die Hutschuppen bildet, *2* Lamellenhülle, die den Ring bildet, *3* Lamelle, *4* Stiel, *5* Hut

Tremellaceen (Gallertpilze)

Alle bisher genannten Gruppen von Basidiomyceten haben recht einfach gebaute, keulenförmige Basidien. Bei der sehr abweichenden kleinen Gruppe der gallertartigen Tremellaceen sind die Basidien dagegen komplizierter gebaut; so sind sie von waagrechten oder senkrechten Scheidewänden geteilt oder doch tief gespalten. Die Tremellaceen weichen auch von den übrigen Basidiomyceten dadurch ab, daß sie eine Austrocknung vertragen. Bei trockenem Wetter schrumpfen die meisten von ihnen zu einer dünnen, harten Haut ein; bei feuchtem Wetter quellen sie auf und werden wie weiches Gelee. Die Gallertpilze gelten als verwandt mit der großen Gruppe der Rostpilze.

ZUR BIOLOGIE DER PILZE

Standorte

Wie erwähnt, verschaffen sich die Pilze ihre Nahrung aus vermodernden Pflanzenteilen oder als Parasiten. Am einfachsten geschieht das bei Formen, deren Mycel in der Erde frei wächst und vermodernde Blattstückchen, Dünger oder dergleichen überspinnt. Bei einigen dieser Arten kann man das Wachsen des Mycels verfolgen, weil die Fruchtkörper *Hexenringe* bilden. Im ersten Wachstumsjahr sind die Fruchtkörper oft als kleines Büschel zu sehen. Im nächsten Jahr ist das Mycel auf diesem Fleck tot, wächst aber ringsherum außen weiter, so daß die Fruchtkörper einen Ring bilden. Jedes Jahr entsteht ein neuer Ring um den alten. Oft wird das Gras in seinem Wachstum durch das Mycel gehemmt, so daß der Ring noch vor den Fruchtkörpern zu sehen ist.

Andere Saprophyten haben eine deutlichere Vorliebe für einen bestimmten Nährboden. So wachsen viele auf Mist und sind schon 8–10 Tage, nachdem ein Pferdeapfel oder ein Kuhfladen »gelegt« ist, anzutreffen. Sehr viel mehr Arten sind aber an Blätter und Nadeln, die im Waldboden vermodern, gebunden oder an vermoderndes Holz, Äste, Reisig und Stümpfe. Manche Arten können nur an Holz von einer oder wenigen Baumarten gedeihen. Dagegen gibt es nur ganz wenige Großpilze, die auf Aas wachsen. Sehr allgemein findet man zwischen Pilzmycel und Baumwurzel ein Parasitenverhältnis oder eine Art »friedliches Zusammenleben« (Symbiose). Die sogenannten Pilzwurzeln (Mykorrhizen) entstehen dadurch, daß das Mycel einen dichten Mantel um die feinsten Wurzelverzweigungen bildet und zwischen die Zellen der Wurzelrinde eindringt, sodaß ein Austausch von Nahrungsstoffen zwischen dem Pilz und dem Baum stattfinden kann. Besonders unter den größeren Hutpilzen sind viele mykorrhizabildende Pilze. Oft sind die einzelnen Arten Spezialisten, z. B. wächst der Goldröhrling nur unter Lärche, während der Fliegenpilz sowohl mit Birke als auch Nadelbäumen, selten auch mit Buche, Mykorrhiza bilden kann.

Andere Pilze sind ausgesprochen parasitisch. Sie wachsen auf lebenden Bäumen und können oft ihren Wirt töten. Besonders unter den Polyporaceen gibt es viele solche Parasiten, die in der Forstwirtschaft gefährliche Schädlinge sind, so der berüchtigte Wurzelschwamm *(Fomes annosus)* und der Zunderschwamm *(Fomes fomentarius)*. Unter den Agaricaceen ist besonders der Hallimasch *(Armillaria mellea)* oft bösartig: er wächst am Fuß der Bäume und bildet einen Giftstoff, der die Zellen des Baumes abtötet, sogar weit von der Stelle entfernt, an der das Mycel wächst. Aber auch einige Saprophyten können an Bauholz, Telephonmasten, Eisenbahnschwellen und ähnlichem großen Schaden verursachen. Der Hausschwamm *(Serpula lacrymans)* ist besonders gefährlich, da sein Mycel von einer feuchten Angriffsstelle in trockene Bauteile hineinwächst, die schnell zerstört werden. Die übrigen holzzerstörenden Pilze gedeihen in durchnäßtem Holz.

»Blütezeit« der Pilze

Das Mycel der Pilze ist in der Erde oder im Holz das ganze Jahr hindurch vorhanden. Die Fruchtkörperbildung ist jedoch für jede Pilzart an eine bestimmte Jahreszeit gebunden; nur ganz wenige Arten finden sich das ganze Jahr über. Im *Frühjahr* gibt es zunächst einige Becherlinge und Morcheln, aber nur recht wenige Blätterpilze. Die eigentliche Saison beginnt etwa Anfang Juli, vorausgesetzt daß das Wetter einigermaßen feucht gewesen ist. Von dieser Zeit an kann zwei bis drei Tage nach einem kräftigen Niederschlag eine wohlentwickelte Pilzflora erwartet werden, am besten wenn das Wetter feucht bleibt. Zu den »*Sommerpilzen*« gehören besonders große Arten, wie Röhrlinge und Täublinge. In trockenen Sommern gibt es Pilze nur an feuchten Stellen. Die eigentliche *Hochsaison* ist von Ende August bis Anfang Oktober. In dieser Zeitspanne findet man die meisten Großpilzarten. Aber auch hier hängt alles von der Feuchtigkeit und der Wärme ab. In manchen Jahren können die Pilze ganz ausbleiben, bis sich im November, und dann selbst nach einem sehr trockenen Sommer, ein reicher Flor kleinerer Formen und einzelner größerer Arten, wie das Herbstblattl *(Clitocybe nebularis)* und der Violette Rötel-Ritterling *(Tricholoma nudum)*, bildet. Mit kräftigem Nachtfrost verschwinden die meisten Pilze, aber einzelne Arten, wie der Winter-Porling *(Polyporus brumalis)* und der Samtfußrübling *(Flammulina velutipes)*, kommen bei Tauwetter auch im *Winter* heraus. Außerdem sind im Winter viele der recht unansehnlichen Corticiaceen zu treffen. Hierzu kommen natürlich die großen Polyporeen mit ausdauernden Fruchtkörpern.

SPEISE- UND GIFTPILZE

Nach ihrem Speisewert können die Pilze in fünf Gruppen eingeteilt werden: Gute Speisepilze, Füllpilze, wertlose aber unschädliche Arten, übelschmeckende Arten, giftige Arten.

Für den nur einigermaßen kritischen Geschmack gibt es nicht besonders viele wirklich gute Speisepilze. Die wichtigsten sind die wohlbekannten Champignon-Arten, mehrere Röhrlings-Arten und Cantharellen (Pfifferlinge). Für mich persönlich rechne ich nur noch wenige andere in diese 1. Klasse: Morcheln, Sommer-Trüffeln *(Tuber aestivum)*, Totentrompeten und Judasohr *(Auricularia auricula-judae)*. Im Text sind diese Arten als »*eßbar und gut*« oder ähnlich bezeichnet. Von diesen wirklich guten Speisepilzen hat jede Art ihren eigenen Geschmack und stellt besondere Forderungen an die Zubereitung. In der Regel schmecken sie am besten, wenn man sie nach leichtem Braten dünstet. Eine einzige Art, das Judasohr, verträgt das Braten nicht, muß aber gut gedünstet werden. Mehrere Arten, so *Craterellus* (Totentrompete), *Rozites caperata* (Zigeuner) und Röhrling-Arten lassen sich gut trocknen und sind dann vorzügliche Zugaben zu Suppen oder Soßen. Die meisten anderen Speisepilze müssen mehr als Füllpilze betrachtet werden.

Sie schmecken gut, wenn sie mit wohlschmeckenden Arten zusammen zubereitet werden, für sich allein aber etwas schwach. Sie sind in der Beschreibung nur als »eßbar« angegeben. Zu dieser Gruppe gehören besonders viele und recht gewöhnliche Arten. Die »wertlose« Gruppe umfasst eine Unmenge von ganz kleinen Formen, aber auch trockene und zähe Arten mit fast radiergummiartigem Fleisch. Als »ungenießbar« werden die vielen scharf oder bitter schmeckenden Arten bezeichnet. Einige von ihnen sind vielleicht schwach giftig, aber der schlechte Geschmack hält schon von einem Versuch ab. In einigen Ländern werden solche Pilze trotzdem verwendet, nachdem man sie gesalzen und gewässert hat. Einzelne scharfe Arten können in kleinen Mengen als Gewürz dienen.

Die *Giftpilze* bilden zwar nur eine recht kleine Gruppe; leider haben sie aber keine einheitlichen Merkmale, an denen sie erkannt werden können. Giftpilze gibt es in allen größeren Pilzgruppen, im offenen Land und im Wald, im Frühjahr wie im Herbst. Die Gifte sind sehr verschieden; zum Glück enthalten nur wenige Pilzarten tödliches Gift. Am gefährlichsten sind die Knollenblätterpilze *(Amanita phalloides* und *A.virosa)*. Von ihnen genügt schon ein einzelnes Exemplar in einem Pilzgericht für eine Vergiftung. Sie enthalten u.a. die zwei starken Gifte *Phalloidin* und *Amanitin*. Die Vergiftungen zeigen sich erst 8–24 Stunden nach dem Verzehr, weshalb eine Entleerung des Magens nicht viel hilft, weil das Blut bereits viel Gift aufgenommen hat. Die Vergiftungssymptome sind sehr heftig: Magenschmerzen, Durchfall, Erbrechen und nervöse Störungen. Sie treten periodisch auf: es scheint eine Besserung einzutreten, worauf die Leiden wieder verstärkt einsetzen. Der Patient ist bei Bewußtsein. Der Tod tritt nach 2–10 Tagen ein. Die Vergiftungen mit dem Weinroten Schirmling *(Lepiota fuscovinacea)* und nahestehenden Arten zeigen einen ähnlichen Verlauf. Ähnliche Symptome verursachen auch die Giftstoffe des Orangefuchsigen Schleierlings *(Cortinarius orellanus)*. Die Giftstoffe des Pantherpilzes *(Amanita pantherina)* sind noch ziemlich umstritten. Nach einigen Forschern soll er Muscarin und Ibotensäure enthalten, während andere diese Substanzen nicht nachweisen konnten. Die verschiedentlichen Behauptungen, daß der Pilz Atropin enthalte, sind sicher unrichtig. Der Pilz verursacht eine Vergiftung, die auf das Zentralnervensystem wirkt und heftige Krämpfe, erweiterte Pupillen und Herzklopfen verursacht. Die Symptome zeigen sich schon nach 1-3 Stunden, weshalb der Magen meist noch rechtzeitig ausgepumpt werden kann. Der Fliegenpilz *(Amanita muscaria)* enthält neben seinen Hauptgiften Ibotensäure und Muscazon auch kleine Mengen von Muscarin. Ob die Ibotensäure die Ursache für den oft rauschartigen Verlauf der Vergiftungen ist, ist noch nicht eindeutig geklärt.

Größere Mengen von *Muscarin* finden sich in mehreren anderen Pilzen: in tödlicher oder doch gefährlicher Menge in weißen Trichterlings-*(Clitocybe)*-Arten, u.a. Rinnigbereifter und Feld-Trichterling *(C.rivulosa* und *C.dealbata)* und bei einigen Rißpilzen *(Inocyben)*, besonders Rübenfüßiger- und Ziegelroter Rißpilz *(I.napipes* und *I.patouillardii)*, in geringeren Mengen in mehreren anderen Arten von Rißpilzen und blassen Trichterlingen.

Außerdem gibt es eine Reihe von Arten, bei denen der Giftstoff weniger gut bekannt ist. Am gefährlichsten ist wohl die Stockmorchel oder Frühjahrslorchel *(Gyromitra esculenta)*, die ein beim Kochen oder Trocknen flüchtiges Gift, das Gyromitrin, enthält. Da aber Spuren des Giftes selbst nach dem Kochen und Abgießen des Kochwassers noch zurückbleiben und Leberschäden verursachen können, da ferner sich diese Wirkung bei häufigerem Genuß dieser Pilze summieren kann, kommt es manchmal auch nach dem Genuß der abgekochten Pilze zu tödlichen Vergiftungen. Es ist daher vom Genuß unbedingt abzuraten. Auch andere Lorcheln und Morcheln sowie einige Becherlinge enthalten z. T. in geringen Mengen Giftstoffe, die durch Kochen zerstört werden; sie haben aber keine anderen wärmebeständigen Gifte.

Der Riesen-Rötling *(Rhodophyllus sinuatus)* ist ein recht gefährlicher Giftpilz, aber die übrigen Arten der Gruppe verursachen nur eine recht schwach verlaufende Magenvergiftung: Karbol-Egerling *(Agaricus xanthoderma)*, Rettich-Fälbling *(Hebeloma crustuliniforme)*, einige Rötlings-*(Rhodophyllus)*-Arten, Spitzschuppiger Schirmling *(Lepiota acutesquamosa)*, Schöne Koralle *(Ramaria formosa)* und einzelne andere, die im Text als giftig angegeben sind. Vermutlich sind noch viele andere Pilze in rohem Zustand giftig; deshalb sollen für Salate und ähnliche Rohkost nur die besten Speisepilze verwendet werden.

Der Kahle Krempling *(Paxillus involutus)* verursacht in rohem oder halbgarem Zustand mehr oder weniger schwere, z. T. tödliche Vergiftungen. Aber auch bei ordnungsgemäß durchgekochten Gerichten des Kahlen Kremplings sind schwere und sogar tödliche Vergiftungen bekannt geworden, vor allem bei älteren Leuten, Kindern und Personen mit schwachem Magen. Vergiftungserscheinungen äußern sich bereits wenige Stunden nach dem Genuß (kolikartige Bauchschmerzen, Kreislaufstörungen, Herzbeschwerden etc.). Die Ursache dafür ist, daß eine Komponente dieses Pilzes in die Blutbahnen gelangt und dort als Antigen wirkt, d.h. im Blutserum die Bildung von spezifischen Antikörpern auslöst. Antigen und Antikörper vereinigen sich und dieser Komplex hat eine auflösende (hämolytische) Wirkung auf die roten Blutkörperchen.

In neuerer Zeit sind noch zwei besondere Typen von Pilzgiften nachgewiesen worden. Da ist die antabusähnliche Wirkung des Falten-Tintlings *(Coprinus atramentarius)*. Schon lange wußte man, daß der Genuß von C. atramentarius in Verbindung mit Alkohol eine Reihe unangenehmer Symptome zur Folge hat, ohne daß man die Ursachen dafür kannte. Die Annahme, daß es sich dabei um den zur Alkoholentwöhnung verwendeten Stoff Antabus handle, konnte jedoch nicht bestätigt werden. Ebenfalls wußte man längst aus Erzählungen, daß sich einige indianische Stämme in Mexiko durch Pflanzengifte in Trance versetzen. Jetzt hat man herausgefunden, daß dieser Zustand durch den Verzehr einiger kleiner unansehnlicher *Psilocybe*-Arten (Kahlköpfe) erreicht wird, die haluzinogen wirkende Stoffe (z. B. Psilocybin, Psilocin) enthalten. Bei uns wurde bisher nur in einer Art *(Psilocybe semilanceata)* ein schwacher Gehalt an solchen Stoffen nachgewiesen. Von Experimenten ist auf jeden Fall sehr abzuraten.

Obwohl die Zahl der gefährlichen Giftpilze verhältnismäßig gering ist, und viele der giftigen Arten recht selten sind, lauert auf den unkundigen Pilzjäger dennoch

immer eine tödliche Gefahr. *Man esse nie einen Pilz, wenn man ihn nicht mit Sicherheit kennt! Bei Verdacht einer Pilzvergiftung ziehe man sofort einen Arzt bei!*
Aber auch bei den besten Speisepilzen ist Vorsicht am Platz: Pilze sind sehr leicht verderblich und können bald gefährliche Gifte bilden. Deshalb soll man Pilze grundsätzlich nie länger als 24 Stunden aufbewahren und vor allem nicht in geschlossenen Beuteln oder Dosen, wo sie sich durch die Feuchtigkeit noch schneller zersetzen. Auch vom Aufwärmen von Pilzgerichtresten muß dringend abgeraten werden.

Aber auch die frischesten eßbaren Pilze sind nicht für alle Menschen gleich gut bekömmlich. Es kommt immer wieder vor, daß jemand gegen Pilze überempfindlich (allergisch) ist und sie deshalb nicht verträgt. Das gilt auch für so bekannte Arten wie Champignon und Pfifferling. Man soll darum nie zu viel von einem Pilzgericht essen, das eine Pilzart enthält, die man nicht früher schon probiert hat, auch wenn ihre Eßbarkeit allgemein feststeht.

Das Wichtigste ist also, daß man die Pilze genau kennt oder sie richtig bestimmt. Von jeder Art, die man sammelt und bei der man nicht ganz sicher ist, muß man ein ganzes und frisches Exemplar mit nach Hause nehmen, um es in aller Ruhe genau zu bestimmen. Alles Zweifelhafte soll ohne Zögern weggeworfen werden. Pilze aber, die man sicher kennt, werden gleich beim Einsammeln gereinigt. Der Grund des Stieles mit Erde, Laub oder Nadeln wird abgeschnitten, so daß der Pilz schon an der Fundstelle fast kochtopfbereit ist, zu Hause muß nur noch durch leichtes Bürsten der übrige Schmutz entfernt werden. Bei frischen, jüngeren Pilzen ist es meist nicht notwendig, Röhren, Lamellen oder Oberhaut zu entfernen. Pilze sollten vor der Zubereitung eigentlich nicht mehr gewaschen werden, wenn sie nicht sehr schmutzig sind. Häufig wird man aber doch auf das Waschen nicht verzichten können.

ANLEITUNG ZUM GEBRAUCH DES BUCHES

Die Pilze, die für dieses Buch ausgewählt sind, gehören verständlicherweise zu den häufigsten und größeren Arten. Von den selteneren Arten – und viele Pilze sind so selten, daß man sie nur im Abstand von vielen Jahren wieder finden kann – sind die auffälligeren aufgenommen worden. Schließlich wurde auch noch eine Anzahl von gewöhnlicheren Kleinformen dargestellt, selbst wenn viele von ihnen sich nur mit Hilfe des Mikroskops mit Sicherheit bestimmen lassen. Die Pilze sind in der Reihenfolge geordnet, die ihrer natürlichen Verwandtschaft entspricht. Die Haupteinteilung ist auf Seite 5 zu finden. Die verwandtschaftliche Einteilung der Gattungen entspricht in der Hauptsache den heute in der Fachwelt gültigen Ansichten.

Gattungsbeschreibungen sind der Kürze wegen nur für die etwas größeren Gattungen aufgenommen; für die übrigen sind die Gattungsmerkmale im Schlüssel angegeben.

Der *Name*. – Für jede Art ist zuerst der deutsche Art- und Gattungsname angegeben, dann der lateinische. Wenn der deutsche Artname nicht selbständig für sich allein besteht, so ist er durch einen Bindestrich mit dem Gattungsnamen verbunden. Der Artname gibt in den meisten Fällen ein wichtiges Merkmal des Pilzes an oder er sagt etwas über den Standort aus. Dasselbe gilt für Gattungsnamen. Die deutschen Namen sind oft Übersetzungen der internationalen lateinischen Namen. Weil die Einteilung in Gattungen noch nicht ganz einheitlich ist, sind andere häufig angewendete Gattungsnamen hinter dem lateinischen Namen angefügt, wie oft auch Artnamen, die heute nicht mehr allgemein gelten. Mehrfach steht zwischen dem lateinischen Art- und dem Gattungsnamen in Klammer ein Untergattungsname, der oft anderswo als Gattungsname benutzt wird. Lateinische Gattungs- und Untergattungsnamen fangen mit Großbuchstaben an, die Artnamen mit kleinen Buchstaben.

Dem Namen folgt eine *kurze Beschreibung in Kursivdruck*. Dabei ist versucht worden, die wichtigsten Merkmale des betreffenden Pilzes herauszuheben, besonders solche, durch die er sich von nahestehenden Arten unterscheidet. Wenn der deutsche Name bereits das Merkmal angibt, ist es im Text nicht noch einmal hervorgehoben; so wird beim Grünspan-Träuschling *(Stropharia aeruginosa)*, die Eigenschaft »*spangrün*« bzw. »*grünspanfarben*« nicht wiederholt. Aus Platzersparnis beschränkt sich die Beschreibung der wichtigen Merkmale auf die kürzeste Form. Natürlich steht dabei das reife und gut entwickelte Exemplar an erster Stelle, aber wo es angebracht erschien, sind auch jüngere und ältere Stadien beschrieben. Um Schwierigkeiten im Verständnis der Texte auszuschließen, wurden so weit wie möglich deutsche Ausdrücke und Begriffe gebraucht. Die *Sporenfarbe* ist oft für die Gattungen angegeben, für die einzelnen Arten nur, wenn ihre Sporenfarbe besonders abweicht.

Die *Farbangabe* für die Fruchtkörper ist sehr schwer, weil selbst feine Nuancen für die Bestimmung wichtig sind. Die Mehrzahl der Pilze wechselt ihre Farbe im Laufe des Wachstums und vom trockenen zum feuchten Zustand, allerdings meist nach einer ganz bestimmten Farbenfolge. Wissenschaftliche Beschreibungen benützen komplizierte Farbkarten. Im vorliegenden Buch wird versucht, mit dem Hinweis auf einigermaßen bekannte Farben auszukommen, wobei sowohl Tönungen als auch stoffliche Begriffe herangezogen werden: so haben »lehmbraun« und »lederbraun« ungefähr dieselbe Farbtiefe, aber verschiedenen Charakter. Die Illustrationen machen diese natürlichen Bezeichnungen verständlicher. Dagegen ist auf den Abbildungen die *Beschaffenheit des Fleisches* nicht so leicht zu erkennen: ob es knochenhart, zäh-lederartig, faserig oder käseartig und weich ist. Öfters hat das Fleisch einen eigenen *Geruch*, der vielen als ein besonders hervorragendes Kennzeichen bei der Pilzbestimmung gilt. Drei Gerüche sind besonders typisch und häufig: *Süßlicher* Geruch, ungefähr wie Kokosmakronen oder etwas Curry; *mehlartiger* Geruch wie altes madiges Mehl, ungefähr auch wie Gurkengeruch; *erdartig-spermatischer* Geruch ungefähr wie Schnittbohnen. Von anderen charakteristischen Gerüchen ist ein metallischer, etwas säuerlich-zusammenziehender

Geruch zu erwähnen und viele mehr spezielle Gerüche, wie der Geruch nach Bleistiftholz, nach Birnenäther u. a. Der *Geschmack* hat eine ähnliche Bedeutung. Mehrere Arten kennt man an ihrem brennend scharfen Geschmack; auch einen mehlartigen Geschmack trifft man häufig. Mitunter kommt der Geschmack erst nach längerem Kauen und oft nur an bestimmten Stellen der Mundhöhle heraus. Für alle Arten ist der *Standort* angegeben, aber natürlich nicht immer ausführlich beschrieben. Sammelt man Pilze, um sie zu bestimmen, so muß man sich genau merken, unter welchen Bäumen sie wachsen; das ist für die Bestimmung wichtig! Selbst bei noch so großer Sorgfalt täuscht man sich oft. Die Pilze, die Mykorrhiza mit einer bestimmten Baumart bilden, kann man an Stellen finden, wo nur ein einzelner dieser Bäume zwischen ganz anderen Arten steht.

In der Regel wurde nicht gesagt, wann man den Pilz finden kann. Angaben darüber sind nur für die Arten gemacht, die außerhalb der Hochsaison – von Spätsommer bis Herbst – vorkommen.

Die *Häufigkeit* ist für jede einzelne Art angegeben. Nur ganz wenige Arten sind so verbreitet, daß man sie während der Pilzzeit fast überall reichlich finden kann. Auffallend viele Arten sind mehr oder weniger selten, weil sie an bestimmte Voraussetzungen der Witterung, des Standorts u. a. gebunden sind. Eine Menge Pilzarten hat man bei uns bisher sogar nur in wenigen Exemplaren gefunden.

Über die *Eßbarkeit* und die *Giftigkeit* siehe Seite 15.

Über das *Sammeln von Pilzen*. Gleichgültig ob man Pilze aus botanischem Interesse oder für die Küche sammelt – immer ist es dringend notwendig, daß man sie sorgfältig bestimmt, wenn man sie nicht mit Sicherheit schon am Standort erkennen kann. Auch wenn eßbare Pilze schon beim Einsammeln gereinigt werden, muß man einige ungereinigte Exemplare von jeder Art mit nach Hause nehmen, damit man sich über die Genießbarkeit noch einmal vergewissern kann. Diese Probexemplare müssen ausgegraben oder vom Holz abgeschnitten werden, so daß der Pilz völlig unbeschädigt bleibt. Damit man nicht mehrere Arten vermischt oder die Pilze beschädigt, packt man jede Art für sich in Wachspapier oder in eine Plastik-Tüte, dazu noch ein paar Blätter oder ein Stück Holz vom Fundort als zusätzliche Sicherung. Und schließlich sollte man sofort einige Notizen machen über Geschmack und Geruch, vielleicht auch über den Milchsaft und anderer Eigenschaften mehr flüchtiger Natur, weil diese verschwinden können, ehe man mit dem Pilz nach Hause kommt.

GEBRAUCHSANWEISUNG
FÜR DEN BESTIMMUNGSSCHLÜSSEL

Wer mit einer botanischen Flora umzugehen gewöhnt ist, wird mit dem Schlüssel keine Schwierigkeiten haben. Die Haupteinteilung ist nach der Form der Fruchtkörper gegliedert und führt für die meisten Gruppen bis zur Bestimmung der Gattung. Die Art kann dann durch Vergleich der Abbildungen und der Beschreibungen bestimmt werden.

Man fängt mit dem Hauptschlüssel (Seite 22) an und findet so unter den sechs möglichen leicht zur richtigen Gruppe. Mit etwas Übung kommt man direkt zum richtigen Gruppenschlüssel. Im Blätterpilzschlüssel wählt man zuerst unter den Gruppen, die nach der Sporenfarbe eingeteilt sind. Im übrigen hat man in den einzelnen Abschnitten bei jedem Punkt die Wahl zwischen zwei Gruppen von Merkmalen, oder auch zwischen einer Gruppe von Merkmalen und »anders«. Zeigt der Schlüssel an:

> 13. Rot, dicht schuppig............ 14
> Anders..................... 15

so geht man nur zu Punkt 14, wenn der Pilz beides ist: rot und dicht schuppig, während ein roter glatter Pilz und ein brauner schuppiger Pilz beide zu Punkt 15 führen.

Auch wenn es zwei spezifizierte Möglichkeiten gibt, muß man diejenige auswählen, bei der alle Merkmale stimmen:

> 15. Braun, dick-fleischig, auf Holz 16
> Braun oder rot-violett, auf dem Boden 17

Ist nun der Pilz braun und dickfleischig, wächst aber auf dem Boden, so geht man zu Punkt 17, nicht zu Punkt 16. Wenn keine der Möglichkeiten stimmt, wenn der Pilz beispielsweise braun und dünn-fleischig ist und auf Holz wächst, hat man sich entweder bei einem früheren Punkt geirrt oder man hat einen untypischen Pilz vor sich, in diesem Beispiel ein kleines dünn-fleischiges Exemplar einer normalerweise dickfleischigen Art. Obzwar der Schlüssel für viele Arten in den meisten Gattungen stimmen muß, gibt es immer einige Arten, die sich nur schwer bestimmen lassen. Vergleiche mit den Abbildungen werden aber doch meist zum Ziel führen.

SCHLÜSSEL

zur Bestimmung der Großpilzgattungen

SCHLÜSSEL A

Der Fruchtkörper ist ein Hut mit Lamellen auf der Unterseite, meist mit zentralem Stiel

a) Sporen weiß, Lamellen sogar an älteren Exemplaren weiß oder seltener gelb, rot oder blau 22

b) Sporen lachsfarben, Lamellen anfangs weiß, grau oder blau, später von den Sporen rötlich gefärbt 24

c) Sporen rostbraun oder lehmfarben, Lamellen an älteren Exemplaren von den Sporen deutlich braun gefärbt 24

d) Sporen purpurbraun bis schwarz, Lamellen an älteren Exemplaren schokoladenfarben bis schwarz 25

e) Sporen grün oder lehmfarben-rot, Hut körnig, siehe **Schirmlinge** *(Lepiota)* *126*

I. Sporen weiß

1. Stiel exzentrisch, seitlich oder fehlend, auf Holz 2
   Stiel zentral 7

2. Lamellenschneide ganz 3
   Lamellenschneide gespalten oder gesägt 5

3. Fruchtkörper zungenförmig, Stiel kurz, abgeflacht, randständig **Zwergknäuelinge** *104*
   Stiel mehr rundlich, Fruchtkörper oft aus mehreren Hüten zusammengesetzt 4

4. Braun, lederartig zäh und trocken **Knäuelinge** *106*
   Grau, graublau, graubraun oder blaß, fleischig **Seitlinge** *104*

5. Lamellenschneide gespalten, Hut grau, faserig-schuppig **Spaltblättling** *104*
   Lamellenschneide gesägt 6

23

II. Sporen lachsfarben

24

III. Sporen rostbraun oder lehmfarben

IV. Sporen purpurbraun bis schwarz

SCHLÜSSEL B

Mit Stiel, der einen Hut oder Kopf trägt; ohne Lamellen

9. Stiel weiß, Hut glockenförmig mit grüner Sporenmasse

10. Mit zellig-hohlem, gefaltetem, sattelförmigem oder glattem Hut oder
Kopf

Mit kugelförmigem, spatelförmigem oder schwach abgesetztem Kopf

11. Über 4 cm hoch, fleischig-brüchig

Unter 4 cm hoch, gallertartig oder zäh

SCHLÜSSEL C

Der Fruchtkörper becherförmig bis kreiselförmig

(Lederartig zäh, krugförmig: Siehe D 11)

(Papierartig mit brauner Sporenmasse: Siehe D 7)

SCHLÜSSEL D

Der Fruchtkörper ist kugel-, knollen-, birnen- oder sternförmig

SCHLÜSSEL E

Der Fruchtkörper ist keulenförmig oder verzweigt

SCHLÜSSEL F

Der Fruchtkörper ist konsolenförmig, unregelmäßig lappig oder krustenförmig; auf Holz

WICHTIGE WERKE ÜBER DIE PILZFLORA

CHRISTIANSEN, M. P., 1959-60: Danish resupinate fungi. – Dansk Bot. Arkiv 19: 1-388.

CORNER, E. J. H., 1950: A monograph of Clavaria and allied genera. – London.

DENNIS, R. W. G., 1968: British Ascomycetes, - Lehre.

DISSING, H. & M. LANGE, 1961: The genus Geastrum in Denmark. – Bot. Tids. 57:1-27.

ERIKSSON, J., 1958: Studies of the Swedish Heterobasidiomycetes and Aphyllophorales with special regard to the family Corticiaceae. – Uppsala.

HAAS, H., 1964: Pilze Mitteleuropas. - Stuttgart.

HOLLÓS, L., 1904: Die Gasteromyceten Ungarns. – Leipzig.

JAHN, H., 1949: Pilze rundum. – Hamburg.

— 1963: Mitteleuropäische Porlinge. Westf. Pilzbriefe IV.

KLEIJN, J., 1962: Großes Fotobuch der Pilze. – München.

LANGE, JAKOB E., 1935-40: Flora agaricina Danica. I-V. – København.

— MORTEN, 1956: Danish hypogeous Macromycetes. – Dansk Bot. Arkiv 16,1.

MICHAEL, E. & B. HENNIG, 1958-70: Handbuch für Pilzfreunde I-V. - Jena.

MOSER, M., in H. GAMS: Kleine Kryptogamenflora: 1963 Bd. II a, Ascomyceten (Schlauchpilze). – 1967 Bd. II b2, Blätterpilze. – Stuttgart.

— 1961: Die Gattung Phlegmacium. – Bad Heilbrunn.

MUNK, A., 1957: Danish Pyrenomycetes, a preliminary flora. – Dansk Bot. Arkiv 17,1.

MØLLER, F. H., 1950-52: Danish Psalliota-species. Preliminary studies for a monograph on the Danish Psalliotae I & II. – Friesia 4: 1-46, 135-220.

NEUHOFF, W., 1956: Die Pilze Mitteleuropas, Bd. II b. Die Milchlinge (Lactarii) – Bad Heilbrunn.

PILAT, A., 1936: Atlas des Champignons de l'Europe. III, Polyporaceae. – Praha.

— 1958: Übersicht der europäischen Clavariaceen unter bes. Berücksichtigung der tschechoslowakischen Arten. – Act. Mus. Nat. Pragae 24 B, 3-4.

— et al., 1958: Flora ČSR. Gasteromyceten. – Praha.

POELT , J. und H. JAHN, 1964/65: Mitteleuropäische Pilze. – Hamburg.

RICKEN, A., 1915: Die Blätterpilze (Agaricaceae) Deutschlands und der angrenzenden Ländern, besonders Österreichs und der Schweiz, Bd. II. – Leipzig.

SCHÄFFER, J., 1952: Die Pilze Mitteleuropas, Bd. III. Die Russulae. – Bad Heilbrunn.

SEAVER, F. J., 1942, 1951: The North American Cup-fungi (Operculates) & (Inoperculates). – New York.

SINGER, R., 1965-67: Die Pilze Mitteleuropas, Bd. V, VI; Die Röhrlinge.

ILLUSTRATIONEN UND

BESCHREIBUNGEN

SCHLAUCHPILZE — ASCOMYCETES

BECHERLINGE – PEZIZALES

Zinnoberroter Kelchbecher (Peziza (Sarcoscypha) coccinea). *Scharlachrot, außen weißgelb-kleiig, kurzgestielt.* 2–6 cm breit, becherförmig, zuletzt ausgebreitet; Scheibe scharlachrot, die Außenseite sahnefarben, dicht kleiig. Stiel kurz, weißfilzig. – Auf modrigen Laubholzästen nach der Schneeschmelze. Selten. ___

Glänzender Schwarzborstling (Peziza (Pseudoplectania) nigrella). *Pechschwarz, außen dunkelbraun und filzig, flach.* 1–4 cm breit, anfangs mit eingerolltem Rand, später flach, scheibenförmig, lackschwarz, glänzend, Rand dunkelbraunfilzig. – Auf der Nadeldecke. März bis Mai. Recht selten.

Wurzelbecherling (Peziza (Sowerbyella) radiculata). *Zitronengelb mit ziemlich langem Stiel.* 2–6 cm breit, schalenförmig bis unregelmäßig ausgebreitet-gekerbt, zitronengelb, außen blasser, mit haarigem, wurzelartigem Stiel. – Wälder. Selten.

Blasser Kelchpilz (Peziza (Pustularia) catinus). *Lehmfarbig blaß, kurzgestielt, außen kleiig, Rand mit Velumrest.* 1–3 cm breit, tief becherförmig, jung oben von dünner Haut bedeckt. Scheibe lehmfarbig, außen schmutzig-blaß, dicht kleiig. Stiel kurz. – Auf leichtem Humus in Wäldern, besonders an Wegen. Recht häufig.

Halbkugeliger Borstling (Peziza (Humaria) hemisphaerica). *Außen dunkelbraun, haarig, innen weißlich.* 0,5–2 cm breit, anfangs fast kugelförmig, später schalenförmig; Scheibe weißgrau, außen braunhaarig. – Wegränder. Häufig.

Schildborstling (Peziza (Scutellinia) scutellata). *Scharlachrot mit schwarzen Randhaaren.* 0,5–1 cm breit, flach ausgebreitet; Scheibe scharlachrot, Außenseite blasser, Rand mit steifen dunkelbraunen Haaren. – Auf feuchtem Boden, Gezweig und Wurzeln. Häufig.

Zarter Haarbecherling (Peziza (Neottiella) rutilans). *Orangerot, Stiel kurz.* 0,5–1,5 cm breit, niedrig becherförmig-ausgebreitet; Scheibe orangerot, außen heller, kleiig, mit blassen Randhaaren. – Heideboden, oft im Moos. Stellenweise.

Orange-Becherling (Peziza (Aleuria) aurantia). *Scharlachrot-orangerot, außen gelblich.* 1–15 cm breit, anfangs flach becherförmig mit schwach eingerolltem Rand, später unregelmäßig ausgebreitet-lappig. Scheibe scharlachrot, ausbleichend bis Gelblich-orange, außen blaßgelb, kleiig. – Auf kiesigem, lehmigen Boden. Häufig.

Blaumilchender Becherling (Peziza (Galactinia) saniosa). *Schwarzbraun, mit blauer Milch.* 1–3 cm breit, becherförmig-ausgebreitet, Scheibe dunkel rußbraun, Außenseite dunkelfilzig. Fleisch dunkel mit blau-blauvioletter Milch. – Auf Humus in Wäldern. Sehr selten.

Gelbmilchender Becherling (Peziza (Galactinia) succosa). *Fleisch ziemlich dick, gelb im Schnitt.* 1–4 cm breit, becherförmig mit eingebogenem Rand, später unregelmäßig abgeflacht; Scheibe blaßgelb, olivgelb oder braunviolett, Außenseite schwach kleiig. Fleisch recht dick, gebrechlich, safrangelb im Schnitt. – Auf kahlem Boden, besonders an Waldwegen. Recht häufig.

Zinnoberroter Kelchbecher

Glänzender Schwarz-
borstling

Zarter Haarbecherling

Blasser Kelchpilz

Schildborstling

Blaumilchender Becherling

Wurzelbecherling

Halbkugeliger Borstling

Orange-Becherling

Gelbmilchender Becherling

35

Kastanienbrauner Becherling (Peziza (Galactinia) badia). *Dunkelbraun, Außenseite heller, kleiig.* 2–7 cm breit, abgeflacht-schalenförmig, mit unregelmäßigem Rand; Scheibe leberbraun-purpurbraun, Außenseite nußbraun, etwas kleiig; Fleisch dick, weichlich und saftig. – Auf sandigem Boden. Recht häufig.

Ausgebreiteter Becherling (Peziza repanda). *Hellbraun, schalenförmig-abgeflacht, außen kleiig.* 3–10 cm breit, schalenförmig, bald ausgebreitet abgeflacht und unregelmäßig faltig-wellig; Scheibe dunkel lederbraun bis hell nußbraun, außen blaßkleiig; meist mit einem schwachen Stiel. – Auf Humus und Blättern, besonders um ausgegrabene Stümpfe in Laubwald. Juni-September. Stellenweise.

Blasiger Becherling (Peziza vesiculosa). *Unregelmäßig halbkugelförmig, gelblich.* 2–5 cm breit, unregelmäßig halbkugelförmig-krugförmig, oft mit schmaler und schiefer Mündung; Scheibe gelblich leder- bis honigfarben, außen blasser weißgelblich, kleiig, oft mit etwas gezacktem Rand. – Auf Dünger oder gedüngtem Boden, etwas büschelig wachsend. Stellenweise.

Hasenohr (Peziza (Otidea) leporina). *Schlank, ohrförmig, matt lederbraun, auf Fichtennadeln.* 2–4 cm hoch, anfangs schief krugförmig, bald schmal ohrförmig mit eingerolltem Rand; innen dunkel lederbraun bis nußbraun, außen heller und matt, unten mit kurzem, haarigem Stiel. – In kleinen Gruppen auf Nadelboden in Fichtenwald. Recht häufig.

Eselsohr (Peziza (Otidea) onotica). *Gelblich, fleischfarben, schlank bis breit ohrförmig.* 3–8 cm hoch, schmal bis breit-unregelmäßig ohrförmig mit eingerolltem oder teilweise flachem Rand, innen gelblich fleischfarben, außen gelblich lederfarben, mit kurzem, weißlichblassem, sehr haarigem Stiel. – Stellenweise, besonders in Laubwald.

Die oben erwähnten Becherlinge sind nur eine Auswahl unserer gewöhnlichsten und größten Arten. Sie werden oft auf mehrere Gattungen verteilt. Die betreffenden lateinischen Gattungsnamen sind in Klammern angegeben. Alle sind in natürlicher Größe abgebildet.

Wurzellorchel (Rhizina undulata, inflata). *Schwarzbraun, die Unterseite mit »Wurzeln«.* 2–8 cm breit, anfangs scheibenförmig, später unregelmäßig kissenförmig, gewölbt-gelappt, dunkelbraun, jung dunkel lederbraun mit gelblichem Rand. Die Unterseite mit dichtem, grobem Wurzelfilz, schmutziggelb. Fleisch härter und zäher als bei den eigentlichen Becherlingen, die Fruchtkörper halten sich deshalb mehrere Monate. – Auf kahlem Boden, meist auf Brandflächen, aber selten. (Natürl. Größe).

Kastanienbrauner Becherling

Blasiger Becherling

Ausgebreiteter Becherling

Hasenohr

Wurzel-Lorchel

Eselsohr

37

Frühjahrs-Lorchel, Stockmorchel (Gyromitra esculenta). *Hut gefaltet–gewunden, dunkelbraun, Stiel dick, grubig.* Hut 3–8 cm breit und hoch, gehirnartig gefaltet-gewunden, dunkel dattelbraun bis rußbraun. Stiel recht dick, weißlichblaß, etwas grubig, meist etwa halb so dick wie der Hut, unregelmäßig, hohl. – In sandigen Nadelwäldern. Mai–Juni. Stellenweise häufig. *Giftig. Zwar eßbar und gut nach sorgfältigem Abkochen. Trotzdem dringend abzuraten* (vergl. Seite 16/17). **Riesen-Lorchel** (G. gigas) ist größer und hell gelblich-olivbraun. Sehr selten.

Lorchel – Helvella

Hut becherförmig bis sattelförmig und gefaltet. Stiel meist deutlich abgesetzt, glatt oder gefurcht. Alle werden für schwach giftig oder doch verdächtig gehalten, keiner ist als Speisepilz geschätzt. Die ersten drei Arten rechnet man oft zu den Becherlingen. Nat. Größe.

Grauer Langfüßler, Stielbecherling (Helvella macropus, Peziza, Macropodia). *Schalenförmig, mausfarben und haarig.* 1–3 cm breit, schalenförmig, mausfarben, haarig am Rand und außenseitig. Stiel 1–4 cm hoch, dünn rund, oder unten abgeflacht-gefurcht, dicht abstehend haarig, grau. – In Wäldern, besonders auf feuchtem Boden unter Nesseln. Stellenweise, meist einzeln.

Pokal-Rippenbecherling (Helvella acetabulum, Paxina, Acetabula vulgaris). *Pokalförmig, innen rußbraun, Stiel furchig.* 4–8 cm hoch, pokalförmig mit eingebogenem Rand, Scheibe rußbraun, außen heller braun, Stiel recht kurz und dick, graubraun, tief furchig mit Leisten, die sich den Becher hinauf fast bis zum Rand verzweigen. – Auf kalkreichem, oft kiesigem Boden; Mai–Juni. Recht selten.

Graubrauner Rippenbecherling (Helvella costifera, Paxina). *Unregelmäßig schalenförmig, graubraun, Stiel heller, tief furchig.* 4–6 cm hoch, 2–4 cm breit, anfangs becherförmig, später schalenförmig-unregelmäßig und ausgebreitet, graubraun, außen oben gleichfarbig, nach unten weißgrau, mit kurzem Stiel, leistig-furchig, die Leisten verzweigen sich halb den Becher hinauf. – Auf kalkreichem Boden, Aug.-Sept. Selten.

Elastische Lorchel (Helvella (Leptopodia) elastica). *Sattelförmig-ausgebreitet, Stiel blaß, rund und glatt.* Hut 1–3 cm breit, sattelförmig bis unregelmäßig ausgebreitet-gewunden, graubraun, blaßbraun oder hirschbraun, die Unterseite heller, weißlich. Stiel lang und schlank, weiß bis blaßgraubraun, hohl und gebrechlich, glatt oder nach unten etwas furchig, oben fein kleiig. – Besonders im Gras an Waldwegen. Recht verbreitet. *Eßbar nach Abkochen.*

Gruben-Lorchel (Helvella lacunosa). *Sattelhut dunkel grauschwarz, Stiel tief grubig, grau.* 2–4 cm breit, unregelmäßig sattelförmig, gewöhnlich zweispitzig, dunkelgrau-rußfarbig bis rein schwarz, Unterseite grau. Stiel tief furchig, grau bis dunkelgrau, hohl. – Besonders in Laubwäldern auf Humus an Wegrändern. Recht verbreitet. *Eßbar nach Abkochen.*

Grauer Langfüßler

Frühjahrs-Lorchel

Graubrauner Rippenbecher-
ling

Pokal-Rippenbecherling

Gruben-Lorchel

Elastische Lorchel

39

Herbst-Lorchel (Helvella crispa). *Weißlich mit krausem Sattelhut und furchigem Stiel.* Hut 2–5 cm hoch, sattelförmig bis unregelmäßig faltig, die Oberfläche fast rein weiß, die Unterseite blaß lederfarbig. Stiel 3–6 cm hoch, recht dicklich, längs stark grubig, weiß. Fleisch zäh, besonders im Stiel. – In Wäldern auf Humusboden, meist an Wegrändern. Verbreitet, auch sehr spät im Jahr. *Für giftig gehalten, vermutlich eßbar nach Abkochen.*

Morchel – Morchella

Hut honigwabig, Stiel fleischig gebrechlich. Frühlingsformen.

Speise-Morchel (Morchella esculenta). *Hellbrauner Hut mit groben unregelmäßigen Kammern, gelblicher Stiel.* Hut 6–12 cm hoch, abgerundet eiförmig mit angewachsenem Rand; Kammern groß und offen, von etwas scharfeckigen, gekrümmten Leisten begrenzt, gelblich-braun. Stiel 6–12 cm hoch, oben schwach furchig oder rund, unten grubig-furchig, fast glatt oder feinkleiig, gebrechlich, hell gelblichbraun. In humusreichem Gebüsch oder längs Zäunen; Mai–Juni. Ziemlich selten. *Eßbar und besonders gut. Abkochen zu empfehlen.*

Graue Speise-Morchel (Morchella vulgaris). *Eiförmiger Hut mit kleinen Kammern von stumpfen, welligen Leisten gebildet.* Hut 3–6 cm hoch, eiförmig mit angewachsenem Rand, Kammern recht klein, von stumpfen Leisten begrenzt, etwas hirnartig wellig; meist dunkel braungrau mit Olivschimmer. Stiel kurz, 2–5 cm, rund, unten verdickt und etwas furchig, weiß bis gelblich, fast glatt, hohl, aber recht festfleischig. – In humusreichem Gebüsch, auch häufig in Gärten; April–Juni. Stellenweise. *Eßbar und gut. Abkochen zu empfehlen.*

Käppchen-Morchel (Morchella rimosipes). *Klein, mit wenigen Hutkammern und freiem Rand.* Hut 2–4 cm hoch, kurz und spitz kegelförmig mit deutlich freiem Rand, wenige, grobe, oft ausgeprägt rhombische, olivbraune Kammern, Leisten dunkler. Stiel 4–8 cm hoch, unten rund oder schwach furchig, fein kleiig-haarig, weiß, später blaß lederfarben, hohl und sehr gebrechlich. – In humusreichem Gebüsch; Mai. Stellenweise, meist selten. *Eßbar wie die übrigen Arten, aber wegen der geringen Größe nicht wertvoll.* (Natürl. Größe)

Spitz-Morchel (Morchella conica). *Hut kegelförmig mit reihig angeordneten Kammern, Stiel breit.* Hut 2–8 cm hoch, kegelig, Rand etwas ausgerandet-angewachsen, Kammern reihig angeordnet, dunkelbraun-oliv, Leisten dunkler. Stiel 3–5 cm hoch, oben fast so breit wie der Hut, schwach furchig, kleiig, weißgelb bis blaßbraun, hohl und gebrechlich. – In humusreichem Gebüsch. In Nadelwäldern, auf Kahlschlägen, Murbrüchen, Brandflächen. Mai. *Eßbar wie übrigen Arten.* Die mehr fleischbräunliche Abart (M. deliciosa) ist sehr schmackhaft aber selten.

Glocken-Verpel (Verpa conica). *Glatt, braun, glockenförmig, Hut frei, gelblicher Stiel.* Hut 2–4 cm hoch, glockenförmig, nur an der Spitze des Stiels befestigt, glatt oder schwach runzelig, nußbraun. Stiel 3–8 cm hoch, gelblichweiß mit mehr oder weniger deutlichen Querbändern rotgelblicher Kleischuppen. – In Laubwäldern auf Humusboden, auch auf sandigerem Boden; Mai. Sehr selten. *Wertlos.* (Natürl. Größe)

Herbst-Lorchel   Speise-Morchel   Spitz-Morchel

Käppchen-Morchel   Graue Speise-Morchel   Glocken-Verpel

TRÜFFELN – TUBERALES

Knollenförmige, unterirdisch wachsende Pilze mit Sporen in Schläuchen.

Morchel-Trüffel (Hydnotria tulasnei). *Rotbraun, innen mit gewundenen, offenen Gängen.* 1–6 cm, knollenförmig länglich, größere Exemplare etwas lappig, rotbraun, heller im Schnitt mit unregelmäßig gewundenen, offenen Gängen. Fleisch fest, Geruch schwach süßlich. – In Laubwald, in der Erde oder unter der Laubdecke, oft viele zusammen. *Eßbar.*

Grobwarzige Kratertrüffel (Pachyphloeus melanoxanthus). *Schwarz, innen olivgrün.* 0,5–1,5 cm, kugelförmig, unten mit Mycelbüschel, oben mit runder Mündung; von groben, eckigen schwarzen Warzen bedeckt. Innen etwas hohl von der Mündung, olivgelb bis dunkelgrün-oliv. – Im Humus oder unter Laub in Wäldern. Selten. (Natürl. Größe)

Rotbraune Trüffel (Tuber rufum). *Rotbraun, schwach warzig, innen blaß grauviolett.* 0,5–2,5 cm, oft fast kugelförmig, hell bis dunkel rotbraun mit unscheinbaren Warzen, innen zuerst weiß, später grauviolett mit blassen Adern vom Grunde aus. Fleisch fest, Geschmack nußartig, älter mit süßlichem Geruch. – Verbreitet in Laubwald und an Waldwegen. Von anderen kleinen Trüffel-Arten an stachligen, nicht netzigskulpturierten Sporen zu unterscheiden. (Nat. Größe)

Sommer-Trüffel (Tuber aestivum). *Schwarz, mit groben, eckig-zugespitzten Warzen.* 2–7 cm, unregelmäßig knollig; innen grau-violett mit dichtem Netzwerk blasser Adern. – In kalkreicher Erde. Sehr selten. *Eßbar, wohlschmeckend.*

SCHEIBENPILZE – HELOTIALES

Zitronengelber Reisigbecherling (Helotium citrinum). *Glänzend gelb, schalenförmig, kurzgestielt.* 0,5 cm breit, anfangs becher-, später schalenförmig-flach, Scheibe eigelb, außen blasser gelb, Stiel dünn, meist kurz, gelblich. – In Scharen auf halbfaulem Gezweig im Waldboden. Häufig. (Natürl. Größe)

Astbecherling (Rutstroemia firma). *Becher-scheibenförmig, kurzgestielt, braun.* 1 cm breit, anfangs niedrig becherförmig, später ausgebreitet scheibenförmig, dunkel nußbraun bis blasser lederbraun, recht zäh. Stiel deutlich, wenig kürzer als die Breite des Bechers, schwach haarig. – Auf toten Zweigen, besonders von Eichen. Stellenweise. (Natürl. Größe)

Eichelbecherling (Sclerotinia (Ciboria) batschiana, pseudotuberosa). *Dunkelbraun, gestielt, auf Eicheln.* 0,5–1 cm breit, becherförmig, zuletzt ausgebreitet, hell rußbraun. Stiel kurz bis ziemlich lang, dünn, dunkelbraun. – Auf kohlenartig umgeformten Eicheln. Stellenweise. **Anemonenbecherling** (S. tuberosa) größer und heller, langstieliger, von unterirdischem, schwarzem Sclerotium unter Anemonen, Mai. (Natürl. Größe)

Grünspanbecherling (Chlorosplenium aeruginosum). *Grünspanfarben, auf faulem, grünspanfarbigem Holz.* 0,5 cm breit, anfangs niedrig becherförmig, bald abgeflachtausgebreitet, kurzer Stiel. – Auf modernden Laubholzästen, das Kernholz wird vom Mycel grünspanig gefärbt, Fruchtkörper recht selten zu sehen. (Nat. Größe)

Grobwarzige Kratertrüffel

Morchel-Trüffel

Rotbraune Trüffel

Sommer-Trüffel

Zitronengelber Reisigbecherling

Grünspanbecherling

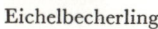

Eichelbecherling

Astbecherling

43

Schmutzbecherling (Bulgaria inquinans). *Kreiselförmig, schwarzbraun, auf Rinde.*
1–3 cm, kreiselförmig, anfangs mit eingerolltem Rand und braunfilzig-schuppig,
später abgeflacht mit glänzender, schwarzer Scheibe. Fleisch schwarz, gallertar-
tig-zäh. – Auf Rinde gefällter Eichenstämme, seltener auf Buche, oft in großen
Scharen, von schwarzem Sporenpulver umgeben. Sehr häufig. (Natürl. Größe)

Gallertbecherling (Coryne sarcoides). *Violett, gallertartig, unregelmäßig zungen-
kreiselförmig.* Anfangs unregelmäßig zungenförmig- gekräuselt in kleinen, violetten,
gallertartigen Klümpchen, später abgeflacht kreiselförmig, von ähnlicher Farbe
und Konsistenz. – Auf modrigem Holz. Verbreitet. (Natürl. Größe)

ERDZUNGEN – GEOGLOSSALES

Erdzunge – Geoglossum

*Gestielt, oben abgeflacht-zungenförmig, die meisten Arten schwarz und im Gras wachsend.
(Alle in natürl. Größe)*

Haarige Erdzunge (Geoglossum hirsutum). *Schwarz, zungenförmig, Stiel samtig-
haarig.* 1,5–4 cm hoch, dunkel rußbraun bis schwarz, zungenförmig. Stiel rund,
schwarzbraun, überall dicht steif samtig-haarig. – Auf Erde in Gebüsch und
im Gras auf Waldwiesen, spät im Jahr. Verbreitet, oft in Scharen.

Feinschuppige Erdzunge (Geoglossum fallax). *Schwarz, zungenförmig, Stiel
feinschuppig.* 1,5–4 cm, schwarzbraun, zungenförmig. Stiel rund, glatt, oben
feinschuppig, trocken. – Im Gras, besonders auf Waldwiesen. Stellenweise. (Das
große Exemplar auf der Abbildung ist G. cookeanum, dem die Schuppen
fehlen. Es gibt viele andere schwarze Arten der Gattung).

Grüne Erdzunge (Geoglossum viride). *Olivgrün, zungenförmig.* 2–6 cm hoch,
zungenförmig, oft mit einer Längsfurche, olivgrün, spangrün oder grasgrün. –
Auf Boden in Laubwald, meist auf saurem Boden, in Büscheln. Recht selten.

Gelber Spatelpilz (Spathularia flavida). *Kopf eigelb, spatelförmig, Stiel blaß.* 2–5
cm hoch, Kopf abgeflacht, spatelförmig, meist etwas runzelig, schwefelgelb bis
eigelb. Stiel rund, im Kopf eingekeilt, weißgelb. – In Nadelwäldern. Nicht
überall. *Eßbar.*

Helmkreisling (Cudonia circinans). *Hut abgeflacht-hutförmig, faltig.* Hut 1–2
cm breit, faltig-abgeflacht, auf der Unterseite etwas adrig, wachsartig schmierig,
ledergelb, in trockenem Zustand und auf der Unterseite dunkler. Stiel lederfarben, nach unten fleischfarben, schwach filzig. – In Fichtenwald auf der Nadeldecke, in Scharen. Nicht überall.

Gallertkäppchen (Leotia lubrica). *Bernsteingelb, Kopf gallertartig, schwach faltig.*
1–3 cm hoch, Kopf halbkugelförmig-lappig mit etwas eingebogenem Rand,
dunkel bernsteingelb, älter grünlichschwarz. Stiel schleimig, hell bernsteingelb,
etwas kleiigschuppig. Der ganze Pilz sehr schleimig. – In Gebüsch, besonders
auf lehmigem Boden. Verbreitet.

Schmutzbecherling

Gallertbecherling

Feinschuppige Erdzunge

Haarige Erdzunge

Grüne Erdzunge

Gelber Spatelpilz

Helmkreisling

Gallertkäppchen

KUGELKERNPILZE – SPHAERIALES

Wenn reif kohlenartige Pilze, die von den Mündungen der eigesenkten Fruchtkörper fein warzig sind. Nur die größten Arten dieser großen Gruppe sind aufgenommen. (Nat. Größe)

Geweihförmige Holzkeule (Xylaria hypoxylon). *Jung weißgepudert-verzweigt, älter schwarz.* 2–6 cm hoch. Anfangs wenig verzweigt bis gegabelt, weißgepudert mit schwarzfilzigem Stiel, später überall schwarz, meist fast unverzweigt, getüpfelt-rauh, mit weißem Fleisch. – Auf Stümpfen und faulenden Laubholz-Ästen. Sehr verbreitet das ganze Jahr.

Vielgestaltige Holzkeule (Xylaria polymorpha). *Unregelmäßig keulenförmig, kohlenartig schwarz.* 5–10 cm hoch, oben keulenförmig angeschwollen, kohlschwarz, fein getüpfelt-rauh, unten haarig und verschmälert. Fleisch weiß, zäh. – Auf Laubholzstümpfen. Verbreitet.

Punktpilz (Poronia punctata). *Kreiselförmig, grau-lederfarben, auf Pferdedünger.* 1–2 cm hoch, kreiselförmig, die Oberfläche abgeflacht, grau bis blaß lederfarben, reif mit wenigen dunklen Pünktchen. Die Außenseite filzig, nach unten in einen zugespitzten filzigen Stiel verlängert. – Auf Weiden. Recht selten.

Brandkrustenpilz (Ustulina deusta). *Krustenförmig, kohlenartig und schwarz.* Bis 30–40 cm breit, anfangs dunkelgrau bräunlich mit weißem Rand, bald pechschwarz, fein getüpfelt, kohlenartig, spröde. – Am Grunde von Stämmen und Stümpfen von Laubholz. Häufig.

Kohlenbeere (Hypoxylon fragiforme). *Kugelförmig, fein warzig, rot-braunschwarz.* 0,5–1,5 cm breit, kugelförmig, anfangs lebhaft rotbraun, später braunschwarz, dicht warziggetüpfelt, hart und spröde, innen kohlenartig braunschwarz. – In Scharen auf ziemlich frischgefällten Stämmen und Ästen von Laubholz. Häufig.

Kohliger Kugelpilz (Daldinia concentrica). *Kissenförmig, schwarz-kohlenartig, innen gezont.* 2–6 cm breit, sehr feingetüpfelt, innen grauschwarz mit konzentrischen, seidigglänzenden Zonen. – Auf Laubholzstämmen. Sehr selten.

Eckenscheibchen (Diatrype disciforme). *Eckig-scheibenförmig, feingetüpfelt.* 0,5 cm breit, 5–6eckig scheibenförmig, mit wenigen Pünktchen getüpfelt, dunkel graubraun bis schwarz. – Auf Laubästen, durch die Rinde ziemlich frischer Äste hervorbrechend. Sehr verbreitet.

HYPOCREALES

Unterscheidet sich von den Sphaeriales durch gebrechliche, farbige Fruchtkörper.

Zinnoberroter Pustelpilz (Nectria cinnabarina). *Hellrot bis dunkelrot, kugelförmig.* 2–3 mm breit, anfangs kissenförmig, mehlig, hellrot, später dunkler rot und warzig. – In Menge auf Rinde neugefallener Äste und Stämme oder auf toten Zweigen etc. Sehr verbreitet. Eine ähnliche, aber viel kleinere Art bildet Krebswunden auf Obstbäumen (Nectria galligena). Auch mehrere kleine Arten auf modrigem Holz, einzeln oder in kleinen Scharen.

Vielgestaltige Holzkeule

Geweihförmige Holzkeule

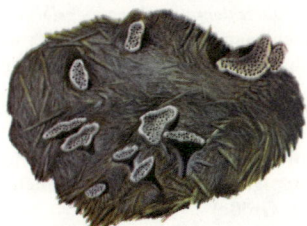

Punktpilz

Brandkrustenpilz

Kohlenbeere

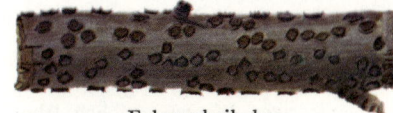

Eckenscheibchen

Zinnoberroter Pustelpilz

Kohliger Kugelpilz

47

CLAVICIPITALES

Keulenförmig-trommelschlegelförmig, auf Insekten, Hirschtrüffeln oder Gras schmarotzend.

Mutterkorn (Claviceps purpurea). *Spindelförmige, schwarze Sclerotien auf Gras.* Sclerotien spindelförmig oder etwas gewunden, anfangs fleischfarben, später schwarz, innen weiß. Auf abgefallenen Sclerotien werden im Frühjahr kleine keulenförmige Fruchtkörper gebildet. – Recht verbreitet, besonders in Blütenständen von Molinia und Festuca gigantea, seit moderner Bekämpfung auf Kornähren selten. Fruchtkörper sehr selten. *Sehr giftig.* (Nat. Größe)

Kernkeule – Cordyceps

Zungen-Kernkeule (Cordyceps ophioglossoides, parasiticus). *Zungenförmig gestielt, olivschwarz, nach unten gelblich.* 3–8 cm hoch, Kopf schlank zungenförmig, olivschwarz, warziggetüpfelt, oft weißbereift von Sporen. Stiel glatt und rund, nach unten zitronengelb. – Auf Hirschtrüffel. Recht selten. (Nat. Größe)

Kopfige Kernkeule (Cordyceps capitatus). *Kopf kugelförmig, olivschwarz.* 3–10 cm hoch, Kopf kugelförmig, 0,5–1 cm breit, schwarz mit olivgrünem Schimmer, feinwarzig-getüpfelt, oft weißbereift von Sporen. Stiel oben etwas faserig-kleinschuppig, matt hell oliv-bräunlich, recht zäh. – Auf Hirschtrüffel. Sehr selten. (Nat. Größe)

Puppen-Kernkeule (Cordyceps militaris). *Orangerot, zungenförmig.* 1–4 cm hoch, keulenförmig abgeflacht mit schwach abgesetztem Stiel, warziggetüpfelt. – Auf Schmetterlingsraupen und -puppen. Stellenweise. (Nat. Größe)

Graue Kernkeule (Cordyceps cinereus). *Kopf grau, kugelförmig, warzig.* 3–8 cm hoch, Kopf 0,5 cm breit, grau, stark warzig-getüpfelt. Stiel dünn, hart, trocken, meist wellig-gewunden. – Auf Larven des Fadenschwimmkäfers. Selten. (Nat. Größe)

PLECTASCALES

Hornpilz (Onygena corvina). *Trommelschlegelförmig, gepudert, auf Horn und Federn.* 0,5–1 cm hoch, Kopf fast kugelförmig, graubraun, gepudert-mehlig. Stiel recht kurz, weißlich blaß. – Meist in Scharen auf faulenden Federn. Selten. Nahestehende Form (O. equina) ist etwas größer und wächst auf Hufspänen.

Warzige Hirschtrüffel (Elaphomyces granulatus, cervinus). *Gelblich lehmfarben, feinwarzig.* 2–5 cm breit, kugelförmig-knollenförmig mit schwachen, niedrigen Warzen, gelblich lehmfarben bis matt strohgelb, Außenwand im Schnitt blaßbraun-weinrot, nicht marmoriert. Sporenmasse bald pulverartig, schwarzgrau. – In Buchenwäldern, unterirdisch. Stellenweise nicht selten.

Spitzwarzige Hirschtrüffel (Elaphomyces muricatus). *Lebhaft gelbbraun, Warzen zugespitzt.* 2–5 cm breit, knollenförmig, oft etwas abgeflacht, mit eckigen, zugespitzen Warzen dicht bedeckt, lebhaft dunkel gelbbraun. Wand im Schnitt purpurbraun, von hellen Adern marmoriert. Sporenmasse schwarzgrau, pulverartig. – In Nadelwald, unterirdisch. Stellenweise. Kleinere Form **Marmorierte Hirschtrüffel** (E. variegatus) besonders in Buchenwald.

Zungen-Kernkeule

Mutterkorn

Puppen-Kernkeule

Spitzwarzige Hirschtrüffel

Kopfige Kernkeule

Graue Kernkeule

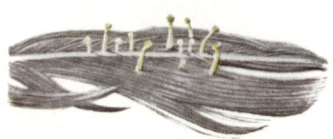

Hornpilz

Warzige Hirschtrüffel

49

STÄNDERPILZE — BASIDIOMYCETES

APHYLLOPHORALES

Rindenpilz – Corticium

Krustenförmig, auf Kernholz oder Rinde, seltener auf Boden. Eine Gattung außerordentlich vieler schwer erkennbarer Arten, die meist auf mehrere Kleingattungen verteilt werden. (Natürliche Größe)

Eichen-Rindenpilz (Corticium quercinum). *Krustenförmig, grauviolett, rissig.* Der Fruchtkörper bildet unzusammenhängende Reihen von Krusten auf noch berindeten, toten Zweigen. Die Fläche ist grauviolett, feucht warzig-rauh, trocken rissig, und meist mit aufgebogenem Rand, so daß die schwarze Unterseite zu sehen ist. – Auf toten Eichenzweigen auf dem Baum oder am Waldboden, auch auf anderen Laubholzzweigen. Häufig.

Rindensprenger (Corticium comedens). *Krustenförmig, gelbgrau, unter toter, gesprengter Rinde.* Der Fruchtkörper bildet eine unansehnliche, dünne, gelbgraue oder matt fleischfarbige Kruste. Am leichtesten daran zu erkennen, daß die Rinde der angegriffenen Bäume gesprengt und aufgerollt wird, so daß der Pilz hervortritt. – Häufig auf toten Laubholzzweigen und toten jungen Stämmen.

Schichtpilz – Stereum

Lederartig zäh, meist konsolenförmig mit einem angedrückten krustenförmigen Teil. Die Oberfläche haarig-filzig, die Unterseite glatt-warzig. Auf Holz. (Natürliche Größe)

Zottiger Schichtpilz (Stereum hirsutum). *Die Unterseite gelb, die Oberfläche struppighaarig.* Dachartig-konsolenförmig, aus 1–3 cm breiten Hüten. Die Hutoberfläche filzig-gezont, gelbgrau, die Unterseite und der krustenförmige Teil anfangs eigelb, später lederfarben, schwach rauh. – Sehr verbreitet, auf Laubholz, besonders auf Zaunpfählen und geschnittenem Klafterholz.

Violetter Schichtpilz (Stereum purpureum). *Purpurviolett bis schmutzig grauviolett.* Dach-konsolenförmig, aus 1–3 cm breiten Hüten. Die Hutoberfläche filzig, grauviolett bis grau, die Unterseite und der krustenförmige Teil purpurfarben-violett, ausbleichend bis schmutzig-grau. – Sehr verbreitet, besonders auf Klafterstücken aus Laubholz. Gefährlicher Parasit an Obstbäumen.

Runzeliger Schichtpilz (Stereum rugosum). *Graugelb, runzelig, auf Laubholz.* Krustenförmig mit schwacher Konsolenkante. ˘Die Oberfläche braun und runzelig, die Krustenfläche buckelig rauh, graugelb, schmutzigrot bis blutrot bei Verletzungen. – Auch auf noch lebenden Bäumen. Häufig.

Blutender Schichtpilz (Stereum sanguinolentum). *Graugelb-lederfarben, auf Nadelholz.* Krustenförmig oder etwas konsolenförmig, die Hutoberfläche lederbraun, gezont-haarig, die Unterseite graugelb, blutrot bei Verletzungen, Fleisch papierdünn. – Auf Stämmen und Stümpfen von Nadelbäumen. Häufig.

Eichen-Rindenpilz

Rindensprenger

Zottiger Schichtpilz

Blutender Schichtpilz

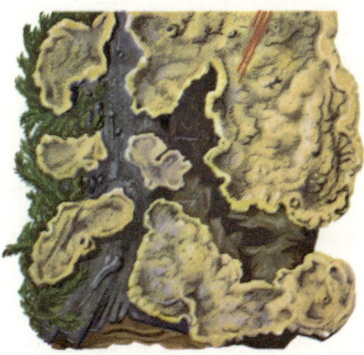

Runzeliger Schichtpilz

Violetter Schichtpilz

51

Umberbrauner Borstenschichtpilz (Hymenochaete rubiginosa, Stereum). *Kastanienbraun und hart, furchig-gezont.* 2–5 cm breit, oft in sehr länglichen und dachartigen Konsolen, Oberfläche gezont-furchig, jung feinhaarig und gelblich tabakbraun, bald dunkel kastanienbraun. Die Unterseite tabakbraun, von feinen Borsten dicht bedeckt. Fleisch zäh, gelbbraun. – Auf faulenden Stämmen und Stümpfen von Laubholz. Häufig.

Nierenförmiger Kreiselpilz (Thelephora terrestris). *Braunviolett, fächerförmig mit gelapptem Rand.* 3–8 cm breit, krustenförmig bis unregelmäßig trichterförmig-kreisförmig, die Oberfläche faserig-filzig, braunviolett, die Unterseite graulila, warzig-rauh. – Auf sandigem Boden, besonders in Nadelwald, in verwachsenen Büscheln über der Nadeldecke und um Stengel und junge Bäume wachsend. Sehr verbreitet.

Stinkender Kreiselpilz (Thelephora palmata). *Aufrecht verzweigt, purpurbraun, Knoblauchgeruch.* 3–5 cm hoch, verzweigt mit abgeflacht-gelappten Zweigspitzen, schmutzig purpurbraun bis braunviolett, Spitzen heller. Fleisch zäh mit Knoblauchgeruch. – Auf Boden in Nadelwäldern. Stellenweise.

Gelber Holzschwamm, Warzenschwamm (Coniophora puteana, cerebella). *Krustenförmig, olivgelb, die Mitte braun-knotig.* Bis 40 cm breit, krustenförmig-angewachsen, in der Mitte tabakbraun mit kleinen hauptförmigen Knoten, nach außen olivgelb mit fibrillös-faserigem, hellgelbem Rand. – Auf totem Kernholz. Verbreitet in Wäldern, auch häufig als Schadpilz in Häusern.

Orangefarbiger Kammpilz (Phlebia radiata, aurantiaca). *Orange, krustenförmig-gefaltet.* Bis 30 cm breit, krustenförmig oder mit freien Rändern, unregelmäßig rippig-faltig, am Rande faserig, orangerot bis fleischrot, Fleisch wachsartig-zäh. – Um Stümpfe oder auf Rinde von Laubholz. Recht selten.

Hausschwamm (Serpula lacrymans, Merulius). *Stellenweise netzig-aderig, gelbbraun, wattig-weich.* Größere oder kleinere wattige Krusten oder etwas konsolenförmig vorspringend, fleischfarbig, olivgelb, braungelb oder nußbraun; die Oberfläche (oder an Konsolen die Unterseite) mehr oder weniger netzig-aderig von erhabenen braunen Leisten, Rand oft faserig, mit von dort ausgehenden langen dunklen Strängen. – Häufiger und sehr gefährlicher Schadpilz auf Bauholz in Häusern. Nahestehende Arten auf Holz in natürlicher Umgebung.

Gallertfleischiger Fältling (Merulius tremellosus). *Konsolenförmig, Unterseite netzig-aderig, Fleisch gallertartig.* Hut 1–4 cm breit, dach-konsolenförmig, Oberfläche graublaß mit angedrückten Filzhaaren, Unterseite gelblich-fleischfarbig, netzig-aderig-gefaltet. Fleisch gallertartig. – Stellenweise, besonders in modrigen Laubbaumstümpfen.

Alle Abbildungen auf dieser Seite in natürlicher Größe.

erbrauner Borstenschichtpilz

Stinkender Kreiselpilz

Gelber Holzschwamm

Nierenförmiger Kreiselpilz

Hausschwamm

Orangefarbiger Kammpilz

Gallertfleischiger Fältling

Keulenpilz – Clavaria

Keulenförmig, unverzweigt oder korallenartig verzweigt mit recht wenigen, weichfleischigen Zweigen. Sporen meist weiß. Jetzt in mehrere Gattungen aufgeteilt. Alle Abbildungen in natürlicher Größe.

Röhrige Keule (Clavaria (Clavariadelphus) fistulosa). *Lederbraun, schlank, steif.* 10–20 cm hoch, nach oben schlank keulenförmig angeschwollen, bis 0,5 cm breit, hohl und brüchig, hell lederbraun, Stiel dunkler und zäh. – In Laubwald auf Zweigen und Laub, oft in Scharen. Stellenweise recht häufig, besonders spät im Jahr. *Eßbar.*

Herkules-Keule (Clavaria (Clavariadelphus) pistillaris). *Breit keulenförmig, gelblich lederfarben.* 10–15 cm hoch, nach oben stark keulenförmig verdickt, 2–4 cm breit, etwas faltig-runzelig, gelblich-lederfarben, oft mit etwas fleischfarbigem Schimmer, Stiel gelbbraun, Fleisch weiß und weich. – Verbreitet auf Laubwaldboden. *Eßbar.*

Binsen-Keule (Clavaria (Clavariadelphus) juncea). *Drahtförmig, lederbraun.* 6–10 cm hoch, ca. 1 mm dick, nach oben etwas verdickt, anfangs gelblichbraun, später lederbraun, sehr gebrechlich, Stiel meist wurzelartig-kriechend verlängert. – Auf feuchtem Laub, oft in großen Scharen spät im Jahr.

Orangegelbe Koralle (Clavaria (Clavulinopsis) helvola). *Keulenförmig, orangegelb, schwach und gebrechlich.* 2–5 cm hoch, schmal keulenförmig, etwas abgeflacht an der Spitze, zuweilen verzweigt, orangegelb, Stiel blasser. – Auf Humus in Gebüsch und auf Waldwiesen. Stellenweise. – Mehrere ähnliche Arten.

Wiesen-Koralle (Clavaria (Clavulinopsis) corniculata). *Eigelb, verzweigt, schmächtig und zäh.* 2–6 cm hoch, wiederholt gegabelt, Zweige zugespitzt, etwas klebrig, eigelb-glänzend. – Verbreitet, besonders in Gras und Moos auf Waldwiesen.

Gelbstielige Keule (Clavaria argillacea). *Keulenförmig, weißgelb-lehmgrau.* 3–6 cm hoch, schmal keulenförmig, oft gefurcht-plattgedrückt, sahnefarben bis lederfarben oder mehr graulich. Stiel besonders unten zitronengelb. – In Moos auf Sandboden oder Torferde. Häufig.

Kamm-Koralle (Clavaria (Clavulina) cristata). *Verzweigt, Spitzen kammartig geteilt.* 3–8 cm hoch, unregelmäßig verzweigt, bald mit wenigen, bald mit zahlreichen Zweigen, Zweigspitzen in mehrere Kleinspitzen geteilt, weiß oder mit gelbem oder grauem Schimmer. – Auf Boden besonders an Waldwegen. Sehr häufig und sehr veränderlich. Graue Formen werden auf C. cinerea bezogen.

Runzelige Koralle (Clavaria (Clavulina) rugosa). *Weiß, unverzweigt bis wenig verzweigt, runzelig.* 4–12 cm hoch, unverzweigt oder unregelmäßig kurz verzweigt an der Spitze, faltig-runzelig, weiß, oft mit grauem oder gelblichem Schimmer. Fleisch gebrechlich. – Verbreitet, gern an Waldwegen und auf Waldwiesen.

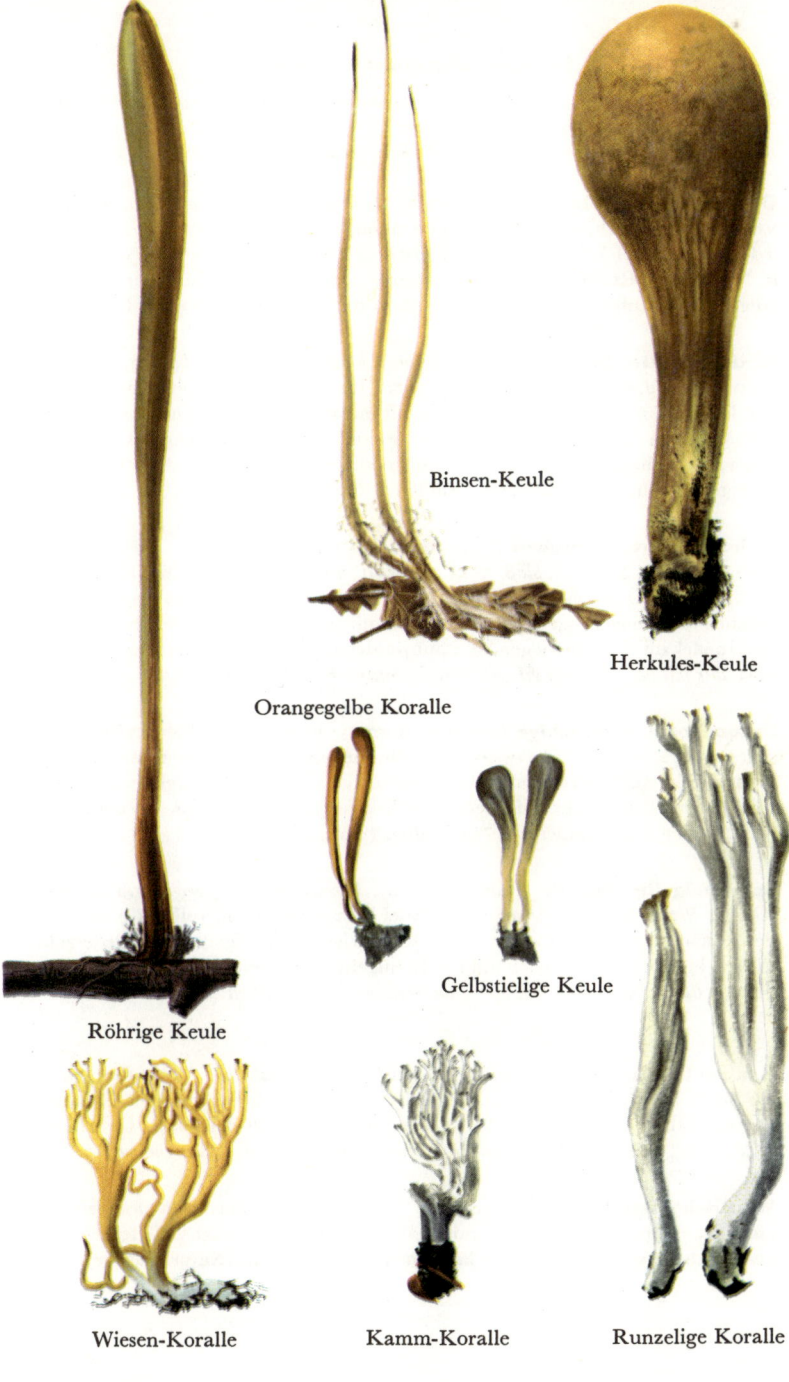

Binsen-Keule

Herkules-Keule

Orangegelbe Koralle

Gelbstielige Keule

Röhrige Keule

Wiesen-Koralle

Kamm-Koralle

Runzelige Koralle

Koralle, Ziegenbart – Ramaria

Sehr verzweigte Arten mit ziemlich zähem Fleisch. Meist lederfarbig und immer mit gelb-braunen Sporen. Die Arten sind früher zu den Clavarien gezählt worden; die verzweigten Arten der Clavarien haben weniger zähes Fleisch, weiße Sporen und sind nicht lederbraun.

Ockergelbe Koralle (Ramaria invalii). *Lederbraun, aufrecht verzweigt, in Nadel-wald.* 3–7 cm hoch, Zweige dicht und dünn, oft ein bißchen flach, ockergelb-lederfarben. Stiel kurz, weißfilzig, Fleisch zäh, etwas bitter. – Auf Nadeldecke in Nadelwald. Recht häufig. R. ochraceo-virens wird grün mit zunehmendem Alter, recht häufig auf ähnlichen Stellen zu treffen. *Wertlos.* (Natürl. Größe)

Steife Koralle (Ramaria stricta). *Gelblich blaßbraun, aufrecht, brüchig, auf Holz.* 4–10 cm hoch, Zweige schlank, zugespitzt, blaßgelb an der Spitze, nach unten hell lederbraun. Stiel kurz, lederbraun, oft mit violettem Schimmer, am Grunde mit kräftigen weißen Mycelsträngen. Fleisch brüchig, Geschmack schwach bitter, Geruch schwach würzig. – Auf modrigen Stümpfen und erdbedeckten Zweigen. Recht häufig. *Wertlos.* (Natürl. Größe)

Hahnenkamm, Trauben-Ziegenbart (Ramaria botrytis). *Dichtverzweigt, Zweigspitzen rot, Stiel dick, blaß.* 5–15 cm hoch, bis 20 cm breit, Stiel dickfleischig, weißlich blaß, in wenige dicke Zweige geteilt, die sich wieder in zahlreiche kurze Ästchen verzweigen, gelblichblaß mit korallenroten Spitzen. Fleisch knusprig, Geschmack mild. – Vorwiegend in Laubwäldern auf saurem Boden. Selten. *Eßbar, kann aber mit der folgenden giftigen Art, die bitteres Fleisch hat, verwechselt werden.*

Schöne, oder dreifarbige Koralle (Ramaria formosa). *Dichtverzweigt, Zweig-spitzen gelb, etwas bitterlich.* 10–25 cm hoch, meist mit ganz kurzem, dickem und blaßem Stiel mit zahlreichen recht schlanken Zweigen. Spitzen gelb, nach unten blaß lederfarben bis fleischfarben. Fleisch knusprig, etwas bitter. – Vorwiegend in hügeligen Laubwäldern. Selten. *Giftig, gekocht sehr bitter.*

Schwefelgelbe Koralle (Ramaria flava). *Dichtverzweigt, Zweigspitzen schwefel-gelb, ins Rötlich gehend.* 7–15 cm hoch, Stiel kurz, gelblich, oft rotfleckig an Wun-den, dicht verzweigt, Zweige kurz, schwefelgelb bis eigelb, älter ledergelb. Fleisch knusprig, Geschmack mild. – In hügeligen Buchen- und Fichtenwäldern. Selten. *Eßbar, kann aber mit der voranstehenden Art verwechselt werden.*

Krause Glucke (Sparassis crispa). *Gelblich, blumenkohlähnlich, Zweige flach.* 10–25 cm hoch, bis 35 cm breit, sehr verzweigt mit abgeflachten krummen Zweigen, anfangs sahnefarben, später blaß lederfarben. Fleisch knusprig, Geschmack mild. – In Nadelwäldern, oft am Fuße der Bäume. Selten. *Eßbar und gut.*

Weißliche Borstenkoralle (Pterula multifida). *Hellbraun, dicht und fein ver-zweigt.* 3–6 cm hoch, sehr fein und dicht zugespitzt verzweigt, hell lederbraun, etwas zäh. – Auf Nadeldecke in Fichtenwald. Sehr selten. (Natürl. Größe)

Ockergelbe Koralle

Steife Koralle

Hahnenkamm

Schöne Koralle

Schwefelgelbe Koralle

Krause Glucke

Weißliche Borstenkoralle

KANTHARELLEN – CANTHARELLACEAE

Zwei Gattungen fleischiger, trichterförmiger Pilze, alle Arten eßbar.

Totentrompete (Craterellus cornucopioides). *Trichterförmig, schwarzbraun-grau.*
5–12 cm hoch, tief trichterförmig-hohl mit mehr oder weniger ausgebreitetem
Kragen; Oberfläche schwarzbraun, faserig-schuppig, die Unterseite schwarzgrau, bereift, schwach faltig-runzelig. Fleisch ziemlich zäh, Geschmack würzig.
– Auf Boden in Laubwald, oft in Büscheln. Recht häufig. *Wertvoller Speisepilz,
besonders zum Trocknen gut geeignet.*

Graue Kraterelle (Craterellus cinereus). *Unregelmäßig trichterförmig, die Unterseite gerunzelt.* Hut 1–3 cm breit, meist tief trichterförmig mit gekräuseltem Rand,
rauchgrau, die Unterseite graubereift, faltig-runzelig. Stiel unregelmäßig, grau.
– Büschelig, besonders um Laubbaumstümpfe. Stellenweise.

Eierschwamm, Pfifferling, Rehling (Cantharellus cibarius). *Gelb mit schmalen
lamelligen Adern.* Hut 3–8 cm breit, gewölbt, bald ausgebreitet, trichterig niedergedrückt mit gebuckeltem oder gekräuseltem Rand, weißgelb bis eigelb, die
Unterseite mit schmalen lamelligen, gegabelten Adern, meist gelber als die
Oberfläche. Stiel blasser, glatt, Fleisch blaßgelb, Geschmack stark würzig. –
In Laubwäldern besonders große, blasse, dickfleischige Formen, in Nadelwäldern
und Heidegebüsch mehr dünnfleischige, eigelbe Typen. Oft in Hexenringen
oder großen Scharen. Häufig; ab Juli. *Eßbar, hervorragend und leicht erkennbar.*

Trompeten-Pfifferling (Cantharellus tubaeformis). *Braungelb, Unterseite graugelb.* Hut 2–4 cm breit, tief trichterförmig mit gebuckeltem Rand, braungelb,
schwach klebrig, glatt oder etwas schuppig in der Mitte, auf der Unterseite gelb,
graubereift mit entfernten herablaufenden, gegabelten Adern. Stiel schlank, zugespitzt, graugelb, unten gelb. Fleisch zäh, Geschmack aromatisch bitter. – In
Laub- und Nadelwald auf saurem Boden. Häufig, besonders spät im Jahr. *Eßbar.*
– In feuchten Bergnadelwäldern kommt oft die verwandte **Gelbe Kantharelle**
(C. lutescens) vor. Brauner Hut, orangegelbe Unterseite und Stiel. *Eßbar und gut.*

STOPPELPILZE – HYDNACEAE

*Hierzu wird eine Reihe von Pilzgattungen gerechnet, die die sporenbildende Schicht auf
freien Stacheln oder öfter an Stacheln auf der Unterseite eines Hutes hat. Außer diesem
gemeinsamen Merkmal sind die einzelnen Gattungen recht verschieden. Sie sind alle früher
zur Gattung Hydnum gerechnet worden.*

Eiskoralle, Bartkoralle (Hericium coralloides). *Verzweigt, Stacheln nach unten
gekehrt, frei.* Bis 30 cm breit, in mehrere abstehende Zweige mit nach unten
weisenden Stacheln geteilt, jung fast rein weiß, allmählich schmutziggelb.
Fleisch knusprig. – Auf toten Buchenstämmen. Selten. *Jung eßbar und gut.*

Habichtspilz, Hirschling (Sarcodon imbricatum). *Graubraun, grobschuppig,
Stacheln grau.* Hut 5–15 cm breit, niedrig gewölbt bis leicht niedergedrückt, graubraun, mit groben, hervorstehenden Schuppen bekleidet. Stacheln dicht, graubraun, gebrechlich. Stiel bräunlich. Fleisch dürr, recht spröde. – In sandigen
Nadelwäldern. Nicht selten. *Eßbar. Würzpilz.*

Totentrompete

Pfifferling

Graue Kraterelle

Trompeten-Pfifferling

Eiskoralle

Habichtspilz

Semmel-Stoppelpilz (Hydnum repandum). *Blaßgelb, Fleisch dicklich, spröde, Stacheln hell.* Hut 5–20 cm, niedrig gewölbt, lappig, dürr, oft etwas rissig-schuppig, blaßgelb, matt. Stacheln dicht, blasser als der Hut. Stiel dick, unregelmäßig, meist sehr kurz, blaß. Fleisch dicklich, brüchig, schwach bitter. – In Scharen oder Hexenringen in Laubwald. Verbreitet. *Eßbar, recht gut, aber mit leicht bitterem Geschmack, der sich durch Abkochen eventuell verliert.*

Rotgelber Stoppelpilz (Hydnum rufescens). *Rotgelb, brüchig, mit rotgelben Stacheln.* Hut 3–10 cm, niedrig gewölbt, blaß bis dunkel matt rotgelb. Stacheln gleichfarbig. Stiel oft recht dünn. Fleisch knusprig-spröde, schwach bitter. – In kleinen Scharen in Laub- und Nadelwald. Häufig. *Eßbar wie obenstehender.*

Orangegelber Korkstacheling (Hydnellum aurantiacum). *Korkartig, orangegelb, Stiel rotbraun-filzig.* Hut 4–10 cm, kreiselförmig, abgeflacht niedergedrückt, oft kleinbuckelig-rauh, fein filzig, besonders gegen die Mitte stark orangegelb, später schmutzigbraun. Stacheln anfangs blaß, später orangebraun. Stiel nach unten verdickt, orangegelblich, unten mit rötlich rostbraunem Filz. Fleisch korkartig, zäh. – In Nadelwald. Selten.

Gezonter Korkstacheling (Hydnellum zonatum). *Lederartig, rotbraun-gezont, Stacheln braun.* Hut 3–6 cm, rötlich dunkelbraun mit hellerem Rand, gezont, seidenfaserig, rauh. Stacheln dicht, dunkelbraun. Stiel recht dünn, hellbraun bis dunkelbraun, etwas filzig. – In Laubwald. Recht selten. Phellodon melaleucus ähnlich, aber dünner und nach Klee duftend.

Schwarzer Korkstacheling (Phellodon niger). *Lederartig, blau, Fleisch schwarzblau.* Hut 3–7 cm, filzig-faserig, dunkelblau bis blaßblau oder bräunlich angelaufen. Stacheln blaßblau, dicht. Stiel schmutziggrau, unten dicht filzig. Fleisch dunkel blauschwarz an älteren Exemplaren, hell blau an ganz jungen, lederartig zäh. – Besonders in Nadelwald. Hydnellum coeruleum ähnlich, aber mit blaßbraunem Fleisch.

Ohrlöffel (Auriscalpium vulgare). *Hut nierenförmig, dunkelbraun, auf Kiefernzapfen.* Hut 1–2 cm, halbkreisförmig-nierenförmig, haarig, anfangs lebhaft gelblichkastanienbraun, später schwarzbraun. Stacheln dunkelbraun, ziemlich weitständig. Stiel dünn, dunkelbraun, dicht filzig, auf dem Rand des Hutes befestigt. Fleisch lederartig zäh. – Auf vergrabenen Kiefernzapfen. Verbreitet, fast das ganze Jahr. (Natürl. Größe)

Semmel-Stoppelpilz

Rotgelber Stoppelpilz

Schwarzer Korkstacheling

Gezonter Korkstacheling

Ohrlöffel

Orangegelber Korkstacheling

61

PORLINGE – POLYPORACEAE

Eine lange Reihe sehr verschiedenartiger Pilze, mit zähem Fleisch. Die sporenbildende Schicht ist in Röhren entwickelt. Die meisten dieser Arten wachsen auf Holz. Sie sind früher in eine Gattung zusammengezogen worden, hier aber auf mehrere Gattungen aufgeteilt.

Strahliger Schillerporling, Erlen-Rostporling (Inonotus radiatus). *Zimtbraun, Röhrenschicht graubraun, schillernd.* Hüte 1–4 cm breit, hufförmig, meist reihigdachziegelförmig, oder teilweise krustenförmig angedrückt. Oberfläche gelblichbraun-zimtbraun, fein filzig, radiär runzelig und etwas gezont. Röhrenschicht graubraun bereift, Mündungen fein, schillernd. Fleisch korkartig, goldbraunrostbraun mit Seidenglanz. – Auf toten oder geschwächten Laubholzstämmen, besonders Erle. Verbreitet.

Samtporling, Fleischigzottiger Rostporling (Inonotus cuticularis). *Dunkelbraun, bürstenhaarig, Fleisch weich.* Bis 15–20 cm breit, konsolenförmig dachziegelförmig, die Oberfläche dicht und fest angedrückt oder schwach abstehend haarig, schwach gezont, rostbraun, später dunkel kastanienbraun. Röhrenschicht anfangs schwefelgelb, bereift, bald dunkelbraun. Fleisch allmählich dunkelbraun, weich und faserig. Der ganze Pilz und seine Umgebung oft braungepudert von ausgefallenen Sporen. – Selten, am häufigsten am Fuße von Buchenstämmen.

Pappel-Feuerschwamm (Phellinus igniarius). *Knochenhart, Oberfläche schwarzbraun-rissig, Fleisch rotbraun.* 5–25 cm, hufförmig-konsolenförmig, die Oberfläche konzentrisch furchig, schwach filzig, unregelmäßig rissig, schwarzgrau oder schwarzbraun. Poren lange verschlossen, später weißgrau-bereift, zuletzt zimtbraun. Junge Fruchtkörper mit einer Röhrenschicht, älter mit bis 20–30 Schichten aufeinander. Fleisch sehr hart, rotbraun. – Auf lebenden Stämmen von Pappel und Weide. Stellenweise. (Abb. in halber natürl. Größe).

Pflaumen-Feuerschwamm (Phellinus pomaceus). *Kissenförmig-krustenförmig, knochenhart, Fleisch zimtbraun.* Fruchtkörper nur wenig konsolenförmig-hufförmig, häufiger krusten-kissenförmig, die Oberfläche matt zimtbraun, samtfilzig, später graulich und rissig. Poren lange verschlossen, reif mit feinen Mündungen. Fleisch sehr hart, zimtbraun. – Auf Stämmen und dicken Ästen von Steinobstbäumen, oft als lange Krusten, die nur schwer von der Unterlage getrennt werden können. Verbreitet.

Dauerporling, Gebänderter Porling (Coltricia perennis). *Gestielt, trichterförmig, gezont, lederartig.* Hut 3–8 cm, trichterförmig, allmählich mit gebuckeltemausgebreitetem Rand, seidenhaarig, konzentrisch gezont in abwechselnden rostbraunen, graubraunen und kastanienbraunen Farben. Röhrenschicht dünn, am Stiel herablaufend, Poren unregelmäßig eckig, anfangs graubereift, später dunkelbraun, Stiel unten verdickt, filzig. Fleisch lederartig, braun. – Auf sandigem Boden in Wäldern und auf Heiden, besonders an Wegen. Recht häufig. (Natürl. Größe)

Samtporling

Strahliger Schillerporling

Pappel-Feuerschwamm

Pflaumen-Feuerschwamm

Dauerporling

Flacher Lackporling (Ganoderma applanatum). *Oberfläche dunkel zimtbraun mit Lackkruste unter braunem Reif.* 5–30 cm breit, flach konsolenförmig-zungenförmig, einzeln oder wenige Hüte dachartig, gezont furchig, unregelmäßig knorrig, dunkel zimtbraun bis schwarzbraun, braunbereift, oft von braunen Sporen dicht gepudert, unter dem Reif mit harter Firniskruste. Poren anfangs weiß, später schmutzigbraun. Fleisch braun, korkartig. Eine bis mehrere Röhrenschichten übereinander. – Häufig auf Stämmen und Stümpfen von Laubhölzern. (Abb. in halber natürl. Größe.)

Glänzender Lackporling (Ganoderma lucidum). *Lackglänzend, etwas gestielt.* 5–20 cm breit, oft fast kreisförmig oder zungenförmig-schief, konzentrisch gefurcht, glatt, von einer glänzenden, dunklen, kastanienbraunen Lackkruste bedeckt. Poren anfangs blaß, bald matt braun, klein. Stiel deutlich, aber oft etwas unregelmäßig, randständig, mit Lackkruste wie der Hut. Fleisch korkartig-faserig. – Auf Stümpfen. Selten. (Abb. in halber natürl. Größe.)

Zunderschwamm (Fomes fomentarius). *Dick hufförmig, gezont, holzartig hart.* Bis 50 cm breit, dick hufförmig, die Oberfläche konzentrisch furchig-gezont, anfangs schwach filzig, später glatt, anfangs graulich lederfarben, später aschgrau oder dunkler schwärzlich. Fleisch braun, korkartig-seidenfaserig. Junge Fruchtkörper mit einer Röhrenschicht, ältere mit mehreren, Mündungen anfangs weiß, später schmutzigbraun. – Häufig auf Laubstämmen, oft recht hoch. Verursacht Weißfäule im Baum. Das Mycel des Pilzes kann papierartige Flächen im verfaulenden Baum bilden. Besonders auf Buche. Früher als Zunder für Feuerzeuge verwendet. (Abb. in halber natürl. Größe, untere Abbildung zeigt Röhrenschicht im Schnitt.)

Fichtenporling (Fomes marginatus, pinicola). *Hufförmig mit brauner Lackkruste, Randzone blaß.* Bis 25 cm breit, abgeflacht hufförmig, etwas konzentrisch furchig, mit einer allmählich unregelmäßig rissigen Lackkruste bedeckt, dunkel braun, die Randzone oft scharf abgesetzt, goldenbraun bis rotbraun. Röhrenschicht anfangs blaßgelblich, später braun. Fleisch weißlich-gelblich, älter gelbbräunlich, korkartig hart. – Auf Stämmen und Stümpfen von Laub- und Nadelholz. Verursacht Rotfäule. Recht häufig.

Flacher Lackporling

Glänzender Lackporling

Zunderschwamm

Fichtenporling

65

Wurzelschwamm (Fomes annosus, Trametes). *Dunkelbraun, knorrig-unregelmäßig, mit weißlichen Poren.* 2–40 cm breit, sehr veränderlich in Gestalt von krustenförmig bis konsolenförmig oder ausgebreitet halbkreisförmig. Die Oberfläche rauh knorrig, schwach filzig, schmutzig dunkelbraun, meist mit deutlich weißlicher Randzone. Poren weißlich mit sahnefarben-fleischfarbigem Schimmer. Fleisch korkartig, weißlich, Geruch säuerlich. – Am Fuße von Laub- und Nadelbäumen, besonders der Fichte. Oft teilweise unterirdisch, Moos und Zweige umwachsend. Sehr verbreitet. Wegen Rotfäule sehr schädlich in Nadelbaumpflanzungen. Abb. in halber natürl. Größe.

Pappelporling (Oxyporus populinus). *Konsolenförmig-dachziegelförmig, Oberfläche moosbedeckt.* Meist schmal konsolenförmig-reihig und etwas dachziegelförmig, recht dick, die Oberfläche filzig blaßbraun, selten sichtbar, weil von Moos überwuchert. Poren weißgelblich, Fleisch schmutzig-weißlich bis hellbraun. – Auf Stämmen von Pappeln, oft recht hochsitzend. Stellenweise.

Braunporling (Phaeolus schweinitzii). *Rostbraun, Rand schwefelgelb, gestielt.* Bis 30 cm breit, kreiselförmig oder mehr ausgebreitet, oft niedergedrückt in der Mitte, dicht filzig, rostbraun, am Rande, besonders anfangs, lebhaft schwefelgelb. Poren anfangs mit schwefelgelbem Reif, später rostbraun und recht grob. Stiel kurz und dick, braunfilzig. Fleisch dick, korkartig-faserig. – Am Fuße von Kiefern oder an vergrabenen Wurzeln. Verbreitet. Abb. in halber natürl. Größe.

Birkenporling (Piptoporus betulinus). *Nieren-muschelförmig, graubraun und weich.* 5–30 cm, meist abgeflacht muschelförmig bis nierenförmig, anfangs flach-hufförmig, die Oberfläche weißgrau bis braungrau, hautartig, Rand eingebogen. Poren weiß, später blaß schmutzigbraun. Stiel fehlend oder sehr kurz, randständig. Fleisch sehr weich, korkartig. – Auf lebenden oder toten Birkenstämmen. Häufig. Abb. in halber natürl. Größe.

Eichenwirrling (Daedalea quercina). *Schmutzigblaß, die Porenschicht labyrinthartig.* 5–30 cm, niedrig hufförmig oder flacher ausgebreitet, die Oberfläche runzelig-furchig, etwas gezont, anfangs schmutzig weißlich-gekalkt, später blaßbraun. Porenschicht in grobe, lamellige, labyrinthartig gewundene Gänge aufgelöst, nur gegen den Rand eigentliche Poren zu sehen. Fleisch blaß holzfarben, korkartig, hart. – Auf Eichenstümpfen und Stämmen. Verbreitet. Abb. in halber natürl. Größe, rechts ein Detail der lamelligen Poren in natürlicher Größe.

Wurzelschwamm

Pappelporling

Braunporling

Birkenporling

Eichenwirrling

Weißer Kellerschwamm (Poria vaporaria). *Krustenförmig, weiß, Poren weich, eckig.* Krustenförmig, bis 20–30 cm, weiß, der Rand gefranst-wattig von Mycelfäden, besonders auf jungen Exemplaren, Poren recht grob, oft unregelmäßig, gezackt, mit weichen Wänden, weiß, älter etwas gelblich. – Auf modrigen Ästen, auch auf Bauholz, besonders in Treibhäusern und ähnlichen Stellen. Häufig. Die Beschreibung gilt für mehrere einander nahestehende Arten.

Tramete, Lederporling – Trametes

Konsolenförmig, meist dünnfleischig, lederartig mit dünner Porenschicht. Einjährig.

Reihige Tramete (Trametes serialis). *Konsolen-krustenförmig, reihig.* Länglich konsolenförmig, reihig-dachziegelförmig oder ganz oder teilweise krustenförmig. Anfangs weiß, später graulich oder graubraun. Poren ziemlich schmal, ähnliche Farbe wie die Oberfläche. Fleisch lederartig, dünn. – Stellenweise auf Stämmen und Stümpfen von Nadelholz, auch auf Bauholz in Häusern.

Buckel-Tramete (Trametes gibbosa, Daedalea). *Recht dick, die Oberfläche mit Grünalgen, Porenmündungen länglich.* 8–15 cm breit, niedrig hufförmig-konsolenförmig, die Oberfläche dicht niedrig filzig, wenig gezont, weiß bis graulich weißgelb, in der Mitte grün von Grünalgen. Porenmündungen radiär gestreckt, 3–4 mal länger als breit, gegen den Rand rundlicher. Fleisch korkartig zäh, weiß. – Auf Laubbaumstümpfen. Nicht selten. Abb. in halber natürl. Größe, rechts Detail der länglichen Poren in natürlicher Größe.

Schmetterlings-Tramete (Trametes versicolor). *Dünnfleischig, grau-dunkelbraun gezont.* 3–5 cm breit, oft in langen dachziegelartigen Reihen, angedrückt filzig, sehr seidigglänzend gezont in hellgrauen, dunkelbraunen und graublauen Farben, Rand gebuckelt. Porenschicht dünn, Poren fein, weiß bis schmutziggelb. Fleisch dünn, lederartig. – Auf Laubbaumstümpfen und -zweigen, sehr häufig. Zu Weihnachtsdekorationen verwendet.

Striegelige Tramete (Trametes hirsuta). *Dünn, steifhaarig, graubraun-gezont.* 3–5 cm breit, konsolenförmig, die Oberfläche dicht steifhaarig mit graulichen, bräunlichen oder graulich-dunkelbraunen Zonen, älter oft mit gelblichem Schimmer. Porenschicht dünn, Poren ziemlich grob, blaßgrau, später schmutzig gelbbraun. Fleisch zäh. – Recht verbreitet, besonders auf frisch abgefallenen Laubbaumzweigen.

Weißer Kellerschwamm

Buckel-Tramete

Schmetterlings-Tramete

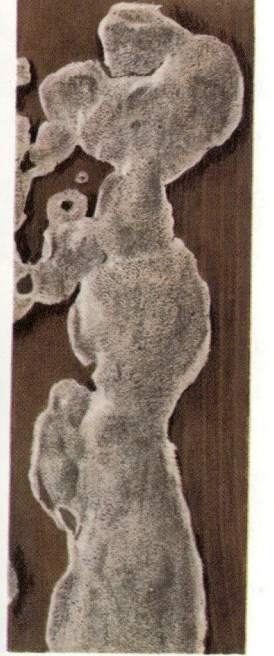

Reihige Tramete

Striegelige Tramete

69

Zinnoberrote Tramete (Trametes cinnabarina). *Oberfläche und Porenschicht zinnoberrot.* 3–6 cm breit, konsolenförmig-reihig, einzeln oder wenige dachige Fruchtkörper. Die Oberfläche etwas buckelig, undeutlich gezont, zinnoberrot, mit kleinen Porenmündungen. Fleisch hell zinnoberrot, ziemlich dick, korkartig. – Selten, meist auf Birke.

Nadelholz-Tramete (Trametes abietina). *Grauviolett, Porenschicht purpurviolett.* 1–2 cm breit, konsolenförmig, oft reihig und dachig, zuweilen ganz krusten-förmig. Die Oberfläche hellgrau bis grauviolett, filzig. Porenschicht purpur-violett, ziemlich grobporig. Poren oft in Leisten und Zähne aufgelöst. Fleisch sehr dünn, lederartig. – Recht häufig auf nicht abgeschältem Nadelholz.

Birkenblättling (Trametes betulina). *Graubraun gezont. Hymenophor lamellig.* 4–8 cm breit, konsolenförmig-muschelförmig, oft dachig, dicht filzig mit grauen und gelbbraunen Zonen. Porenschicht in gegabelte Lamellen aufgelöst, weißgelblich bis graugelb, trocken dunkel ockergelb. Fleisch dünn, lederartig-korkartig. – Auf Stümpfen und dicken Ästen von Laubbäumen, besonders Birke und Buche. Weit verbreitet.

Schiefer Eggenpilz (Xylodon versipora, Irpex obliquus). *Krustenförmig, mit freien Poren-Zähnen, weiß.* Krustenförmig, mit undeutlich abgegrenztem Rand, oft 20-30 cm breit, schmutzig weiß bis weißgelb, Porenschicht in kurze, unregel-mäßige, oft schiefe Zähne ganz aufgelöst. Fleisch sehr dünn. – Auf Rinde faulen-der Laubholzäste. Recht häufig.

Zaunblättling (Gloeophyllum sepiarium, Lenzites). *Rostbraun, Hymenophor lamel-lig stehend.* 3–6 cm breit, schmal konsolenförmig oder mehr ausgebreitet, oft reihig stehend, buckelig gezont, anfangs lebhaft rostbraun, später schwarzbraun-kasta-nienbraun, lange mit hellerem Rand. Hymenophor lamellig, unregelmäßig ge-gabelt, anfangs hell rostbraun, später dunkler, doch meist heller als die Ober-fläche. Fleisch braungelb, zäh. – Auf Nadelholz, besonders abgeschälten Stäm-men, Bauholz usw., auch in Häusern, besonders auf Brettern unter Dachpappe.

Angebrannter Rauchporling (Gloeoporus adustus). *Feinporig, Poren rußfarben.* 2–4 cm breit, schmal bis breiter konsolenförmig, reihig stehend und dicht dachig, oft mit wohlentwickeltem, angedrückt-krustenförmigem Teil, Oberfläche etwas filzig, blaßgrau bis ruß-schwarz, meist gezont, jung Rand weiß. Poren sehr klein, anfangs weiß, bald rauchgrau bis rußgrau. Fleisch weich lederartig. – Auf Laub-baumstümpfen. Häufig. – **Gefurchter Rauchporling** (G. fumosus) ist dicker mit kleinen *blaßgrauen*, später *rauchbraunen Poren.* Die Porenschicht ist vom Fleisch durch eine dunkle Schicht getrennt, die im Schnitt als eine dunkle Linie gesehen wird. – Auf Laubbäumen, besonders Pappel. Stellenweise.

Alle Abbildungen auf dieser Seite in natürlicher Größe.

Zinnoberrote Tramete

Nadelholz-Tramete

Schiefer Eggenpilz

Birkenblättling

Angebrannter Rauchporling

Zaunblättling

Schafporling (Caloporus ovinus). *Gestielt, fleischig, kleinporig, auf Boden.* Hut 5-10 cm, buckelig and gewölbt, kreisförmig oder mit lappigem Rand, weißsahnefarben, alt bräunlich, oft mit olivfarbenem Schimmer. Die Porenschicht ist weiß, alt und bei Druck zitrongelb, Poren klein, unregelmäßig herablaufend. Stiel zentral oder exzentrisch, kurz, dick, krumm, gleichfarben wie Hut. Fleisch dick und brüchig, weißlich, mit Mandelgeruch. – Auf Boden in Nadelwäldern im Gebirge. *Jung eßbar.*

Saftporling – Leptoporus

Fruchtkörper konsolenförmig-niedrig, hufförmig, mit weichem, fast käsigem Fleisch, die meisten Arten weiß, gelblich oder bläulich. Eine sehr große und schwierige Gattung, von der nur zwei Arten hier beschrieben werden, beide in natürlicher Größe abgebildet.

Weißlicher Saftporling (Leptoporus albidus). *Huf-konsolenförmig, weich, bitter.* Klein bis mittelgroß, 3–8 cm breit, meist niedrig hufförmig, Oberfläche faserig-filzig, weiß oder später gelblich angelaufen, Röhrenschicht weiß, Poren ziemlich grob. Fleisch weiß, dick, käsig brüchig, Geschmack bitter, Geruch etwas säuerlich. – Häufig, besonders auf Nadelholz. – Mehrere ähnliche Arten.

Blauender Saftporling (Leptoporus caesius). *Huf-konsolenförmig, graublau, weich.* Klein bis mittelgroß, 2–5 cm breit, meist niedrig hufförmig, die Oberfläche faserig-filzig, schmutzig blau bis blaugrau, allmählich bis Grau ausbleichend. Poren ziemlich grob, bläulich. Fleisch weich, aber etwas zäh. Sporen blau. – Besonders auf Nadelholz, meist einzeln oder wenige zusammen. Verbreitet.

Büschel-Porling – Laetiporus, Grifola

Große Formen, weiches, nicht korkartiges Fleisch. Fruchtkörper meist zusammengesetzt.

Schwefel-Porling (Laetiporus sulphureus). *Schwefelgelb, Fleisch dick, weich.* Groß, bis 30–40 cm, konsolenförmig bis zackig-lappig, oft dachziegelartig von einem gemeinsamen, kurzen Stiel. Die Oberfläche glatt, orangegelb, ausbleichend über Schwefelgelb bis Ledergelb. Poren fein, schwefelgelb, nach und nach gelbbraun. Fleisch dick, gelblich, käsig brüchig. – Auf Laubholz, meist auf Eiche und Birnbäumen, besonders auf toten Ästen lebender Bäume. *Eßbar, aber nicht besonders gut.* Abbildungen in halber natürlicher Größe, links ein Teil der Röhrenschicht.

Riesen-Porling (Grifola gigantea). *Hüte ausgebreitet, dachig, lederbraun.* Sehr groß, bis meterbreit, mit fächerförmigen, dachigen, 10–30 cm breiten Hüten. Die Oberfläche hell lederbraun matt, schwach faserig. Röhrenschicht dünn mit feinen Poren, weißlich, bei Berührung schwärzend. Fleisch zäh, faserig, schmutzigweiß, Geschmack säuerlich. Die Hüte sammeln sich unten in einem kurzen, knollenförmigen Stiel. – Am Fuße von Buchen oder auf Buchenstümpfen. Häufig. *Wertlos.* Abbildungen in halber natürlicher Größe.

Schafporling

Weißlicher Saftporling

Blauender Saftporling

Schwefel-Porling

Riesen-Porling

Klapperschwamm (Grifola frondosa). *Hüte spatelförmig, graubraun.* Groß, bis 60 cm breit mit einer großen Anzahl Hüte, spatelförmig bis schmal fächerförmig, 4–6 cm breit, graubraun, etwas faserig, Röhrenschicht weiß, ausgebreitet, am Stiel herablaufend. Fleisch weich, mehlartig riechend. Stiel sehr verzweigt, weiß, am Grunde mit einem großen dunklen Sklerotium. – Am Fuße alter Eichen. Selten. *Eßbar.* G. umbellata von ähnlicher Größe und Auftreten, die einzelnen Hüte haben aber fast zentralen Stiel. Abb. in halber natürl. Größe.

Porling – Polyporus

Mit deutlichem, unverzweigtem, zentralem oder seitlichem Stiel, Fleisch lederartig.

Schuppiger Porling (Polyporus squamosus). *Ledergelb, dunkelschuppig. Stiel schief.* Groß. 10–30 cm, Hut nierenförmig-kreisförmig, ockergelb bis ledergelb mit großen dunkelbraunen Schuppen. Poren anfangs weiß, später schmutziggelb, grob mit gezackten Mündungen, vom Stiel herablaufend. Stiel exzentrisch oder seitlich, unten schwarzfilzig. Fleisch weich und zäh, Geruch säuerlich. – Recht verbreitet, besonders auf Esche, Buche. Mai–Juli. Das abgebildete Exemplar hat mehr zentralen Stiel als gewöhnlich bei dieser Art. Abbildung in halber natürlicher Größe.

Winter-Porling (Polyporus brumalis). *Graubraun, Poren weiß, Stiel grau.* Hut 2–5 cm, flach gewölbt, etwas niedergedrückt, graubraun, schwach schuppig, anfangs Rand feinhaarig. Röhrenschicht dünn, Mündungen weiß, recht grob, herablaufend. Stiel schlank, grau-weiß, zentral. Fleisch dünn, zäh, weiß. – Auf Stümpfen und Ästen, die oft teilweise von Erde bedeckt sind, so daß der Pilz anscheinend auf Boden wächst. Spätherbst, Winter und Frühjahr. Recht verbreitet. Abbildung in natürlicher Größe.

Löwengelber Porling (Polyporus varius). *Braungelb, Stiel schwarz, oft schief.* Hut 2–8 cm, zungenförmig-muschelförmig oder kreisrund, ockergelb bis ledergelb, oft mit radiären, dunkelbraunen Strichen und Flecken. Poren schmutzig weiß, später gelblich, eng, herablaufend. Stiel schwarzfilzig, lateral und kurz oder länger und zentraler. Fleisch zäh bis fast holzartig, schmutziggelb. – Auf vergrabenen Hölzchen ist eine kleine Form mit zentralem Stiel zu treffen.

Reischling – Fistulina

Leberreischling, Leberpilz (Fistulina hepatica). *Fleischrot, weich, mit weinrotem Saft. Auf Eichen.* 5–30 cm breit, anfangs huf- bis kissenförmig, später zungen- bis halbkreisförmig. Die Oberfläche körnig-rauh, klebrig, fleischrot bis weinrotbraun, die Unterseite gelblich, später hell fleischrot mit feinen Röhren. Stiel kurz oder fehlend. Fleisch blutrot, etwas bunt, weich faserig mit weinrotem Saft, Geschmack säuerlich. – Auf Eichen und Edelkastanien. Recht selten. *Eßbar, am besten nach Abkochen.* Abbildungen in halber natürlicher Größe.

Winter-Porling

Leberreischling

Klapperschwamm

Schuppiger Porling

Löwengelber Porling

HUTPILZE – AGARICALES

Schneckling, Ellerling, Saftling – Hygrophorus

Meist weiß oder farbig, mit weichem Fleisch und dicken Lamellen. Alle Arten sind eßbar, doch werden sie nicht für besonders wertvoll gehalten.

Elfenbein-Schneckling (Hygrophorus (Limacium) eburneus). *Weiß, schleimig, dünnstielig.* Hut 2–6 cm, gewölbt, später ausgebreitet, etwas buckelig, feucht schleimig, glänzend weiß, älter leicht gelblich. Lamellen breit, schwach herablaufend, weiß. Stiel schlank, unten zugespitzt, weiß. – Häufig in Buchenwald.

Frost-Schneckling (Hygrophorus (Limacium) hypothejus). *Olivbraun, Lamellen eigelb.* Hut 2-6 cm, gewölbt, dann ausgebreitet, feucht schleimig, glänzend, olivbraun, Mitte dunkler, Rand meist gelblich-oliv. Lamellen breit, entfernt, erst schwefelgelb, dann ei- bis safrangelb. Stiel olivgelb, schleimig unter dem olivbraunen Ring. – Nadelwald, Spätherbst. Allgemein verbreitet. *Eßbar.*

Nattern-Schneckling (Hygrophorus (Limacium) dichrous). *Dunkel olivbraun, Lamellen weiß, Stiel olivbraun.* Hut 3–8 cm, gewölbt-buckelig, feucht schleimig, glänzend dunkelolivbraun, der Buckel ist oft fast schwarz. Lamellen entfernt und dick, weiß oder mit Schimmer der Hutfarbe. Stiel oben etwas kleiig und blaß, nach unten mit olivbraunen Schleimzonen. – Verbreitet in Laubwald. Oft schlanker als hier abgebildet. *Eßbar.*

Olivbrauner Schneckling (Hygrophorus (Limacium) olivaceoalbus). *Graubraun, Stiel dünn, genattert.* Hut graubraun bis braunrußig. Lamellen weiß. Stiel dünn, von Velum (oliv)graubraun genattert. Fichtenwald; Gebirge häufig. *Eßbar.*

Wohlriechender Schneckling (Hygrophorus (Limacium) agathosmus). *Hellgrau, Bittermandelgeruch.* Hut 3-8 cm, gewölbt, mausgrau, schleimig, Mitte mit Schleimpusteln. Lamellen herablaufend, weiß. Stiel ziemlich dick, kleiig, weißlich. Fleisch weiß. Bittermandelgeruch. – Nadelwald. Häufig. *Eßbar.*

Schwarzpunktierter Schneckling (Hygrophorus (Limacium) pustulatus). *Dunkelgrau, Stiel mit Punktschuppen.* Hut 2-5 cm, flach gewölbt-niedergedrückt, dunkel grau, fein schleimig-schuppig. Lamellen weiß, herablaufend. Stiel schlank, blaßgrau, dunkelgrau punktiert. – Nadelwald. Nicht selten. *Eßbar.*

Glasigweißer Ellerling (Hygrophorus niveus). *Elfenbeinweißlich, trocken, Lamellen herablaufend.* Hut 1-5 cm, flach gewölbt-buckelig, glatt, Rand leicht gerieft, elfenbeinweiß oder Mitte schwach grau. Lamellen weit herablaufend, weiß. Stiel weiß, zugespitzt. Fleisch weich. – Grasige Stellen, Herbst. Häufig. *Eßbar, gut.*

Orange-Ellerling (Hygrophorus pratensis). *Rötlich ledergelb, Lamellen gelb, herablaufend.* Hut 2-7 cm, niedrig gewölbt-buckelig, trocken und glatt, fleischrot-ledergelb, verblassend bis matt hell Ledergelb. Lamellen weit herablaufend, etwas heller als die Hut. Stiel ziemlich dick, schwach gestreift. Fleisch dick, gelblich. – Auf Waldwiesen, in Gebüsch. Stellenweise. *Eßbar und gut.*

Elfenbein-Schneckling

Olivbrauner Schneckling

Nattern-Schneckling

Frost-Schneckling

Schwarzpunktierter Schneckling

Glasigweißer Ellerling

Wohlriechender Schneckling

Orange-Ellerling

77

Schwarzfaseriger Schneckling (Hygrophorus caprinus, camarophyllus). *Hut gewölbt, faserig, fast trocken.* Hut 6-12 cm, flach gewölbt-buckelig, Mitte schwärzlich, gegen den Rand rußbraun, fein eingewachsen faserig. Lamellen kurz herablaufend, weiß-gelblich, alt graulich. Stiel blasser als der Hut, fein flockig. – Im Flachland selten, in Nadelwäldern. *Eßbar.*

Größter Saftling (Hygrophorus puniceus). *Scharlachrot, Stiel rotgelb, faserig.* Hut 4–8 cm, glockenförmig gewölbt, trocken und glatt, scharlachrot, oft stellenweise verblichen. Lamellen gelb bis scharlach, dick. Stiel dick, von scharlachroten Fasern auf hellerem Grund deutlich faserig, weiß am Grunde. – Besonders auf Waldwiesen. Stellenweise selten. *Eßbar und gut.*

Moor-Saftling (Hygrophorus turundus). *Mennigrot mit kleinen dunklen Schuppen, in Sphagnum.* Hut 1–2 cm, abgeflacht-niedergedrückt, trocken, mennigrot, besonders gegen die Mitte mit kleinen dunklen Haarschuppen. Lamellen etwas herablaufend, weiß bis schwefelgelb. Stiel mit dem Hut gleichfarbig, nach unten gelb und oft etwas filzig. – An Sphagnum auf offenen Mooren. Recht selten. H. miniatus ähnlich, in Gras.

Kegeliger Saftling (Hygrophorus conicus). *Spitz kegelförmig, rotgelb, schwarz werdend.* Hut 1–5 cm, spitz kegelförmig, Rand allmählich aufspaltend und aufgebogen, faserig-glatt, lackrot, orangerot bis gelb, etwas klebrig. Lamellen weißgelb. Stiel rotgelb bis gelb, recht schlank und steif. Im Alter etwas schwarz werdend. – Auf Waldwiesen, in Gebüsch und auf Heiden. Allgemein verbreitet. Mehrere ähnliche Arten.

Zitronengelber Saftling (Hygrophorus citrinus). *Zitronengelb abgeflacht, schwach klebrig.* Hut 1–2 cm, flach gewölbt, am Rand gestreift, oft klebrigglänzend, zitronengelb, verblassend. Lamellen weißgelb. Stiel zitronengelb. – Auf Waldwiesen und im Gebüsch. Recht selten.

Papageien-Saftling (Hygrophorus psittacinus). *Braun-gelb-grün-bunt, Stielspitze grün.* Hut 1–3 cm, gewölbt-gebuckelt, ausgeprägt schleimig, die Farbe sehr wechselnd von dattelbraun bis gelb, meist etwas grüngestreift. Lamellen gelb mit grünem Schimmer. Stiel oben grün. – Auf Waldwiesen und im Gebüsch auf Humusboden. Nicht häufig.

Freudiger Saftling (Hygrophorus laetus). *Fleischfarben-bräunlich, schleimig, Stielspitze violett.* Hut 1–3 cm, niedrig-gewölbt, bräunlich fleischfarben von grauem Schleim bedeckt. Lamellen grau mit fleischfarbig-violettem Schimmer. Stiel schlank, schleimig, oben grauviolett oder graugrün. Fleisch etwas knorpelartig-zäh. – Im Gras, besonders in heideartigen Waldmooren. Selten.

In Süddeutschland und im Alpengebiet im ersten Frühjahr nach der Schneeschmelze in Nadel- und Buchenwäldern auf Kalk unter Moos oder Laub der bis 10 cm grosse **März-Schneckling** oder **Schneepilz** (Hygrophorus marzuolus) mit weißem bis grauem Hut, Lamellen und Stiel. Stellenweise häufig. *Eßbar, gut.*

Moor-Saftling

Größter Saftling

Papageien-Saftling

Kegeliger Saftling

Zitronengelber Saftling

Freudiger Saftling

Schwarzfaseriger
Schneckling

79

Zwitterling – Asterophora, Nyctalis

Beschleierter Zwitterling (Asterophora parasitica). *Seidengrau, in kleinen Scharen auf modrigen Pilzen.* Hut 0,5–1,5 cm, gewölbt-abgeflacht, fein seiden-faserig-kleiig, weißgrau, später braungrau. Lamellen dick, entfernt, anfangs weißlich, später etwas in bräunliches Pulver von Chlamydosporen zerfallend. Stiel 1–2 cm hoch, gewunden-gekrümmt, fein faserig, graulich. Fleisch dünn, grau. – Auf halbverfaulten oder faulen Milchlingen und Täublingen. Selten. *Wertlos.*

Stäubender Zwitterling (Asterophora lycoperdoides). *Hut braungepudert, dick, in kleinen Scharen auf faulen Pilzen.* Hut 1–2 cm, halbkugelförmig, dickfleischig, ganz jung weiß, aber bald in eine braune staubartige Masse von Chlamydo-sporen zerfallend. Lamellen sehr undeutlich, entfernt, bald in braunes Pulver zerfallend. Stiel kurz und dick, anfangs weiß, später bräunlich. – Auf halb-verfaulten oder faulen Milchlingen und Täublingen. Selten. *Wertlos.*

Rasling, Graublattrübling – Lyophyllum

Fast alle Arten haben graue Lamellen und oft graue Farben in den übrigen Teilen. Die großen Arten sind früher zu den Clitocyben, die kleinen zu den Collybien gerechnet worden.

Geselliger Rasling (Lyophyllum aggregatum). *Grau, in großen Büscheln wach-send.* Hut 4–12 cm, flach gewölbt, breitet sich während des Wachstums aus, buckelig geschweift, Rand lange eingerollt, graubraun, zuweilen gelblichbraun. Lamellen weiß, später blaßgrau bis graugelb, angeheftet oder schwach herab-laufend, gedrängt. Stiel weißgrau, oben weißflockig, bald recht schlank und verbogen, bald kurz und deformiert. Fleisch ziemlich dünn und zäh, ohne auf-fallenden Geruch und Geschmack. – Büschelig wachsend, Stiele oft etwas zu-sammengewachsen, in Wäldern und Parken auf Humusboden. Stellenweise häufig. *Eßbar, als gut angegeben.*

Weißer Rasling (Lyophyllum connatum). *Büschelig wachsend, fast kalkweiß.* Hut 4–8 cm, flach gewölbt bis ausgebreitet und buckelig am Rande, kalkweiß, glatt. Lamellen dicht und schmal, schwach herablaufend, rein weiß oder älter schwach gelbgrau. Stiel schlank, oft ziemlich lang, weiß, oben weißflockig. Fleisch wässerig weiß, ohne besonderen Geruch und Geschmack, recht zäh. Büschelig wachsend, aber selten mehr als 3–4 völlig entwickelte Individuen zusammen. – Auf Humus im Gras, besonders an Wegrändern in Laubwäl-dern. Stellenweise verbreitet. *Eßbar, kann aber leicht mit weißen, giftigen Clitocyben (Trichterlingen) verwechselt werden* (s. S. 96)

Geselliger Rasling

Weißer Rasling

Stäubender Zwitterling

Beschleierter Zwitterling

Die folgenden Arten sind alle früher zu Collybia gerechnet worden.

Kohlen-Graublatt (Lyophyllum atratum, ambustum). *Schwarzbraun, nach Mehl riechend, auf Holzkohle.* Hut 1–2 cm, gewölbt bis trichterförmig, schwarzbraun, am Rande etwas gestreift. Lamellen blaß graubraun. Stiel schlank, oft gebogen, mit dem Hut gleichfarbig, oben heller. Geruch mehlartig oder wie Tran. – Auf Feuerstellen im Wald. Häufig, oft in Scharen.

Sumpf-Graublatt (Lyophyllum palustre, Collybia leucomyosotis). *Graubraun, Lamellen hellgrau, in Sphagnum.* Hut 1–2 cm, gewölbt später abgeflacht, wässerig graubraun, Rand dunkler gestreift. Lamellen blaßgrau, ziemlich entfernt. Stiel dünn, etwas heller als der Hut, glatt, etwas zäh, unten struppig weißfilzig, auf Sphagnum haftend. – In feuchten freien Torf- und Heidemooren, oft in Ringen oder Scharen. Stellenweise verbreitet.

Kleines Wurzel-Graublatt (Lyophyllum erosum, tylicolor). *Zart, aschgrau, gestreift, Stiel wurzelnd.* Hut selten über 1 cm, gewölbt, bräunlich aschgrau mit gestreiftem Rand. Lamellen entfernt und dicklich, hell grau. Stiel schlank, gebogen, oben fein kleiig, wurzelnd. – In kleinen Scharen auf fast verfaulten Pilzresten. Am besten an seinen feinstacheligen Sporen zu kennen. Stellenweise.

Wurzel-Graublatt (Lyophyllum rancidum). *Aschgrau, seidenfaserig; tief wurzelnd.* Hut 2–5 cm, ausgebreitet-flach, etwas buckelig, aschgrau-seidigglänzend, der Buckel graubraun. Lamellen dicht, aschgrau. Stiel steif und schlank, seidig-gestreift, tief wurzelnd. Stark nach Mehl riechend. – Recht selten, meistens in Laubwäldern.

Maus-Graublatt (Lyophyllum murinum). *Braungrau, gewölbt, Stiel oben kleiig.* Hut 2–3 cm, glockenförmig gewölbt, dunkel mausfarben-grau, dunkelbraun in der Mitte, der Rand gestreift, Lamellen schmutziggrau. Stiel gebogen, heller als der Hut, oben weißkleiig, Stielfleisch dunkelbraun. – Stellenweise, besonders an Waldwegen.

Ritterling – Tricholoma

Eine umfangreiche Gattung großer, oft dickfleischiger Arten mit weißen Sporen und ausgebuchteten Lamellen; nur wenige Arten haben Schleier.

Dottergelber Schönkopf (Tricholoma (Calocybe) pseudoflammula). *Orangegelb bis löwengelbgrau, Lamellen zitronengelb.* Hut 2–5 cm, flach, etwas filzig, Rand eingebogen, schwefelgelb, nach innen orangegelb. Stiel kurz, nach unten zugespitzt, der Fuß braun mit braunem Filz. – In Nadelwald. Selten.

Maipilz (Tricholoma (Calocybe) gambosa). *Weißlichblaß lederfarben, Lamellen dicht, Mehlgeruch.* Hut 5–15 cm, gewölbt bis ausgebreitet gebuckelt, oft schief, jung weißlich, von der Mitte aus allmählich blaß lederfarben. Lamellen frei, schmal und sehr dicht. Stiel dick, kurz und krumm. Fleisch weiß, knusprig, nach Mehl riechend. – Recht verbreitet, besonders im Gras auf Wiesen und in Gebüsch. April–Juni. *Eßbar und gut.*

Maipilz

Dottergelber Schönkopf

Kleines Wurzel-Graublatt

Sumpf-Graublatt

Wurzel-Graublatt

Maus-Graublatt

Kohlen-Graublatt

83

Trockener Ritterling (Tricholoma sudum). *Mausfarben-braun, Lamellen grau-lich, fleischfarben.* Hut 5–8 cm, abgeflacht, wässerig graubraun, mausfarben-braun, glatt, fast trocken. Lamellen grau, allmählich mit fleischfarbigem Schim-mer, frei, gedrängt. Stiel zylindrisch rund, schwach wurzelnd, weiß, allmäh-lich fleischfarbig anlaufend. Fleisch weiß, etwas fleischfarbig gestreift, massiv, Geruch und Geschmack schwach mehlartig. – In Nadelwald, recht selten. *Wertlos.*

Seifen-Ritterling (Tricholoma saponaceum). *Lamellen entfernt, weiß-schwefelgelb, Seifengeruch.* Hut 5–8 cm, etwas buckelig, schwach faserig schuppig in der Mitte, schwarzgrau, olivgrau oder bräunlich. Lamellen recht entfernt und dick, frei, weiß oder mit schwefelgelbem Schimmer. Stiel blaß, glatt oder mit dunklen Schuppen, wurzelnd. Fleisch fest, weiß mit fadem Geschmack und Seifen-geruch. Der ganze Pilz kann etwas lachsfarben-fleischrot getönt sein, besonders auf den Lamellen und am Fuße des Stiels. – Allgemein verbreitet in Laub- und Nadelwald, besonders auf sandigem Boden. *Wertlos.*

Schwefel-Ritterling (Tricholoma sulphureum). *Überall schwefelgelb, Geruch gas-artig.* Hut 4–8 cm, gewölbt-unregelmäßig abgeflacht, glatt, schwefelgelb, die Mitte oft bräunlicher gelb. Lamellen recht entfernt und dick, schwefelgelb. Stiel lang, gebogen, schwefelgelb, etwas faserig. Geruch ausgeprägt unange-nehm, durchdringend gasartig. – In Laubwald. Allgemein verbreitet. *Wertlos.*

Lästiger Ritterling (Tricholoma inamoenum). *Langestielt; Lamellen enfernt, gelb-lich, Geruch gasartig.* Hut 5-7 cm, gewölbt-buckelig bis ausgebreitet, weißlich lehmfarben mit bräunlicher Mitte, glatt, gegen den Rand ein bißchen schuppig. Lamellen breit, entfernt, weiß mit gelblichem Schimmer. Stiel lang und schlank, gelblich weiß, etwas faserig und wurzelnd. Geruch gasartig, wie Schwefel-Ritterling. – Selten. Zwischen Moos in Nadel- und Laubwäldern. *Wertlos, vielleicht schwach giftig.*

Unverschämter Ritterling (Tricholoma lascivum). *Die Mitte ledergelb, stark nach Gas riechend.* Hut 5–8 cm, etwas buckelig-ausgebreitet, gegen den Rand glatt oder etwas grubig, matt weiß, Mitte meist schmutziggelb getönt, ledergelb oder lehmgelb. Lamellen recht entfernt und grob, frei, weiß, stellenweise mit kleinen dunkelbraunen Flecken. Stiel weiß, oben schwach schuppig. Fleisch fest, weiß, mit unangenehmem gasartigem Geruch. – In Gruppen besonders unter Eiche. Recht verbreitet. **Strohblasser Ritterling** (T. album) etwas größer, grauer, unter Birke. *Beide Arten wertlos als Speisepilze.*

Seidiger Ritterling (Tricholoma columbetta). *Seidenweiß mit blauen oder roten Flecken, geruchlos.* Hut 6–10 cm. gewölbt-ausgebreitet, schwach seidenfaserig, der Rand etwas klebrig, rein weiß, älter mit schwachen blauvioletten oder roten Flecken. Lamellen weiß, dicht. Stiel wurzelnd, kräftig, etwas faserig, weiß. Fleisch fest, fast ohne Geruch. – In Laub- und Nadelwäldern. Stellenweise. *Eßbar und gut.*

Trockener Ritterling

Schwefel-Ritterling   Lästiger Ritterling

Unverschämter Ritterling

Seidiger Ritterling

Seifen-Ritterling

Grünling (Tricholoma flavovirens, equestre). *Grüngelb, Lamellen schwefelgelb.* Hut 5–10 cm, bald unregelmäßig abgeflacht, eingewachsen-faserig bis schwach kleinschuppig in der Mitte, braungelb, zitronengelb-schwefelgelb gegen den Rand, schwach klebrig. Lamellen schwefelgelb. Stiel schwefelgelb, etwas faserig, blaß gelb. Fleisch fast weiß, fest, mit schwachem Mehlgeruch. – In sandigen Nadelwäldern. Stellenweise nicht selten. *Eßbar und gut.*

Schwarzfaseriger Ritterling (Tricholoma portentosum). *Klebrig, dunkelfaserig, die Mitte schwarz.* Hut 6–10 cm, abgeflacht, blaß, aber von eingewachsenen, dunkel graubraunen Fasern bedeckt, gegen die Mitte fast schwarz, klebrig. Lamellen breit, schwach schwefelgelb. Stiel dick, weiß mit schwefelgelbem Schein, oft etwas wurzelnd. Fleisch fest, kompakt, dünn im Rand des Hutes, Geruch und Geschmack schwach. – Verbreitet, besonders in Kiefernwald. *Eßbar.*

Beringter Erd-Ritterling (Tricholoma cingulatum). *Mausfarben, Stiel mit deutlichem Ring.* Hut 3–6 cm, ausgebreitet-buckelig, erdfarben bis mausfarben, schuppig-faserig. Lamellen weiß, ziemlich entfernt. Stiel schlank, oft verbogen, weiß .mit einem wattigen, deutlichen Ring, etwas faserig unter dem Ring. Fleisch weißlichgrau, im Stiel etwas hohl. – Stellenweise auf feuchtem Boden, besonders unter Weiden. *Eßbar.*

Mausgrauer Ritterling (Tricholoma myomyces). *Mausfarben, fibrillös-schuppig, mit Fadenschleier.* Hut 3–7 cm, gewölbt-flach, bisweilen etwas spitzbuckelig, faserig-wollig-schuppig, Rand etwas filzig, jung mit Spinngewebeschleier, Farbe von grauschwarz bis hell mausfarben wechselnd. Lamellen weiß, weißgrau oder im Alter gelblich. Stiel weiß oder graulich getönt. Fleisch weißgrau, weich, etwas hohl im Stiel. – Häufig auf Boden in Laub- und Nadelwald, besonders auf feuchtem Boden. *Eßbar.*

Brennender Ritterling (Tricholoma virgatum). *Aschgrau, Lamellen grau, schwarzgerändert, scharf.* Hut 5–7 cm, kegelförmig, später ausgebreitet-buckelig, von aschgrauen bis dunkel graubraunen, eingewachsenen Fibrillen gestreift, Grundfarbe hellgrau. Lamellen breit, ziemlich entfernt, hell grau mit benagtem, oft schwarzem Rand. Stiel lang und recht schlank, weiß bis blaßgrau, schwach faserig, oben etwas weißflockig. Fleisch weißlichgrau, massiv, mit sehr scharfem Geschmack. – In Buchen- und Nadelwäldern nicht selten. *Wertlos.*

Bei den grauen Ritterlingen hüte man sich vor Verwechslung mit dem giftigen **Tiger-Ritterling** (Tricholoma pardinum, tigrinum). *Graubraun, grobschuppig, Lamellen weißlich.* Hut 4-12 cm, gewölbt-ausgebreitet, mit eingerolltem Rand, grau-graubraun, in der Mitte fast schwarz von groben, fein faserigen Schuppen. Lamellen weißlich oder grünlich-gelblich getönt, nicht grauend, gedrängt. Stiel robust, weißlich, nach unten ockerfarben, glatt oder faserig gerieft, jung und bei feuchtem Wetter an der Spitze tränend. Fleisch dick, mild, mit mehlartigem Geruch. – Stellenweise häufig in Nadel- und Laubwäldern. *Sehr giftig, trotz seines angenehmen Geruches* (nicht abgebildet).

Schwarzfaseriger Ritterling

Grünling

Beringter Erd-Ritterling

Mausgrauer Ritterling

Brennender Ritterling

87

Erd-Ritterling (Tricholoma terreum). *Schwarzgrau, fibrillös-schuppig, Lamellen grau, mild.* Hut 5–7 cm, gewölbt gebuckelt, schwarzgrau bis dunkel mausfarben, in der Mitte oft fast schwarz, dicht faserig-schuppig, Rand eingebogen, schwach filzig. Lamellen entfernt, grau, oft schwarzgezähnt an der Schneide. Stiel weißlichgrau, dick. Fleisch weißlich, kompakt, fast ohne Geruch und Geschmack. – Recht verbreitet, besonders in Laubwald auf saurem Boden. *Eßbar.*

Lärchen-Ritterling (Tricholoma psammopus). *Rötlich lederbraun, Stiel fein braunschuppig, unter Lärche.* Hut 3–6 cm, gewölbt-gebuckelt, fein faserig, rötlich lederbraun. Lamellen blaß bräunlich mit dunkleren braunen Flecken. Stiel schlank, blaßgelblich, besonders nach unten von kleinen lederbraunen Schuppen bedeckt. Fleisch hell bräunlich. – Immer unter Lärche. Stellenweise. *Wertlos.*

Birken-Ritterling (Tricholoma flavobrunneum). *Kastanienbraun, Stielfleisch schwefelgelb.* Hut 5–8 cm, ausgebreitet- gebuckelt, etwas faserig, schleimig klebrig, kastanienbraun. Lamellen recht gedrängt, schmutzig schwefelgelb, oft braunfleckig. Stiel zylindrisch, schlank, nach unten zugespitzt, matt kastanienbraun, faserig. Fleisch weiß, im Stiel schwefelgelb, Geschmack und Geruch nach Mehl. – Auf Torferde unter Birken. Recht häufig. *Wertlos.*

Feinschuppiger Ritterling (Tricholoma imbricatum). *Rotbraun, grobschuppig, unter Kiefer.* Hut 5–9 cm, gebuckelt, dunkel rotbraun, anfangs glatt, bald grobschuppig, Rand lange eingebogen, trocken. Lamellen weiß, dann rotbraun fleckig. Stiel nach unten verdickt, wurzelnd, anfangs blaß, später rotbräunlichfaserig. Fleisch kompakt bis schwach hohl im Stiel. Geruch schwach mehlartig. – In Kiefernwald. Verbreitet. *Wertlos.*

Bärtiger Ritterling (Tricholoma vaccinum). *Rotbräunlich, weich-grob schuppig. Rand filzig.* Hut 4–6 cm, gewölbt gebuckelt, kuhfarben-rotbraun, filzig-grobschuppig, Rand eingebogen, filzig-bärtig. Lamellen weißlich-blaß mit Schein der Hutfarbe. Stiel schlank, faserig-schuppig, etwas heller als der Hut. Fleisch blaß, im Stiel hohl. – Stellenweise häufig in Nadelwald. *Wertlos.* _

Unter den braunen Ritterlingen gibt es einige, die Darmstörungen verursachen. Es ist daher von ihrem Genuß insgesamt abzuraten.

Lärchen-Ritterling

Erd-Ritterling

Birken-Ritterling

Bärtiger Ritterling

Feinschuppiger Ritterling

Orangegelber Ritterling (Tricholoma aurantium). *Orangegelber, schleimiger Hut, Stiel mit orangefarbenen Schuppenzonen.* Bis 12 cm, groß und kräftig, gewölbt mit eingebogenem Rand, bräunlich orange in der Mitte, gegen den Rand orangegelb, klebrig, bei feuchtem Wetter schleimig, die Mitte mit schwachen Schleimschuppen. Lamellen recht schmal, frei, anfangs weiß, später etwas rotbraun. Stiel dick, die Spitze blaßgelb, nach unten mit Schuppenzonen in der Hutfarbe, gegen Basis bräunlicher. Fleisch dick, fast weiß, Geruch nach Gurken, Geschmack bitter. – In Nadelwäldern, oft in Scharen oder Hexenringen. Stellenweise selten. *Wertlos.*

Brandiger Ritterling (Tricholoma ustale). *Dunkelbraun, allmählich schwarz anlaufend, mit weißem Fleisch.* Hut 5–8 cm, glatt, flach gewölbt-flach, Rand lange eingerollt, schwach klebrig dunkelbraun und etwas glänzend. Lamellen recht gedrängt, frei-ausgerandet, anfangs weiß, dann braunfleckig und rötlichbraun. Stiel recht dünn, blaß lederbraun, etwas rotbraun an der Basis. Fleisch weißlich, bräunlich in der Stielbasis. Im Alter läuft der Pilz schwarz an. Fast geruchlos. – Recht verbreitet in Laubwäldern. *Wertlos.*

Pappel-Ritterling (Tricholoma populinum). *Kräftig, büschelig wachsend, bräunlich-fleischfarben; unter Pappel in Gras.* Hut 8–12 cm, fast flach, glatt und schwach klebrig, hellbraun mit fleischfarbigem Schein, dunkler gegen die Mitte. Lamellen weiß, im Alter etwas rötlichbraun. Stiel recht kurz und kräftig, weiß, später blaß rotbraun. Fleisch wässerig-weißlich mit kräftigem Mehlgeruch und -geschmack. – Stellenweise auf freiem Land unter Pappeln, meist in Büscheln. *Vermutlich eßbar.*

Violetter Rötel-Ritterling (Tricholoma nudum). *Kräftig violett bis braunviolett.* Hut 6–10 cm, flach, glatt, schwach schmierig, violett bis braunviolett, besonders gegen die Mitte. Lamellen gedrängt, violett. Stiel recht kurz und gerade, hell violett. Fleisch hell violett mit schwachen Geruch und Geschmack. Häufig Hexenring bildend. – Besonders in Nadelwald, spät im Jahr, aber auch in Laubwäldern, Gärten und Feldern. *Eßbar und gut.* – In Süddeutschland und im Alpengebiet nicht selten der noch größere und schmackhaftere **Blaßblaue Rötel-Ritterling** (Tricholoma glaucocanum), der in allen Teilen des Fruchtkörpers eine blaßviolette bis grauviolette Farbe aufweist.

Lilastieliger Rötel-Ritterling (Tricholoma personatum). *Stiel hellviolett, Hut und Lamellen hell lehmfarben.* Hut 6–12 cm, fast flach, trocken, lederfarben-grau. Lamellen grauweiß mit fleischfarbigem Schein im Alter. Stiel kräftig, gerade oder unten dicker, etwas faserig-schuppig, hellviolett. Fleisch weiß, fest, mit schwachem Geruch und Geschmack. – In Laubwäldern, an Zäunen und in Gärten. Verbreitet. *Eßbar und gut.* **Veilchen-Ritterling** (T. irinum) ähnlich, aber blasser mit blassem Stiel und veilchenartigem, aromatischem Duft.

Der Pappel-Ritterling und die Rötel-Ritterlinge werden oft zu einer besonderen Gattung, »Lepista«, gerechnet. Sie unterscheiden sich von den übrigen Ritterlingen durch schwach lehmfarben-rötlichen Sporenstaub.

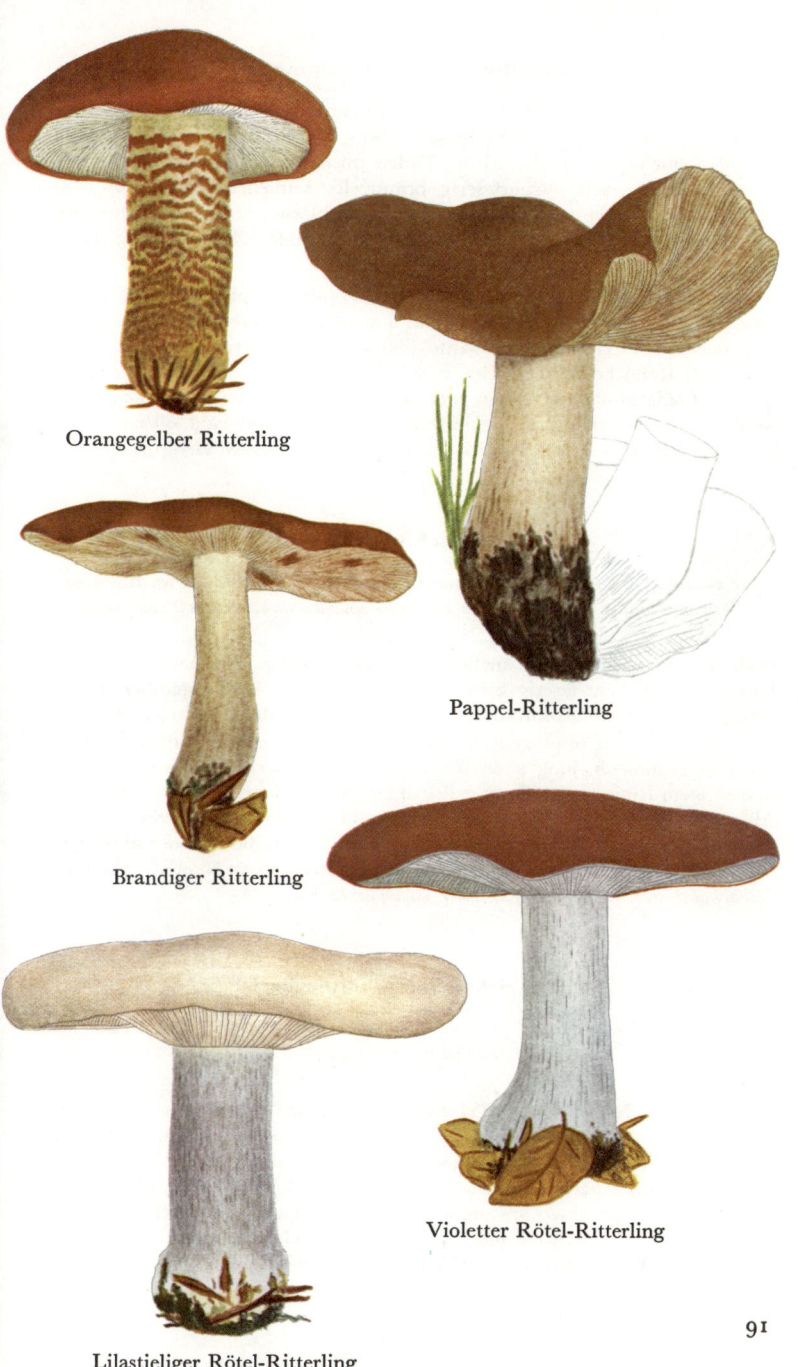

Orangegelber Ritterling

Pappel-Ritterling

Brandiger Ritterling

Violetter Rötel-Ritterling

Lilastieliger Rötel-Ritterling

91

Holzritterling – Tricholomopsis

Rötlicher Holzritterling (Tricholomopsis rutilans, Tricholoma). *Purpurfaserig auf chromgelbem Grund, Lamellen chromgelb.* Hut 5–9 cm, flach gewölbt, dicht filzig-faserig, feinschuppig in der Mitte, Fäden purpurrot, Grundfarbe chromgelb, ältere Pilze schwach purpurfaserig braungelb. Lamellen lebhaft chromgelb. Stiel faserig, dem Hut gleichfarbig, aber etwas blasser, oben gelb. Fleisch gelblich, faserig-zäh. – Auf modrigen Nadelbaumstümpfen. Recht häufig. *Wertlos.*

Breitblätteriger Holzritterling (Tricholomopsis platyphylla, Collybia). *Horngrau, faserig, Lamellen breit, entfernt.* Hut 4–9 cm, ausgebreitet abgeflacht, dicht angewachsen faserig, trocken, Mitte und Fasern horngrau-erdbraun, Grundfarbe und Rand heller. Lamellen sehr breit, entfernt, weiß. Stiel aufrecht und gerade, blaßgrau-faserig, unten mit kräftigen weißen Mycelsträngen. Fleisch weiß, fast ohne Geruch und Geschmack. – Häufig in Laubwald, oft um Stümpfe oder vergrabene Äste mit dem Mycel umspinnend. Mai–Nov. *Wertlos.*

Hallimasch – Armillaria

Die Gattung ist früher weiter gefaßt worden; man hat auch andere Arten mit Ring auf dem Stiel und weißen Sporen, die aber sonst untereinander nicht verwandt sind, einbezogen.

Hallimasch (Armillariella mellea). *Braungelb-schuppig, Ring hautartig, büschelig.* Hut 3–10 cm, dicht faserig bis fein krummschuppig, Fasern gelbbraun, junge Schuppen honiggelb bis chromgelb. Lamellen herablaufend, anfangs weiß, später blaß braungelb, oft braungefleckt. Stiel unten oft etwas knollenförmig, weißlich bis blaß braungelb, jung nach unten honiggelb, faserig bis feinschuppig, mit hautartigem Ring der weiß mit gelben Flocken ist. Fleisch blaß, faserig-zäh. Im Alter wird der Pilz gänzlich schmutzigbräunlich. – Büschelig wachsend, seltener einzeln, mit langen schwarzen Mycelsträngen im Waldboden oder unter Rinde auf Laub- und Nadelbäumen, die vom Pilz getötet werden können. Sehr häufig. *Eßbar, aber nicht wertvoll. Gefährlicher Schadpilz im Forst.*

Trichterling – Clitocybe

Große bis mittelgroße Arten mit meist trichterförmigem Hut und stark herablaufenden Lamellen. Sporen weiß.

Herbstblattl, Nebelgrauer Trichterling (Clitocybe nebularis). *Dickfleischig, gebuckelt, blaßgrau, keulig gestielt.* Hut 6–16 cm, gewölbt-gebuckelt, zuletzt etwas niedergedrückt, aber selten eigentlich trichterförmig, glatt, blaßgrau, am dunkelsten in der Mitte. Lamellen gedrängt, kurz herablaufend, blaß gelblichgrau. Stiel kräftig, unten am dicksten und etwas haarig, weißlichgrau. Fleisch dick und weich, meist weiß mit schwachem, süßlichem Geruch. – Sehr häufig, besonders in Laubwald, oft in Scharen oder Ringen, spät im Jahr. *Eßbar, gut.*

Herbstblattl

Breitblätteriger Holzritterling

Hallimasch

Rötlicher Holzritterling

Keulenfüßiger Trichterling (Clitocybe clavipes). *Hornbraun, Lamellen gelblich.* Hut 4–6 cm, abgeflacht-bucklig, zuletzt schwach trichterförmig, glatt, schwach klebrig, hornbraun mit gelblichem oder olivem Schein (meist bräunlicher als auf Fig.), Rand gelblichblaß. Lamellen sahnefarben, älter stärker gelb, weit herablaufend. Stiel keulenförmig, leicht faserig, mit Schein der Hutfarbe, unten filzig. Fleisch wässerig-weich. – Recht häufig, besonders in Nadelwald. *Wertlos.*

Anis-Trichterling (Clitocybe odora). *Grünspanfarben-grasgrün, mit Anisgeruch.* Hut 4–8 cm, abgeflacht-gebuckelt, oft unregelmäßig lappig, glatt, matt, spangrün. Ausbleichend bis grasgrün oder gelbgrau. Lamellen blaßgrün-gelb, etwas herablaufend. Stiel mit der Hutfarbe getönt, unten angeschwollen, sonst dünn und oft schief. Fleisch weich, grünlich, mit starkem Anisgeruch. – Recht häufig, sowohl in Laub- als auch in Nadelwald. *Eßbar.*

Fuchsiger Trichterling (Clitocybe inversa). *Rötlich lederbraun, braungefleckt, zäh.* Hut 5–8 cm, trichterförmig mit ausgebreitetem Rand, glatt, rötlich lederbraun, alt etwas dunkler, mit rotbraunen Fleckchen. Lamellen schmal, weit herablaufend. Stiel ungefähr der Hutfarbe entsprechend, kurz, unten meist filzig. Fleisch lederartig zäh, blaßbraun, Geruch säuerlich. – Nicht selten in Gruppen und Ringen, besonders in Nadelwald, spät im Jahr. *Wertlos.*

Gelbbräunlicher Trichterling (Clitocybe gibba, infundibuliformis). *Ledergelb, trichterförmig, im Laub.* Hut 4–8 cm, tief trichterförmig mit geschweiftem Rand, hell lederbraun-gelblichbraun, glatt oder schwach seidenschuppig in der Mitte. Lamellen gedrängt, weit herablaufend, weiß. Stiel weißlich-blaß mit Schein der Hutfarbe, meist erweitert und unten filzig. Fleisch dünn, recht zäh, blaß mit schwachem, angenehmem Geruch. – Häufig, besonders in tiefem Laub unter Himbeeren und dgl. *Eßbar, aber etwas zäh.*

Mönchskopf, Falber Riesen-Trichterling (Clitocybe geotropa). *Trichterförmig, hautartig, langgestielt.* Hut 10–15 cm, anfangs gewölbt flach mit eingerolltem Rand, allmählich tief trichterförmig mit kleinem stumpfem Buckel, blaß lederfarben mit fleischfarbigem Schein, hautartig-matt, Rand etwas gekerbt. Lamellen der Hutfarbe entsprechend, herablaufend. Stiel etwas heller, etwas faserig, nach unten verdickt und filzig. Fleisch fast weiß, recht weich, mit schwachem, angenehmen Geruch. – Auf feuchtem Humus in Wäldern, meist in kleinen Scharen oder Ringen, spät im Jahr. Stellenweise. *Eßbar und gut.*

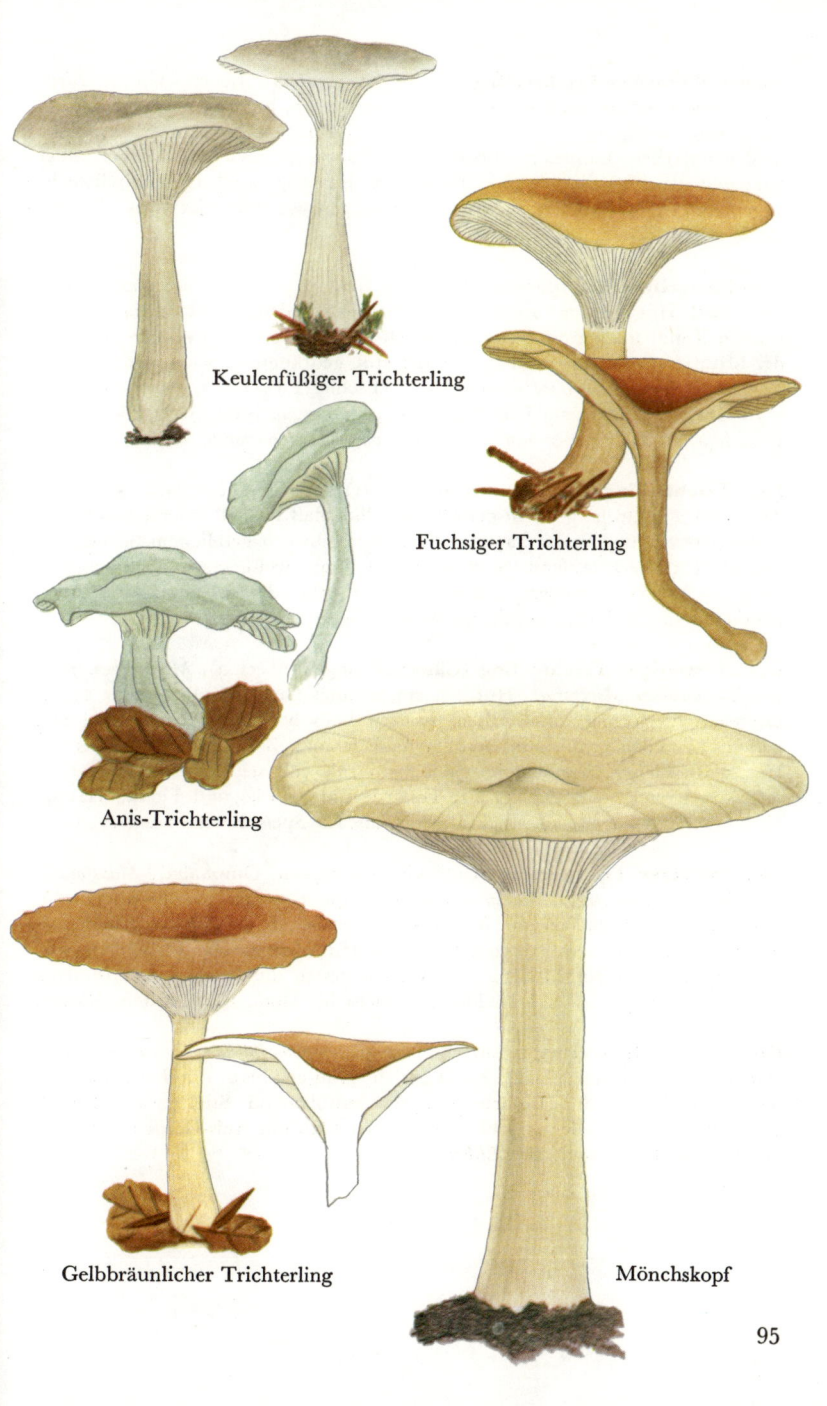

Keulenfüßiger Trichterling

Fuchsiger Trichterling

Anis-Trichterling

Gelbbräunlicher Trichterling

Mönchskopf

95

Riesen-Krempen-Trichterling (Clitocybe gigantea, Leucopaxillus). *Breit, sahnefarben, Rand furchig, Stiel kurz.* Hut bis 25–30 cm, breit trichterförmig, glatt bis schwach schuppig in der Mitte, gefurcht am Rand, matt sahnefarben, später blaß lederfarben. Lamellen schmal und gedrängt, gegabelt, sahnefarben. Stiel kurz und dick, faserig, weißlich. Fleisch weich-faserig, weiß. Geruch schwach, angenehm. – Auf Weiden, meist in Hexenringen, wo dann das Gras abstirbt. Recht selten. *Eßbar.*

Rinnigbereifter Trichterling (Clitocybe rivulosa). *Weißlich-fleischfarben, matt, kurzgestielt.* Hut 2–4 cm, abgeflacht, leicht niedergedrückt mit schwach eingerolltem Rand, trocken und glatt, weißlich fleischfarben, blaßrot-lederfarben in der Mitte. Lamellen etwas blasser als der Hut, gedrängt, schwach herablaufend. Stiel kurz, oben leicht haarig, sonst kahl, oft schief. Fleisch fest, etwas zäh, weiß. – In Gras, besonders auf feuchtem, sandigem Boden. Stellenweise. *Sehr giftig. Wird leider oft aus Versehen beim Champignonsammeln mitgenommen.*

Feld-Trichterling (Clitocybe dealbata). *Weißlich-lederfarben, matt, Stiel kurz, dünn.* Hut 2–4 cm, abgeflacht-gewölbt, weißlichblaß bis hell lederfarben in der Mitte, trocken und matt. Lamellen weiß mit schwach gelblichem Schein, gedrängt, kurz herablaufend. Stiel kurz und dünn, weiß, glatt, oben schwach kleiig. – Auf Weidewiesen. Stellenweise. *Sehr giftig. Mehrere nahestehende Arten, von denen einige im Wald wachsen, werden ebenfalls für sehr giftig gehalten.*

Gerieftrandiger Trichterling (Clitocybe langei, vibecina). *Mausfarben, Rand gerieft, schwacher Mehlgeruch.* Hut 2–5 cm, anfangs flach gewölbt, später ausgebreitet-trichterförmig, mausfarben, trocken blaß hautfarben, der Rand fein gerieft. Lamellen graubraun, herablaufend, schmal. Stiel etwas heller als der Hut, glatt. Fleisch graulich, im Stiel recht zäh, mit schwachem Mehlgeruch und -geschmack. – Besonders auf Torferde unter Birke und Fichte. Häufig. Viele nahestehende Arten, sie sind jedoch alle für Speisezwecke *wertlos.*

Sternsporiger Trichterling (Clitocybe asterospora, Omphalia). *Mausfarben-erdfarben, Lamellen heller, Sporen sternförmig.* Hut 1–3 cm, gewölbt-abgeflacht, erdgrau oder mausfarben, am Rande kräftig gerieft. Lamellen wenig heller als der Hut, schwach herablaufend. Stiel dem Hut gleichfarbig. Fleisch im Stiel etwas zäh, schwacher Mehlgeruch. Am leichtesten durch seine sternförmigen Sporen zu erkennen. – An Waldwegen, meist im Moos. Recht selten. *Wertlos.*

Duftender Trichterling (Clitocybe fragrans). *Graugelblich mit schwachem Anisduft.* Hut 2–5 cm, abgeflacht, Rand gerieft, grau-gelbblaß, mit Fettglanz. Lamellen mit Schein der Hutfarbe, schwach herablaufend. Stiel etwas heller als der Hut, oft etwas buckelig. Fleisch wässerig-blaß mit Anis-Geruch. – Häufig in Laub- und in Nadelwald. *Eßbar.*

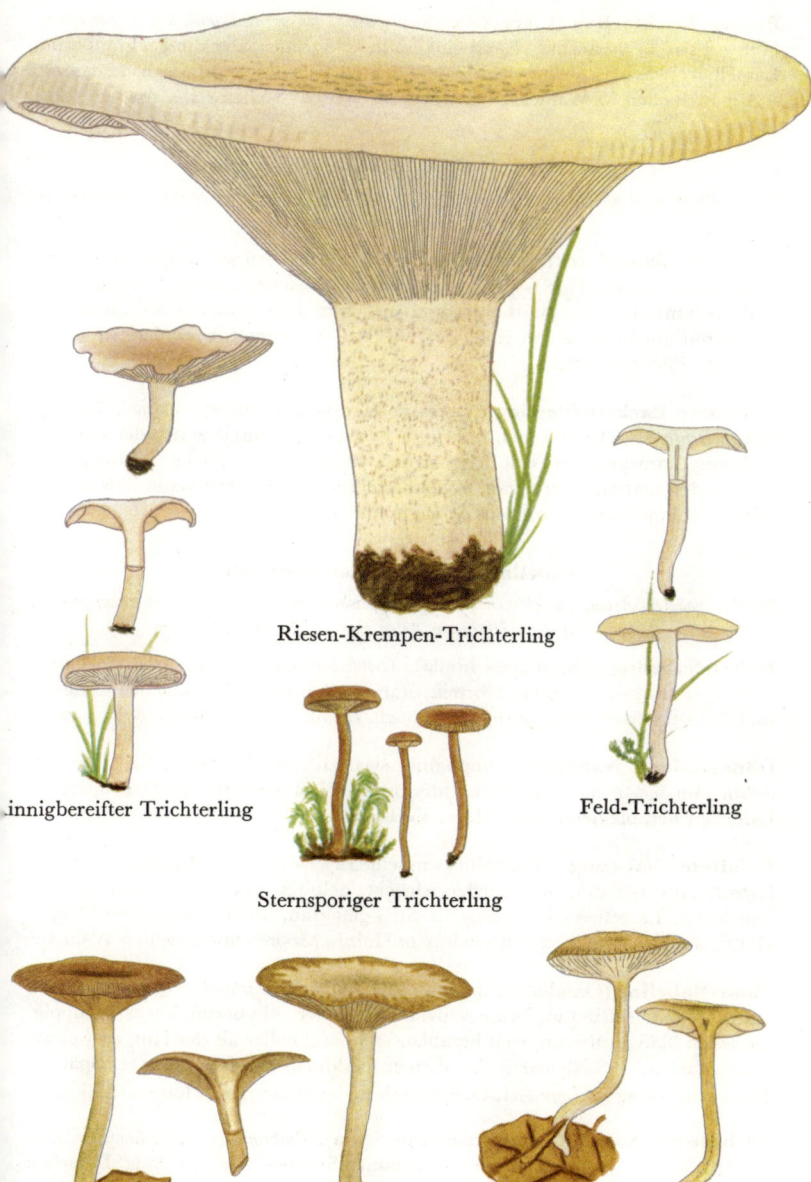

Riesen-Krempen-Trichterling

innigbereifter Trichterling

Sternsporiger Trichterling

Feld-Trichterling

Gerieftrandiger Trichterling

Duftender Trichterling

Becher-Trichterling (Clitocybe cyathiformis). *Koksgrau-braun, tief becherförmig.* Hut 3–7 cm, becherförmig, Rand eingerollt, koksgrau, später dunkel graubraun, Lamellen etwas blasser, kurz herablaufend. Stiel hoch, dunkelbraun-seidenfaserig. – Auf Erdboden in Wäldern, besonders an Wegen. Stellenweise, spät im Jahr, *Eßbar.*

Bläuling, Lacktrichterling – Laccaria

Die Gattung wird oft auch den Clitocyben zugerechnet, kann aber u.a. an den dicken, wachsartigen Lamellen erkannt werden.

Amethystblauer Lacktrichterling (Laccaria amethystina). *Amethystblau in allen Teilen, Lamellen dick.* Hut 1–4 cm, amethystblau, bleichend, matt. Lamellen dick und entfernt, tief amethystblau. Stiel mit dem Hut gleichfarbig, faserigzäh, unten mit amethystblauem-violettem Mycel. – Verbreitet, besonders in Laubwäldern. *Eßbar und gut.*

Rötlicher Lacktrichterling (Laccaria laccata). *Schmutzig rotbraun, Lamellen dick, fleischfarbig.* Hut 1–6 cm, rotbraun, ausbleichend, matt glatt oder schwach schuppig. Lamellen dick, hell fleischfarben, weißgepudert. Stiel dem Hut gleichfarbig oder matter, faserig-zäh. – Sehr verbreitet und stark veränderlich. Das Bild zeigt eine große Form aus Sphagnummooren. *Eßbar.*

Nabeling – Omphalina, Omphalia

Hierher gehören Arten, die kleinen Clitocyben gleichen, aber weiches, nicht zähes Fleisch haben. Nur die wichtigsten Arten sind aufgenommen worden.

Heftel-Nabeling (Omphalina fibula). *Gelblich-orange, Lamellen blaß, Stiel dünn.* Hut 0,5–1 cm, gewölbt trichterförmig, orangegelb bis rotgelb. Lamellen weißlich, weit herablaufend. Stiel orangegelb, hoch, drahtfein. – In Moos. Sehr häufig.

Dünnstieliger Nabeling (Omphalina swartzii). *Blaß olivgrau, Stielspitze tiefviolett.* Hut 0,5–1 cm, gewölbt trichterförmig, blaß graugelb bis blaß olivgrau. Lamellen herablaufend. – In Moos. Verbreitet.

Gefalteter Nabeling (Omphalina umbellifera). *Gelblich-oliv, Lamellen breit herablaufend.* Hut 1–2 cm, flach-niedergedrückt, gelblich mit olivbraunen Streifen und Mitte. Lamellen dick, blaßgelb. Stiel gelbgrau, unten dunkel und filzig. – Häufig auf Torferde, auch auf modrigem Holz in Mooren und feuchten Wäldern.

Moor-Nabeling (Omphalina sphagnicola). *Rußbraun, trichterförmig, auf Sphagnum.* Hut 1–2 cm, rußbraun, braunschwarz bis heller, olivbraun, etwas schuppig. Lamellen blaßgraubraun, weit herablaufend. Stiel heller als der Hut, an Sphagnum geheftet. – Stellenweise in offenen Waldmooren. Juni–August. Spät im Jahre eine wenig größere Art, O. epichysium, an modrigem Holz zu treffen.

Rotbrauner Nabeling (Omphalina pyxidata). *Rotbraun-gestreift, Lamellen gelblich.* Hut 1–2 cm, orangebraun mit rotbraunen Streifen, trichterförmig. Lamellen weit herablaufend, blaßgelb. Stiel verbogen, dünn, blasser als der Hut. – Auf feuchtem Boden. Stellenweise.

Amethystblauer
Lacktrichterling

Dünnstieliger Nabeling

Heftel-Nabeling

Rötlicher Lacktrichterling

Becher-Trichterling

Rotbrauner Nabeling

Gefalteter Nabeling

Moor-Nabeling

Rübling – Collybia

Kleine bis mittelgroße Pilze, meist mit dünnem zähem Fleisch und gedrängten, nicht herablaufenden Lamellen. Im Alter mit flachen Hüten. Die meisten Arten wertlos.

Waldfreund-Rübling (Collybia dryophila). *Hell bis dunkel lederfarben, Lamellen gedrängt und blaß.* Hut 2–5 cm, flach, hell lederfarben bis dattelbraun, glatt. Lamellen gedrängt, weiß oder blaß gelblich. Stiel schlank und zäh mit Schein der Hutfarbe, glatt, unten etwas filzig. Fleisch faserig-zäh ohne Geruch und Geschmack. – Nadel- und Laubwald. Häufig, schon ab Mai. *Eßbar.*

Spindeliger Rübling (Collybia fusipes). *Dunkel rotbraun, Stiel zuspitzend wurzelnd.* Hut 3–8 cm, gewölbt, später ausgebreitet-faltig und gebuckelt, dunkel rotbraun, verblassend bis rötlich lederfarben, oft gefleckt. Lamellen entfernt und breit, heller als der Hut. Stiel oft unregelmäßig, in der Mitte aufgebläht, längsgefurcht-grubig, tief wurzelnd-zugespitzt, nach unten rotbraun-dunkel. Fleisch zäh. – Recht selten, meistens am Fuße alter Eichen, büschelig. *Wertlos.*

Butter-Rübling (Collybia butyracea). *Horngrau-rotbraun, etwas klebrig.* Hut 3–7 cm, abgeflacht, leicht gebuckelt, dunkel bis blaß horngrau mit dunkler Mitte oder mehr rötlichbraun. Lamellen recht breit und gedrängt, weißlich. Stiel kegelförmig, etwas faserig, gleichfarben wie Hut. – Sehr häufig in Laub- und Nadelwald. Horngraue Formen werden oft als eine besondere Art, C. asema, betrachtet. *Eßbar.*

Gefleckter Rübling (Collybia maculata). *Weiß-lederfarben, rostrot-gefleckt, zäh.* Hut 4–8 cm, schwach gebuckelt-flach, Rand eingebogen, anfangs rein weiß, später oft etwas lederfarben-fleischrot mit rostroten Flecken und Strichen. Lamellen weiß, schmal und stark gedrängt, allmählich fleckig werdend. Stiel oft schwach verdickt in der Mitte, wurzelnd, gestreift, weiß bis bräunlich. Fleisch zäh, bitter. – In Nadelwald, oft in Büscheln, nicht selten. *Ungenießbar.*

Brennender Rübling (Collybia peronata, urens, Marasmius). *Braungelb, Stiel filzig, brennend scharf.* Hut 3–5 cm breit, gewölbt-abgeflacht, oft etwas gerunzelt, heller oder dunkler gelbbraun. Lamellen entfernt, gleichfarben wie Hut. Stiel schlank, schwefelgelb bis braungelb, unten mit einem kräftigen schmutziggraubraunen Filz. Fleisch zäh, brennend scharf. – Häufig, in Laub- und Nadelwald, auf Blättern und Zweigen. *Ungenießbar.*

Knopfstieliger Rübling (Collybia confluens). *Stiele verbunden, filzig, Lamellen schmal, gedrängt.* Hut 2–4 cm, abgeflacht, blaß lehmfarben-fleischfarben bis fast weiß, matt, am Rand schwach gestreift. Lamellen mit etwas Hutfarbe, sehr schmal und gedrängt. Stiel nach und nach dunkler als der Hut, dicht bedeckt von kurzem, weißgrauem Filz. Oft in großen zusammenhängenden Büscheln. – Häufig in Buchenwald. *Wertlos.*

Waldfreund-Rübling

Spindeliger Rübling

Brennender Rübling

Butter-Rübling

Gefleckter Rübling

Knopfstieliger Rübling

Purpurbrauner Rübling (Collybia fuscopurpurea, Marasmius). *Grau-purpurbraun, Stiel dunkler, filzig, mild.* Hut 2–4 cm, gewölbt-abgeflacht, Rand etwas gestreift, anfangs dunkel purpurbraun, bald schmutziggrau-purpur. Lamellen entfernt, gleichfarben wie Hut. Stiel oft oben dunkler, nach unten mit kräftigem, graugelbem Filz. Fleisch zäh, Geschmack mild. – In Laubwald, auf Laub und Zweigen. Nicht selten. *Wertlos.*

Spitzknolliger Sklerotien-Rübling (Collybia tuberosa). *Weiß, aus purpurbrauner Knolle wachsend.* Hut 0,5–1 cm, flach, schmutzigweiß, trocken. Lamellen gedrängt, weiß. Stiel schwach kleiig, dünn und schlank, oder kurz und dicker, wurzelnd bis zu einem purpurbraunen, buchenknospenähnlichen Sklerotium. – Auf modrigen Blätterpilzen. Verbreitet.

Rötender Afterleistling (Cantharellula umbonata). *Trichterförmig, Lamellen gegabelt.* Hut 3-4 cm, trichterförmig mit kleiner Papille in der Mitte, aschgrauschwarz mit hellerem Rand, flockig-schuppig. Lamellen weiß, schmal, gedrängt, mehrfach gegabelt, herablaufend, alt rotgefleckt. Stiel schlank, graulich. – Stellenweise, zwischen Heidekraut und Moos im Nadelwäldern. *Eßbar.*

Weichritterling, Rüblingsritterling – Melanoleuca

Große bis mittelgroße ziemlich dünnfleischige Pilze, mit grauem bis braunem, flachem Hut. Früher zu den Tricholomen gerechnet.

Frühlings-Weichritterling (Melanoleuca cognata). *Schmutziggelbgrau bis braun, Stiel schlank, gestreift.* Hut 6–10 cm, flach gewölbt, grau ockergolden bis braun, glatt. Lamellen ockergolden wie Hut. Stiel ähnlich, oder bisweilen gelber, schlank, gestreift, unten schwach knollig. Fleisch faserig. – Stellenweise an Wegrändern, auf Reisig, im Wald ab April. Die Abbildung zeigt eine ungewöhnlich goldfarbene Form. *Eßbar.*

Gemeiner Weichritterling (Melanoleuca melaleuca). *Rußbraun, glänzend, Lamellen weiß.* Hut 4–8 cm, abgeflacht gebuckelt, glatt, leicht klebrig, die Mitte fast schwarz, nach außen dunkel rußbraun. Lamellen weiß, frei. Stiel aufrecht, oft recht lang, weißlich mit bräunlichen Längsfasern. Fleisch allmählich rotbraun, etwas zäh, ohne besonderen Geruch. – Besonders auf Humusboden in Wäldern. Häufig. *Eßbar.* – Viele nahestehende Arten.

Zähling – Lentinellus, Lentinus

Anis-Zähling (Lentinellus cochleatus, cornucopioides). *Büschelig schief, Lamellen gesägt.* Hut 2–5 cm, unregelmäßig trichterförmig-schief, gewellt, glatt, lederbraun bis hell dattelbraun. Lamellen blasser als der Hut, tief herablaufend mit unregelmäßig gesägter Schneide. Stiel randständig, kurz und gefurcht. Fleisch recht zäh, mit Anisgeruch. – Büschelig auf Stümpfen. Weit verbreitet. *Jung eßbar.*

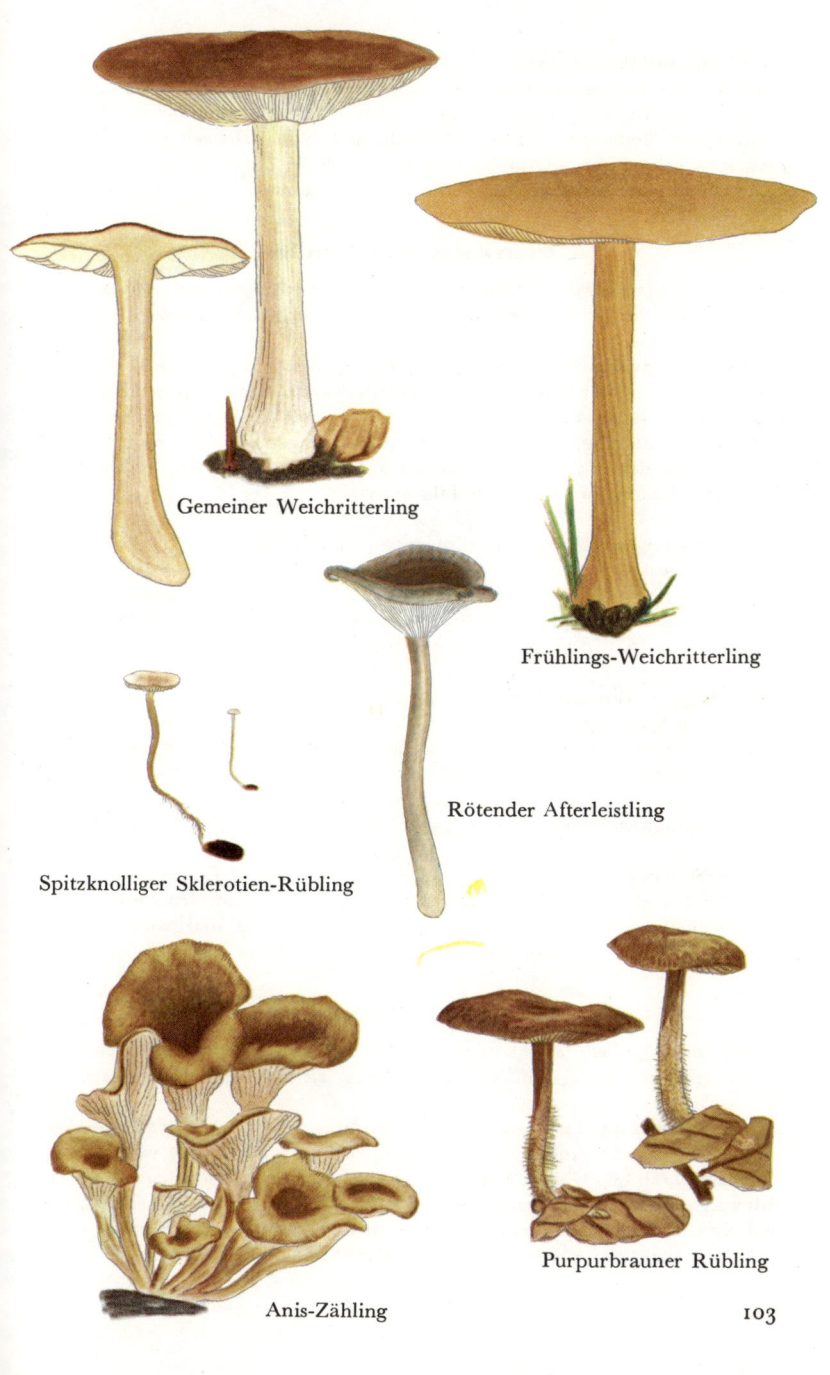

Gemeiner Weichritterling

Frühlings-Weichritterling

Rötender Afterleistling

Spitzknolliger Sklerotien-Rübling

Purpurbrauner Rübling

Anis-Zähling

103

Spaltblättling (Schizophyllum commune). *Fächerförmig, graufilzig, Lamellenränder gespalten.* Hut 1–4 cm breit, unregelmäßig muschelförmig-fächerförmig, graulich striegelhaarig-filzig. Lamellen grauviolett mit weißlichflaumigen Lamellenrändern, die gespalten und zurückgerollt sind. Stiel schwach oder fehlend. Fleisch lederartig zäh. – Auf frisch gefälltem Holz, besonders auf der Rinde dicker Äste, seltener auf geschwächten Laubholzstämmen. Weit verbreitet.

Zwergknäueling – Panellus

Kleine bis mittelgroße Pilze mit kurzem und dickem, randständigem Stiel. Auf Holz. Die drei letzten Arten sind früher zu den Seitlingen gerechnet worden.

Eichen-Zwergknäueling (Panellus stypticus). *Lehmgrau-kleiig, Stiel abgeflacht.* 1–3 cm breit, muschelförmig mit gewelltem Rand, lehmbraun-lehmgrau mit kleiig-rissigem Belag. Lamellen gelblich lehmfarben, schmal und gedrängt. Stiel seiten-bis randständig, kurz, erweitert-abgeflacht gegen den Hut. Fleisch lederartig, Geschmack bitter. – Nicht selten auf Laubholzstümpfen, oft in dachziegeligen Haufen. Fast das ganze Jahr zu treffen.

Milder Zwergknäueling (Panellus mitis). *Weiß, später blaß rötlich-lehmfarben, auf Tanne.* Hut 1–2 cm, muschelförmig bis breit zungenförmig, Oberhaut abziehbar, matt weiß bis blaß lehm-fleischfarben. Lamellen weiß, gedrängt. Stiel erweitert-abgeflacht gegen den Hut fein kleiig, weiß. Fleisch weich lederartig, Geschmack mild. – Auf Nadelholzzweigen, spät im Jahr. Recht häufig.

Gelbstieliger Muschelling (Panellus serotinus). *Olivgrün bis braun, Lamellen gelb.* Hut 3–8 cm, anfangs kissenförmig, bald meist muschelförmig mit eingebogenem Rand, jung filzig, dann fast glatt, klebrig, olivgrün, Rand gelblich. Lamellen gedrängt und schmal, gelblich, später gelbbraun. Stiel seitenständig, abgeflacht-breit gegen den Hut mit olivbraunen Schuppen. Fleisch schleimig-zäh. – Auf Laubholzstämmen, spät im Jahr. Verbreitet, aber nicht häufig. *Wertlos.*

Orangeseitling (Panellus nidulans). *Zungenförmig, ledergelb, Lamellen safran-ockergelb.* Hut 2–5 cm, zungenförmig, seltener muschelförmig, am Grunde schmäler, Rand eingebogen, filzig, orange-ledergelb. Lamellen schmal und gedrängt. Ohne Stiel. Fleisch schleimig-zäh. – Auf Stümpfen. Sehr selten. *Wertlos.*

Seitling – Pleurotus

Mittelgroße bis große Pilze mit seitenständigem Stiel. In die Gattung sind früher alle weißsporigen, seitenständigen Pilze gerechnet worden, die nicht zähes Fleisch haben.

Korkiger Seitling (Pleurotus dryinus, corticatus). *Grobschuppig mit Randschleier.* Hut 5–12 cm, mit groben, weichen und trockenen Schuppen, weißgrau bis wolkengrau, alt oft gelblich. Hutrand mit hautartigem Schleier. Lamellen recht entfernt, weich, herablaufend, weiß, zuletzt schwefelgelb. Stiel seitenständig und dick, oft mit schwachem Ring. Fleisch weiß, allmählich korkartig. – Auf Laubholz, meist auf lebenden Stämmen. Recht selten. *Jung eßbar.*

Spaltblättling

Eichen-Zwergknäueling

Milder Zwergknäueling

Orangeseitling

Gelbstieliger Muschelling

Korkiger Seitling

Austern-Seitling (Pleurotus ostreatus). *Graublau-fettglänzend, oft dachziegelig.* Hut 3–15 cm, muschelförmig mit eingerolltem Rand, glatt, leicht klebrig, jung meist schön taubenblau-graublau, nach und nach schmutzig graubraun-rußbraun. Lamellen herablaufend, weißlich. Stiel randständig und kurz oder seitenständig und etwas länger, weißlich, unten striegelhaarig. Fleisch weich und zäh, weißlich. – Auf Stämmen, seltener auf frischgefälltem Holz, oft in dachziegeligen Haufen; spät im Jahr. Meist häufig. *Jung eßbar und gut.*

Anis-Sägeblättling (Lentinus lepideus). *Grobschuppig, Lamellen gesägt.* Hut 4–10 cm, unregelmäßig gewölbt, grobschuppig, Grundfarbe weißlich, Schuppen blaß bräunlich. Lamellen stark entfernt, gesägt, weiß. Stiel meist kurz und dick, weiß, faserig bis braunschuppig. Fleisch weiß, sehr zäh und hart. – Meist auf Eisenbahnschwellen, Telephonmasten, Strünken und dgl., auch in Häusern und dann meist langgestielt mit wenig entwickeltem Hut oder geweihartig verzweigt ohne Hut.

Buchen-Knäueling (Panus conchatus, torulosus). *Zäh, braun, Stiel violettfilzig.* Hut 4–8 cm, schräg trichterförmig, lederbraun, glatt, trocken. Lamellen schmal, blaßbraun, anfangs mit fleischfarbenem-violettem Schein. Stiel schräg-seitenständig, mehr oder weniger zottig-filzig mit schmutzigem, braunviolettem Filz. Fleisch lederartig zäh. – Auf Laubholzstümpfen, oft in Büscheln. Verbreitet.

Schleimrübling – Oudemansiella

Beringter Schleimrübling (Oudemansiella mucida, Armillaria, Collybia). *Porzellanweiß, schleimig, mit Ring, auf Buche.* Hut 3–8 cm, gewölbt, schleimig, fast rein weiß, als kleine Knospe jedoch grau. Lamellen breit und entfernt weiß. Stiel recht dünn, oft krumm, mit deutlichem, etwas grauem Ring, unter dem Ring oft grau und leicht schuppig. – Auf Stämmen und Zweigen von Buche, oft viele Meter in der Höhe. Stellenweise häufig. *Wertlos.*

Grubiger Schleimrübling (Oudemansiella radicata, Collybia). *Stiel tief wurzelnd.* Hut 3–9 cm, abgeflacht, oft runzlig, klebrig, schleimig, rußbraun, graubraun bis fast weiß. Lamellen entfernt und breit, weiß, bisweilen mit braunem Rand. Stiel aufrecht und gerade, weiß bis bräunlich, wurzelnd mit mehrere Zentimeter langer Pfahlwurzel. Fleisch weiß, zäh. – Fast immer auf Buchenwurzeln im Boden. Nicht selten. *Wertlos.*

Austern-Seitling

Anis-Sägeblättling

Buchen-Knäueling

Beringter Schleimrübling

Grubiger Schleimrübling

Samtfußrübling (Flammulina velutipes, Collybia). *Orangegelb, Stiel samtfilzig, auf Holz.* Hut 2–6 cm, gewölbt, später ausgebreitet verbogen, schleimig, orangegelb-feuerfarben. Lamellen anfangs weiß, später mit gelblichem Schein, zuletzt matt braungelb. Stiel oben blaßgelb und kleiig, nach unten dicht samthaarigfilzig und dunkelbraun-schwarz. Fleisch allmählich zäh. – Auf teilweise abgestorbenen Stämmen und Zweigen von Laubbäumen, auch auf ziemlich frischen Stümpfen. Oktober-Mai. Nicht selten. *Eßbar, Stiel jedoch zu zäh.*

Gurkenschnitzling (Macrocystidia cucumis, Naucoria). *Glockenförmig, matt rotbraun, Stiel dunkel, Geruch nach Gurken.* Hut 1–6 cm, gewölbt-glockenförmig, dunkel, mattbereift, rotbraun-kastanienbraun, gegen den Rand heller und oft schwach gerieft. Lamellen schmal, anfangs schmutzigweiß, später bräunlich fleischfarbig. Stiel schlank, oben hellbraun, mit kräftigem Geruch nach Gurken oder Heringsbrühe. – Verbreitet, besonders an Waldwegen auf feuchtem Humus. Variiert stark. Im Gegensatz zu den übrigen Arten dieser Abteilung hat M. cucumis bräunliche Sporen.

Geselliger Glöckchennabeling (Xeromphalina (Omphalia) campanella). *Rostbraun, büschelig auf Nadelholzstümpfen.* Hut 1-2 cm, glockig gewölbt, lehmfarben-rostbraun, feucht durchscheinend dunkel gestreift. Lamellen lehmfarben-gelblich, entfernt, verzweigt und herablaufend. Stiel hornartig, braun, oben blasser, unten mit ockerfarbigem Filz. – In Berglagen häufig, sonst selten.

Helmling – Mycena

Meist kleine und dünnfleischige Arten, mit grauem oder braunem gewölbtem Hut und schmalen weißen Lamellen. Nur die leicht erkennbaren Arten sind genannt.

Rosablättriger Helmling (Mycena galericulata). *Lamellen hell lachsfarben, wurzelnd.* Hut 2–5 cm, glockenförmig-ausgebreitet gebuckelt, blaß graubraun, allmählich graulich-lederfarben mit gestreiftem Rand. Lamellen ziemlich entfernt und breit, etwas aderig, anfangs weiß, bald hell lachsfarben, oft braunfleckig. Stiel steif, wassergrau, poliert, unten striegelhaarig und wurzelnd. – Oft in Büscheln an Stümpfen, besonders von Erle und Birke. Häufig. Mehrere ähnliche, kleinere Formen auf Laub und Zweigen.

Winter-Helmling (Mycena tintinnabulum). *Rußbraun-grau, gestreift, stark schleimig.* Hut 1–2 cm, gewölbt-ausgebreitet, stark schleimig, anfangs rußbraun, später graubraun und am Rand gestreift. Lamellen breit, blaßgrau, kurz herablaufend. Stiel kurz, oft krumm, unten striegelhaarig. – In dichten Büscheln auf Laubholzstümpfen. November–Februar.

Gelbstieliger Helmling (Mycena inclinata). *Stiel glänzend gelb-rotbraun, büschelig auf Eiche.* Hut 1–3 cm, glockenförmig-gebuckelt, graubraun bis hell dattelbraun, der Rand gestreift und anfangs wenig gezähnt. Lamellen weißlich bis hell metallgrau. Stiel meist etwas krumm, glänzend, glatt, oben weißlich, nach unten gelbbraun-kastanienbraun, striegelhaarig-wurzelnd. – Büschelig auf Eiche, oft in Astlöchern. Stellenweise.

Samtfußrübling

Gurkenschnitzling

Rosablättriger Helmling

Gelbstieliger Helmling

Winter-Helmling

Geselliger Glöckchennabeling

Stinkender Helmling (Mycena alcalina). *Glockenförmig, brüchig, mit starkem Chlorgeruch.* Hut 1–3 cm, gewölbt-glockenförmig, mattgrau gestreift. Lamellen weißgrau. Stiel hat etwas Hutfarbe, unten haarig. Fleisch brüchig mit kräftigem Chlorgeruch beim Zerdrücken. – Büschelig auf Stümpfen. Kleinere Formen in Laub und Gras. Nicht selten.

Rillstieliger Helmling (Mycena polygramma). *Aschgrau, Stiel grau, seidiggestreift.* Hut 1–4 cm, glockenförmig bis ausgebreitet-gebuckelt, aschgrau-metallgrau, Buckel dunkler, oft etwas weißbereift, fleckig. Stiel lang und steif, aschgrau mit dichten, seidigglänzenden Längsstreifen, unten striegelhaarig-wurzelnd. – Recht häufig, besonders an Erlen- und Haselstümpfen.

Faden-Helmling (Mycena vitilis). *Zart mit steifem, blaßgrauem, blankem Stiel.* Hut 0,5–1 cm, glockenförmig-gebuckelt, erdgrau-bräunlich mit blassem, schwach gerieftem Rand. Lamellen weißgrau, ziemlich entfernt. Stiel schlank, fast weiß, glänzend, unten striegelhaarig und oft etwas wurzelnd. – Sehr häufig besonders auf vergrabenen Zweigen in Laubwald, einzeln oder 2–3 zusammen.

Weißmilchender Helmling (Mycena galopoda). *Grau-rußbraun, mit weißem Milchsaft.* Hut 0,5–1,5 cm, glockenförmig bis leicht gebuckelt, weißgrau bis dunkel rußbraun, gerieft. Lamellen ziemlich entfernt, weiß. Stiel gleichfarben wie Hut, glatt, unten etwas haarig. Fleisch brüchig, mit reichlichem, weißem Milchsaft. – Sehr häufig auf Zweigen, Laub und Nadeln.

Gelbmilchender Helmling (Mycena crocata). *Allmählich gelbgefleckt, Milch safrangelb.* Hut 1–2 cm, glockenförmig, bald ausgebreitet gebuckelt, erdbraungrau, randwärts blasser und gerieft, allmählich safrangelb gefleckt oder gleichmäßig safrangelb gegen den Rand. Lamellen weiß, später mit Safranschein. Stiel anfangs kräftig safrangelb. Fleisch zäh mit viel safrangelber Milch. – Im Norden häufiger, im Süden gebietsweise, auf Zweigen in Buchenwaldboden.

Blut-Helmling (Mycena haematopoda). *Dunkel weinrotbraun mit weinroter Milch.* Hut 1–3 cm, glockenförmig-gewölbt, jung Rand gezähnt, matt graubraun mit weinrotem Schein, oft etwas weißbereif. Lamellen weißlich. Stiel mit etwas Hutfarbe, oben blaß, am Grunde oft ausgeprägt weinrot, mit reichlichem, dunkelweinrotem Saft. – In Büscheln auf faulenden Stämmen. Nicht häufig.

Purpurschneidiger Blut-Helmling (M. sanguinolenta) ist kleiner; meist einzeln in Moos und Laub. Häufig.

Dehnbarer Helmling (Mycena epipterygia). *Olivbraun-gelb, schleimig, Stiel gelb.* Hut 1–2 cm, eichelförmig-gewölbt, etwas gerieft, anfangs mit gezacktem Rand, oliv-gelbbraun oder oft mehr graubraun mit olivgelbem Rand, schleimig, in trockenem Zustand seidigglänzend. Lamellen schmal, weiß bis blaß gelbgrau. Stiel zitronengelb, sehr schleimig. Fleisch zäh mit Rettichgeruch. – Verbreitet in Nadelwald und Heidemooren.

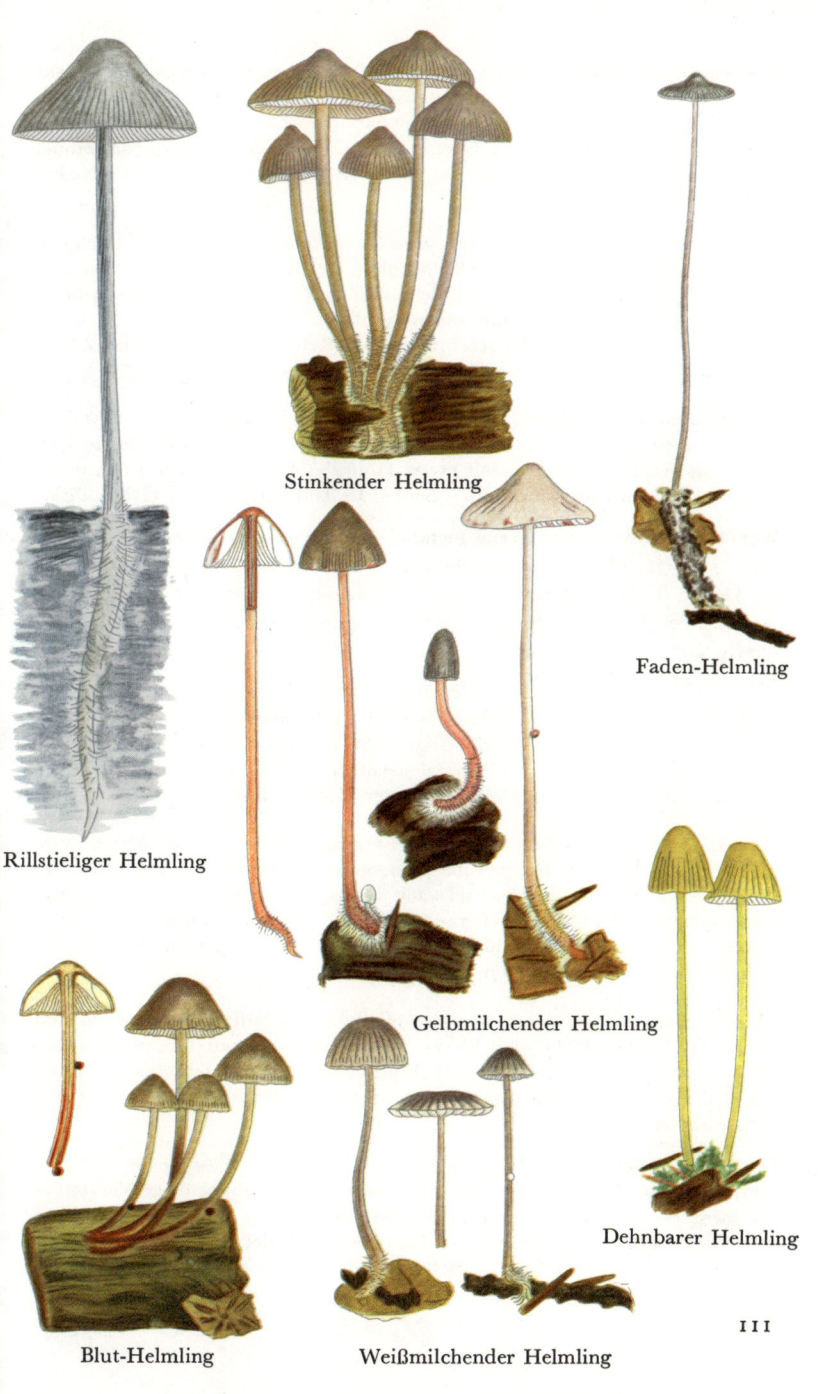

Stinkender Helmling

Faden-Helmling

Rillstieliger Helmling

Gelbmilchender Helmling

Dehnbarer Helmling

Blut-Helmling

Weißmilchender Helmling

III

Klebriger Helmling (Mycena vulgaris). *Schleimig, Lamellen herablaufend.* Hut 0,5–1 cm, flach gewölbt, leicht niedergedrückt, graubraun mit gerieftem Rand, stark klebrig-schleimig, Oberhaut abziehbar. Lamellen schmal, ziemlich entfernt, kurz herablaufend, weiß. Stiel hell graulich, glänzend, klebrig-schleimig, zäh und dünn, striegelhaarig am Grunde. – In großen Scharen auf der Nadeldecke, spät im Jahr. Recht häufig.

Rettich-Helmling (Mycena pura). *Rosa bis fleischfarben-violett, Lamellen blasser.* Hut 2–5 cm, gewölbt, bald abgeflacht, glatt, am Rande gerieft, pastellfarben, variierend von fast weiß bis violett-fleischfarben, seltener rosa. Lamellen breit, ziemlich entfernt, weißlich mit etwas Hutfarbe. Stiel nach unten oft etwas dunkler als der Hut, glatt. Fleisch brüchig, mit Rettichgeruch. – Häufig. *Eßbar.* M. pelianthina ähnlich, aber mit dunklen Lamellenschneiden.

Korallenroter Helmling (Mycena adonis). *Klein, vogelbeerrot mit weißem Stiel.* Hut 0,5–1 cm, gewölbt-glockenförmig, glatt, lackrot bis vogelbeerrot, ausbleichend bis Hellrot. Lamellen mit etwas Hutfarbe. Stiel wasserhell-weiß, unten etwas striegelhaarig und wurzelnd. – Selten. In Torfmooren unter Fichte, Birke.

Kegeliger Helmling (Mycena metata, tenella). *Glockig, Lamellen fleischfarben.* Hut 1–1,5 cm, glockig bis ausgebreitet, gebuckelt, graulich fleischfarben mit dunklerem Buckel und Streifen. Lamellen weiß-grau, später schmutzig fleischfarben. Stiel dünn und brüchig, dem Hut gleichfarben, oben blasser, unten haarig. Geruch nach Jodoform. – In großen Scharen auf der Nadeldecke. Sehr häufig spät im Jahr.

Gelbweißer Helmling (Mycena flavo-alba). *Elfenbeinweiß, Stiel kurz, krumm, auf Gras.* Hut 0,5–1,5 cm, gewölbt-abgeflacht, Rand fein gerieft, elfenbeinweiß, im Alter gelblicher. Lamellen schmal, weiß. Stiel weiß, meist kurz, oft unten krumm. – Recht häufig. Besonders auf toten Grasbüscheln.

Kugelsporiger Helmling (Mycena (Fayodia) bisphaerigera). *Sporen kugelförmig.* Hut 1–3 cm, niedrig gewölbt-niedergedrückt in der Mitte, erdbraun mit dunklerer Mitte und Streifen, schwach klebrig. Lamellen ziemlich entfernt, angewachsen-herablaufend, hellgrau. Stiel lang, steif und zäh, mit etwas Hutfarbe. Sporen groß, kugelförmig und stachlig. – Auf Zweigen in Humusboden in Wäldern. Recht selten. (Omphalia bisphaerigera).

Mäuseschwanz (Baeospora myosura, Collybia). *Lamellen stark gedrängt, Stiel filzig.* Hut 1–3 cm, flach gewölbt bis abgeflacht, matt dattelbraun. Lamellen weiß, schmal und stark gedrängt. Stiel mit etwas Hutfarbe, fein dicht samthaarig, tief wurzelnd auf einem meist vergrabenen Kiefernzapfen. Fleisch zäh. – Recht häufig.

Gemeiner Nagelschwamm (Strobilurus tenacellus, Collybia). *Lamellen recht breit, Stiel glatt.* Hut 1–3 cm, bald abgeflacht, weißgrau blaß, gelblichbraun bis meist glänzend dattelbraun. Lamellen weiß, mäßig gedrängt, recht breit. Stiel poliert-glatt, gleichfarben wie Hut oder heller, tief wurzelnd auf Fichtenzapfen. Fleisch zäh. – Häufig, Oktober–April. *Eßbar, aber nicht wertvoll.*

Klebriger Helmling

Rettich-Helmling

Gelbweißer Helmling

Korallenroter Helmling

Kegeliger Helmling

Mäuseschwanz

Kugelsporiger Helmling

Gemeiner Nagelschwamm

Schwindling – Marasmius

Ast-Schwindling (Marasmius ramealis). *Hautartig-blaß, Stiel filzig.* Hut 1 cm, flach gewölbt, Rand eingebogen, gerunzelt rauh, hell hautfarben, Mitte hell fleischfarben. Lamellen entfernt, schmal, weißlich. Stiel kurz, gekrümmt, gleichfarben wie Hut, fein kleiig-filzig. – Auf Zweigen. Häufig.

Stink-Schwindling (Marasmius foetidus). *Dattel-erdbraun, gestreift, Stiel dunkel.* Hut 1–3 cm, abgeflacht mit niedergedrückter Mitte, glatt, etwas klebrig, dattelbraun bis schmutziggelb-erdbraun, ausgeprägt dunkelgestreift. Lamellen entfernt, blasser als der Hut. Stiel nach unten kurz zugespitzt, dunkelbraun, dicht filzig. Fleisch zäh, stinkend. – Auf modernden Ästen. Recht selten.

Nadel-Schwindling (Marasmius perforans). *Weißlich-hautfarben, Stiel schwarzfilzig.* Hut 0,5–1,5 cm, niedrig gewölbt-abgeflacht, etwas gerunzelt, blaß hautfarben bis fast weiß mit bräunlich-fleischfarbener Mitte. Lamellen recht entfernt. Stiel schlank, schwarz, dicht samtfilzig. Fleisch lederartig mit schwachem unangenehmem Geruch. – Auf Fichtennadeln. Sehr häufig.

Roßhaar-Schwindling (Marasmius androsaceus). *Rotbraun mit blankem Roßhaarstiel.* Hut 0,5–1,5 cm, abgeflacht, etwas gerunzelt-gerieft, hell bis dunkel rotbraun mit dunklerer Mitte. Lamellen entfernt, gleichfarben wie Hut. Stiel dünn und steif, blank-schwarz. Fleisch zäh. – Sehr häufig auf Heidekraut, Fichtenzweigen und -nadeln, die von schwarzem Mycel übersponnen werden.

Halsband-Schwindling (Marasmius rotula). *Gefurcht-gestreift, Nabe um den Stiel.* Hut 0,5–1,5 cm, gewölbt, tief gefurcht bis zur niedergedrückten Mitte, milchweiß. Lamellen entfernt, am Stiel zu einem Ring zusammengewachsen. Stiel dünn, schwarz, glatt, glänzend. – Sehr häufig, auf modrigen, feuchten Zweigen.

Großer Lauch-Schwindling (Marasmius alliaceus). *Lehmbraun. Stiel schwarz, starker Knoblauchgeruch.* Hut 1–4 cm, halbkugelig, später gewölbt ausgebreitet, anfangs braun, bald blaß lehmfarben. Lamellen weißlich. Stiel lang, fein filzig, schwarz, oben braun. Fleisch zäh mit starkem Knoblauchgeruch. – Auf vergrabenen Buchenzweigen. Sehr verbreitet. *Als Gewürz verwendbar.*

Knoblauch-Schwindling (M. scorodonius) ist kleiner, schmutzig weiß, mit kahlem, glänzendem, rotbraunem Stiel. – In Gras und Wäldern auf Reisig.

Nelken-Schwindling (Marasmius oreades). *Lederbraun, gerunzelt.* Hut 2–6 cm, gewölbt bis ausgebreitet-gebuckelt, am Rande gerieft bis runzelig-furchig, blaß bis dunkellederbraun, trocken hautfarben. Lamellen gleichfarben wie Hut oder heller, breit und entfernt. Stiel blaß lederfarben, weißfilzig, Geruch schwach angenehm. – Im Gras in Hexenringen. Sehr häufig. *Eßbar.*

Ledergelber Schwindling (Marasmius lupuletorum). *Stiel schwarzbraun, unten filzig.* Hut 1–2 cm, gewölbt-gebuckelt, fein gerieft, graugelb mit mehr brauner Mitte. Lamellen breit, entfernt, gelblich. Stiel schlank, schwarz-braunrot, oben blasser und erweitert, braun, kleiig, unten samtfilzig. – Einzeln oder in kleinen Büscheln auf Laub. Recht häufig.

Nadel-Schwindling

Stink-Schwindling

Ast-Schwindling

Roßhaar-Schwindling

Halsband-Schwindling

Nelken-Schwindling

Ledergelber Schwindling

Großer Lauch-Schwindling

Knoblauch-Schwindling

Wulstling, Knollenblätterpilz – Amanita

Große Pilze, jung mit Hülle (Volva) um den ganzen Fruchtkörper, aufgeschirmt mit Knolle und oft unten mit Scheide, meist mit hautartiger Manschette und mit Schuppen oder Hautlappen auf dem Hut. Lamellen weiß. Einige Arten sind tödlich giftig. Alle Abbildungen in halber natürlicher Größe.

Fliegenpilz (Amanita muscaria). *Scharlach-orangerot mit weißen Hautschuppen.* Hut 6–15 cm, halbkugelförmig dann ausgebreitet, scharlachrot, später verblassend bis orangerot oder feuerfarben, mit weißen, losen, eckigen Hautschuppen. Lamellen gedrängt, weiß. Stiel weiß mit hautartiger, herabhängender Manschette, unten mit rübenförmiger, gezonter Knolle. Fleisch weiß, unter der Oberhaut gelblich, mit fadem Geruch. – Birkenwald, junger Nadelwald, seltener unter Buche. *Giftig, aber kaum lebensgefährlich.* Auch braune Formen (A. umbrina, regalis) bekannt. *Vorsicht, Verwechslungen mit Perlpilz oder Grauem Wulstling möglich.*

Scheidenstreifling (Amanita vaginata).! *Kammfurchig, Stiel mit Scheide, ohne Ring.* Hut 5–8 cm, anfangs glockenförmig, bald abgeflacht, blaßgrau bis aschgrau, am Rand stark kammfurchig, sonst glatt, bisweilen mit großen lose angeklebten Hautlappen. Lamellen gedrängt, weiß. Stiel weiß bis blaßgrau, ohne Ring, mit schlaffer hautartiger Scheide. Fleisch weiß, brüchig. Stiel stark hohl, spröde. – Allgemein, besonders in Buchenwald. *Eßbar.*

Gelbbräunlicher Scheidenstreifling (Amanita fulva). *Orange-dattelbraun Scheide innen bräunlich.* Oft etwas größer als die graue Form und lebhaft orangebraun, in der Mitte dattelbraun. Scheide außen weiß bis blaßbraun, innen rostbraun. – Nicht selten, besonders unter Birke auf Torferde. *Eßbar und gut.* Auf Tafel II, hinten im Buch, ist der **Doppeltbescheidete Scheidenstreifling** (A. strangulata) abgebildet. Diese Art ist etwas dunkler und meist warzigschuppig.

Weißer Knollenblätterpilz (Amanita virosa). *Schneeweiß, klebrig, mit Ring und faserigem Stiel.* Hut 5–9 cm, gewölbt bis stumpf kegelig, schneeweiß, etwas fettigglänzend-klebrig, oft ohne Schleierreste. Lamellen weiß, gedrängt. Stiel schlank, gerade oder schwach gebogen, faserig-schuppig mit einem hautartigen, etwas ausgefransten Ring, Scheide schlaff-hautartig, weiß. Fleisch recht brüchig mit schwachem, fadem Geruch. – In Nadel- und Laubwald, meist auf saurem Boden. Selten. *Tödlich giftig.* (Weiße Egerlingsarten, die verwechselt werden, haben schokoladenfarbige Lamellen und angenehmen Geruch; Scheide fehlt).

Grüner Knollenblätterpilz (Amanita phalloides). *Olivgrün, oft mit Hautlappen, Stiel mit Ring und Scheide.* Hut 7–12 cm, leicht klebrig, meist etwas gestreift, mit oder ohne grobe, lose Hautflecken, dunkel olivgrün, heller olivgrüngelb gegen den Rand oder ganz olivgelbgrün, seltener mit leicht graulichem Schein (Abbildung zu grau!) Lamellen weiß oder mit etwas Hutfarbe. Stiel heller als der Hut bis fast weiß, etwas gezont, mit großem, weißlichem, schlaffem Ring. Knolle groß und weich, weiß, mit hautartiger Scheide, die außen etwas grünlich ist. Fleisch weich, weiß, unter der Oberhaut grünlich, Geruch süßlich-honigartig bis widerlich ammoniakalisch, bisweilen schwach. – In Laubwald, meist auf Humusboden. Stellenweise. *Tödlich giftig!*

Weißer Knollenblätterpilz

Fliegenpilz

Gelbbräunlicher
Scheidenstreifling

Grüner Knollenblätterpilz

Scheidenstreifling

117

Pantherpilz (Amanita pantherina). *Rußbraun, Schuppen klein, weiß, Knolle mit Wulstkante.* Hut 5–8 cm, gewölbt, bald abgeflacht, Rand gerieft-gefurcht, rußbraun bis erdbraun oder dattelbraun, meist dicht bekleidet mit kleinen, eckigen, rein weißen Hautschuppen. Lamellen weiß. Stiel meist kurz mit schmalem, glattem Ring und runder Knolle, die oben eine wulstartige Kante hat. Fleisch weiß. – Mancherorts nicht selten, in sandigen Nadel- und Buchenwäldern. *Sehr giftig.*

Porphyrbrauner Wulstling (Amanita porphyrea). *Porphyrbraun, mit breitem Ring und mit Scheide.* Hut 5–9 cm, gewölbt, erdbraun-purpurbraun, ohne Schuppen oder mit großen hautartigen Flecken beklebt. Lamellen weiß. Stiel glatt, unten etwas faserig, mit weit vorstehender, hochsitzender, hautartiger Manschette, die auf der Unterseite etwas von der Hutfarbe hat. Knolle groß und weich mit schlaffer, hautartiger Scheide. – In Nadelwald, oft mit der Knolle tief in der Erde. Stellenweise. *Nicht für giftig gehalten.*

Gelber Knollenblätterpilz (Amanita citrina, mappa). *Blaßgelb, Schuppen groß, Knolle kugelförmig.* Hut 5–9 cm, halbkugelförmig, später ausgebreitet, schwach schleimig, mit größeren oder kleineren, unregelmäßig eckigen Hautlappen, zitronengelb, weißgelb, oft verblichen bis zu reinem Weiß. Lamellen weiß. Im oberen Drittel Stiel glatt mit weit hervorstehender Manschette, weiß. Knolle mit scharfem Rand, kugelförmig. Fleisch fest, weiß, mit Geruch von rohen Kartoffeln. – Sehr häufig, besonders in trockenen Kiefern- und Buchenwäldern. *Wertlos, nicht giftig, aber leicht mit A. virosa zu verwechseln.*

Hoher Wulstling (Amanita excelsa, spissa var. ampla). *Erdbraun, Schuppen grau, Knolle schwach ausgebildet.* Hut 6–15 cm, gewölbt, bald ausgebreitet, dunkel bis blaß erdbraun mit größeren oder kleineren grau-weißen, niedrigen Hautschuppen. Lamellen weiß. Stiel schlank, meist hoch, mit braunen, grauen Zonen. Manschette hautartig, gerieft, Knolle undeutlich, rübenförmig, ohne Scheide, oft tief in der Erde. Fleisch weiß, fest. – Besonders in Nadelwäldern nicht selten. *Wertlos.* – Häufiger noch ist der **Graue Wulstling** (A. spissa) mit mehr grauen bis graubraunen Farben und derbem knolligem, nicht im Boden wurzelndem Stiel. Geruch dumpf, nach rohen Kartoffeln. *Eßbar, aber geschmacklich minderwertig und wegen der Verwechslungsmöglichkeit mit dem Pantherpilz und braunen Formen des Fliegenpilzes von der Verwendung dringend abzuraten.*

Perlpilz (Amanita rubescens). *Bräunlich-fleischrot, Fleisch rötend.* Hut 6–15 cm, anfangs lange Zeit halbkugelförmig gewölbt, zuletzt ausgebreitet, trocken, matt, bräunlich fleischrot oder blasser, fast sandfarben mit kleinen, grauen oder rotgrauen Schuppen. Lamellen weiß, später mit rotbraunen Flecken. Stiel anfangs blaß sandfarben mit hautartiger, breiter Manschette und einer etwas gezonten rübenförmigen Knolle. Fleisch weiß, rötlich im Bruch und besonders in Wurmstichen, die fast immer in der Knolle und später auch im Stiel zu sehen sind. – Sehr häufig, besonders in Laubwald. *Eßbar, aber leicht zu verwechseln mit giftigen Amanita-Arten, daher wird zur Vorsicht gemahnt.*

Alle Abbildungen dieser Seite in halber natürlicher Größe.

Pantherpilz

Porphyrbrauner Wulstling

Gelber Knollenblätterpilz

Perlpilz

Hoher Wulstling

Getropfter Schleimschirmling (Limacella guttata, lenticularis, Lepiota). *Lehmgelbbraun, schleimig, Ring hautartig.* Hut 6–10 cm, anfangs eiförmig, später abgeflacht-gewölbt, blaß lehmgelb-lederfarben, schleimig. Lamellen weiß, oft mit Tropfen. Ring hautartig, weit vorstehend, mit Tropfen. Stiel etwas heller als der Hut, nach unten verdickt, schwach schuppig-faserig. Trocken ist der Pilz oft schmutziggrau an den Stellen, an denen die Tropfen gewesen sind. Fleisch faserig, nach Mehl riechend. – Auf feuchtem Humusboden in Wald, oft mit Stielbasis tief in der Erde. Recht selten. *Eßbar.*

Scheidling – Volvaria

Stielbasis mit hautartiger Scheide. Lamellen frei, allmählich lachsfarben von den rosa Sporen. Zu der Gattung gehören noch eine Reihe kleiner, seltener Arten.

Großer Scheidling (Volvaria speciosa). *Blaß graubraun, klebrig, Scheide außen grau.* Hut 5–10 cm, glockenförmig, später gewölbt-ausgebreitet, hell lehmgrau bis blaß hornbraun oder fast rein weiß, schleimig klebrig. Lamellen breit, anfangs lange Zeit weiß, zuletzt lachsfarben. Stiel schlank, gleichfarben wie Hut, glatt, trocken, mit außen etwas grauer, hautartiger Scheide. – Auf gedüngtem Boden und Komposthaufen. Selten. *Eßbar.*

Parasitischer Scheidling (Volvaria loveyana). *Weißgrau, auf Herbstblattl schmarotzend.* Anfangs ist der Pilz als grauweiße Knolle auf halbverfaulter Clitocybe nebularis zu sehen, nach und nach, wenn die Wirtspflanze vermodert, werden 2–5 cm breite, seidenfaserige, weißgraue Hüte mit lachsfarbigen Lamellen gebildet. Stiel kurz, krumm, mit weißer Scheide. – Sehr selten. *Eßbar.*

Wolliger Scheidling (Volvaria bombycina). *Seidenweiß, Lamellen lachsfarben, Scheide gelblich.* Hut 4–9 cm, eierförmig-gewölbt, dicht seidenfaserig, weiß bis hell sahnefarben. Lamellen recht breit, weiß, allmählich lachsfarben. Stiel nach unten erweitert, glatt mit großer hautartiger schmutziggelber Scheide. Fleisch weiß. – In vermoderten Laubholzstämmen. Sehr selten. *Eßbar.*

Dachpilz – Pluteus

Hüte abgeflacht, sehr brüchig, können durch leichtes Drehen vom Stiel getrennt werden. Lamellen frei, von den rosa Sporen lachsfarben. Stiel ohne Ring und Scheide.

Rehbrauner Dachpilz (Pluteus cervinus). *Hell rußfarben, Stiel faserig, auf Stümpfen.* Hut 3–8 cm, anfangs glockenförmig, bald ausgebreitet-abgeflacht, blaß rußbraun mit dunklerer Mitte, fein-faserig, glatt. Lamellen breit, anfangs weiß, dann lachsrot. Stiel aufrecht und steif, fein braungrau faserig. Fleisch weiß, brüchig, fast geruchlos. – Auf Laubholzstümpfen, einzeln oder wenige zusammen. Sehr verbreitet. Auf Nadelholzstrünken, bisweilen auf vermoderndem Sägemehl eine größere Form mit dunkel rußbraunem Hut und schwarzen Rändern auf den Lamellen (P. atromarginatus). *Eßbar.*

Alle Abbildungen dieser Seite in halber natürlicher Größe.

Parasitischer Scheidling

Getropfter Schleimschirmling

Großer Scheidling

Rehbrauner Dachpilz

Wolliger Scheidling

Sägemehl-Dachpilz (Pluteus petasatus). *Weiß, faserig-schuppig, Lamellen stark gedrängt.* Hut 5–15 cm, gewölbt-ausgebreitet, fein faserig bis grobschuppig, Grundfarbe weißlich, Schuppen und Fasern bräunlich, besonders gegen die Mitte. Lamellen lange Zeit rein weiß, zuletzt lachsfarben. Stiel dick, weiß, seidenfaserig, Fleisch fest. – Auf Sägemehl, oft in Büscheln. Recht selten. *Eßbar.*

Bereifter Dachpilz (Pluteus nanus). *Klein, rußbraun, oft mit gelbem Rand und Stiel.* Hut 2–4 cm, gewölbt-abgeflacht, glatt, etwas mehlig-gepudert, rußbraun bis goldbraun. Lamellen anfangs weiß, später lachsfarben. Stiel schlank, mehr oder weniger zitronengelb-buttergelb. Fleisch sehr brüchig. – Auf Humus oder sehr verfaultem Holz. Stellenweise.

Samtfüßiger Dachpilz (Pluteus plautus). *Rußbraun, fein filzig-gerunzelt, Stiel schuppig.* Hut 2–4 cm, abgeflacht-gebuckelt, etwas gerunzelt-netzadrig, fein filzig, rußbraun. Lamellen lachsfarben. Stiel schlank, weiß mit feinen bräunlichen Schuppen. Fleisch sehr brüchig. – Auf feuchtem Humus in Wäldern. Stellenweise, meist einzeln und ziemlich selten.

Scharlachroter Dachpilz (Pluteus coccineus). *Scharlach, Lamellen und Stiel orangegelb.* Hut 2–5 cm, gewölbt, scharlachrot mit orangerotem, fein gerieftem Rand. Lamellen anfangs weiß, später orangegelb, zuletzt lachsfarben-gelb. Stiel orangegelb mit blasserer Spitze. – Auf Laubholzstümpfen, besonders Ulme und Esche. Sehr selten. Oben in der Abbildung sind die kugelförmigen Huthautzellen in starker Vergrößerung gezeigt.

Grauer Dachpilz (Pluteus salicinus). *Grau-rußbraun, Stielbasis etwas ins Blaugrüne.* Hut 3–6 cm, bald abgeflacht-gebuckelt, fein faserig, am Buckel fein schuppig, grau-braun. Lamellen weiß, später lachsfarben. Stiel schlank, weiß, unten etwas braunfaserig mit mehr oder weniger Stich ins Blaugrüne. – Auf Laubholzstümpfen. Recht selten.

Graubrauner Dachpilz (Pluteus cinereo-fuscus). *Erdgrau, gebuckelt-runzelig, Stiel weiß.* Hut 3–5 cm, glockenförmig-gebuckelt, erdgrau mit dunklerem Buckel, fein gepudert, etwas gerunzelt-gerieft, besonders gegen den Rand. Lamellen lange Zeit weiß, später lachsfarben. Stiel weiß, recht lang und schlank, fein seidiggestreift, hohl und zerbrechlich. – Auf Humus in Laubwald. Selten.

Schirmling – Lepiota

Hut schuppig oder kleiig-schuppig, vom Stiel leicht abtrennbar. Lamellen frei. Stiel mit deutlichem oder schwachem Ring. Sporen meist weiß. Auf Boden.

Acker-Schirmling (Lepiota excoriata). *Wenig schuppig, schmutzigweiß, kurz gestielt.* Hut 6–10 cm, anfangs eiförmig, bald abgeflacht mit schwachem Buckel, trocken, faserig-schuppig, schmutzigweiß, oft etwas bräunlich in der Mitte. Lamellen recht gedrängt, breit, weiß. Stiel ziemlich kurz, weiß, im oberen Teil mit schmalem, vorstehendem Ring. Fleisch etwas zäh, im Stiel hohl. – Auf sandigen Wiesen. Stellenweise. *Eßbar, leicht mit Egerlingen zu verwechseln.*

Scharlachroter Dachpilz

Bereifter Dachpilz

Sägemehl-Dachpilz

Graubrauner Dachpilz

Grauer Dachpilz

Samtfüßiger Dachpilz

Acker-Schirmling

Rötender Schirmling (Lepiota rhacodes). *Grobschuppig, Fleisch safrangelb im Schnitt.* Hut 8–15 cm, eiförmig und holzfarben-braun, später ausgebreitet-gebuckelt mit groben, ausgefransten, braunen bis fast rein weißen Schuppen, der Buckel blank, dunkelbraun. Lamellen breit, recht gedrängt, weiß. Stiel schmutzigweiß, etwas bräunlich anlaufend, mit großer, weicher Knolle und doppelrandigem, losem Ring. Fleisch zäh und faserig, im Schnitt schmutzig safranrot anlaufend, besonders an jungen Exemplaren. – Häufig, in Fichtenwald. Es gibt auch eine kleine weiße Fichtenwaldform und eine große blaße Form in Hexenringen in Gärten und Parks. *Jung eßbar.*

Parasol, Großer Schirmling (Lepiota procera). *Graubraun mit dunklen Schuppen, Ring abstehend.* Hut 10–20 cm, anfangs eichelförmig und dunkelbraun, später ausgebreitet-gebuckelt, hell graubraun mit groben, filzigen, hellbraunen bis kastanienbraunen Schuppen. Lamellen breit, weiß. Stiel sehr lang und schlank, unten knollenförmig erweitert, fein braunschuppig-gezont, im oberen Teil mit abstehendem, doppelgerandetem Ring. Fleisch wird allmählich recht zäh. – In lichten Wäldern auf leichtem Boden und in Dünen. Meist häufig, besonders in Kiefernwald. Mehrere nahestehende Arten. *Jung eßbar und gut.*
So unwahrscheinlich es klingen mag kommen immer wieder Vergiftungen infolge von Verwechslung dieser und der vorigen Art mit dem stark giftigen Pantherpilz vor!

Rosablättriger Schirmling (Lepiota naucina). *Seidigweiß, Lamellen rosa, Ring schmal.* Hut 6–10 cm, eiförmig, bald abgeflacht, fast rein weiß, seidigfaserig. Lamellen breit und gedrängt, anfangs weiß, bald blaß rosa-fleischfarben. Stiel verhältnismäßig kurz und dick, weiß mit schmalem, hochsitzendem, losem Ring. – Selten, meistens auf trockenen Strandwiesen. *Eßbar.*

Spitzschuppiger Schirmling (Lepiota acutesquamosa). *Spitzstachelig, Ring schlaff, hautartig.* Hut 5–10 cm, ausgebreitet-gebuckelt, blaßbraun-nußbraun, von pyramidenförmigen, feinen und losen, mattbraunen Schuppen bedeckt. Lamellen stark gedrängt, weiß, oft braungefleckt. Stiel oben fein gestreift, blaß, nach unten verdickt, bräunlich filzig-schuppig unter dem lose hängenden, hautartigen Ring. Fleisch im Stiel bräunlich, Geruch unangenehm. – Auf feuchtem Humus in Laub- und Nadelwald. Recht selten. *Schwach giftig.*

Alle Abbildungen dieser Seite in halber natürlicher Größe.

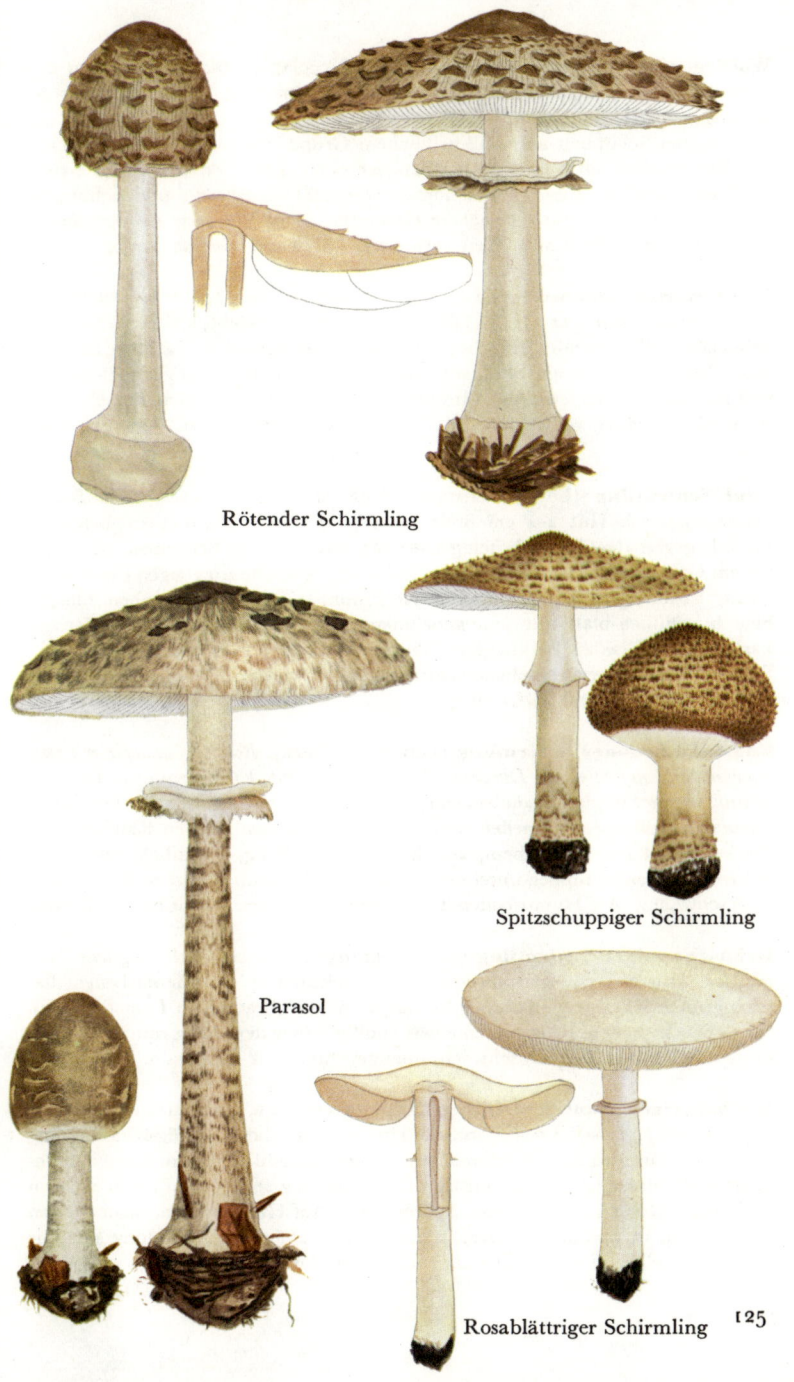

Rötender Schirmling

Spitzschuppiger Schirmling

Parasol

Rosablättriger Schirmling

125

Wolliggestiefelter Schirmling (Lepiota clypeolaria). *Blaß bräunlich mit ausgefransten Schuppen auf Hutrand und Stiel.* Hut 3–7 cm breit, eiförmig, später gewölbt-gebuckelt, gelbbraun bis rotbraun, fast glatt, später brüchig-schuppig mit hellbraunen Schuppen auf weiß-gelblichem Grund um einen braunen Buckel, der Rand heller mit ausgefransten Schleierresten. Lamellen weiß, sehr weich. Stiel recht schlank, ausgefranst-schuppig von gelblichen Fasern und Schuppen. Fleisch dünn, weiß, mit schwachem Gasgeruch. – In Wäldern auf der Nadeldecke oder in tiefem Laub. Weit verbreitet. *Eßbar, aber ziemlich wertlos.*

Beschleierter Schirmling (Lepiota cortinarius). *Fein hell braunschuppig mit Spinnengewebeschleier und Knolle.* Hut 5–8 cm breit, gewölbt, später abgeflachtgebuckelt, hell rostbraun, fein schuppig. Schleier spinngewebeartig, lange haftend. Lamellen weiß, gedrängt. Stiel lang und recht kräftig, unten abgeflacht-knollig, fein faserig, mit kleinen ausgefransten Schuppen, hell bräunlich. Fleisch weiß, recht dick, Geruch schwach. – In Nadelwäldern. Sehr selten. *Genußwert unbekannt.*

Stink-Schirmling (Lepiota cristata). *Blaß mit braunen Schuppen und Buckel, starker Gasgeruch.* Hut 2–4 cm breit, gewölbt mit recht deutlichem, braunem Buckel, gegen den Rand brüchig-schuppig mit braunen Schuppen auf weißlichem Grund. Lamellen weiß, gedrängt. Stiel recht dünn, gebogen mit schwachem, hautartigem Ring, unten meist bräunlich-fleischfarben, oben blasser. Fleisch weißlich-blaß mit unangenehmem, gasartigem Geruch. – In Rasen, Parks und in Gras an Waldwegen. Häufig. *Wertlos, gilt als schwach giftig.*
Einige andere kleine aber seltene Schirmlingsarten wie der **Fleischrote Schirmling** (L. helveola) sind *stärker giftig.*

Kastanienbrauner Schirmling (Lepiota castanea). *Rostbraunschuppig mit rostbraunem Stich auf Stiel und Lamellen.* Hut 2–4 cm breit, kastanienbraun bis rostbraun, kleinschuppig, besonders um den niedrigen rostbraunen Buckel, heller unter den Schuppen. Lamellen weiß, aber bald mit rostbraunen Rändern und Flecken. Stiel mit schwachem, verschwindendem Ring, bräunlich angelaufen mit rostbraunen Schuppen unter dem Ring. Fleisch dünn, zuletzt rostbraun. Geruch schwach. – Auf Humusboden in Wäldern und Gärten. Nicht häufig. *Wertlos.*

Grünschuppiger Schirmling (Lepiota grangei). *Hut und Stiel mit grünen Filzschuppen.* Hut 2–4 cm, gewölbt-gebuckelt, trocken, mit grünspanfarbenen, fla-·schengrünen Schuppen auf blassem Grund, allmählich braungrün. Lamellen weiß. Stiel mit schwachem Ring, unten etwas knollig, unter dem Ring mit zerstreuten grünen Schuppen. Geruch schwach, unangenehm. – In Laubwald. Sehr selten.

Blutblättriger Bunt-Schirmling (Lepiota echinata, haematosperma). *Hut mehlig-schuppig, Lamellen und Sporen rot.* Hut 1–3 cm, dicht mehlig-feinschuppig, schmutzigbraun bis dunkel lehmfarben, Rand mit Schleierresten. Lamellen anfangs hell blutrot, später schmutzigrot. Stiel mehlig schuppig. Fleisch weinrot bis blutrot, Geruch unangenehm. Sporen rot! – Auf Humusboden, besonders an Waldwegen, in Brennesseln. Recht selten. *Wertlos.* In der Abbildung sind die kugeligen Zellen in dem Hutbelag stark vergrößert gezeigt.

Beschleierter Schirmling

Wolliggestiefelter
Schirmling

Stink-Schirmling

Grünschuppiger
Schirmling

Kastanienbrauner Schirmling

Blutblättriger
Bunt-Schirmling

Grünblättriger Bunt-Schirmling (Lepiota eyrei). *Mehlig graubraun-schuppig, Lamellen grün.* Hut 1–3 cm, hell lehmfarben, mehlig-schuppig, Rand fein gezackt vom grießigen Schleier. Lamellen matt blaßgrün. Stiel mehlig-schuppig wie der Hut. Sporen blaßgrün. – Auf feuchtem Humusboden. Sehr selten. Einziger mitteleuropäischer Blätterpilz mit grünen Sporen.

Behangener Schirmling (Lepiota seminuda). *Fleischfarben-weiß, mehlig, Stiel rotbraun.* Hut 0,5–2 cm, gewölbt, weißlich mit fleischfarben-bräunlicher Mitte, gepudert-matt mit schwachen Schleierresten am Rand. Lamellen gedrängt, weiß. Stiel gekrümmt, besonders nach unten ziemlich dunkel rotbraun. Fleisch dünn und brüchig, mit unangenehmem Geruch. – Auf feuchtem Humus in Wald. Ziemlich häufig.

Rostbrauner Schirmling (Lepiota fulvella). *Dicht faserig-schuppig, gelbbraun, Ring schwach.* Hut 2–4 cm, leicht gebuckelt, dicht faserig-schuppig, rostbraun-gelblichbraun. Lamellen weiß mit etwas Hutfarbe. Stiel heller als der Hut, etwas schuppig mit schwacher Ringzone. – Auf feuchtem Humus in Wald, besonders unter Nesseln. Selten.

Weinroter Schirmling (Lepiota fuscovinacea). *Weinrot, braunschuppig, Stiel faserig.* Hut 3–4 cm, leicht gebuckelt, Grundfarbe hell weinrot mit filzigen, angedrückten, dunkelbraunen Schuppen. Lamellen weißlich. Stiel ziemlich kräftig, nach unten faserig-filzig, schmutzig weinrot-braun. – Auf feuchtem Humus in Wald, Waldrändern. Selten. *Gilt als giftig.*

Violettstieliger Schirmling (Lepiota bucknallii). *Weißgrau-mehlig, Stiel violett.* Hut 2–3 cm, gebuckelt, weißgrau-mehlig, oft am Rand ausgefranst-gezähnt. Lamellen weiß. Stiel verbogen, mehlig, lavendelblau-violett besonders gegen die Basis. Geruch unangenehm, gasartig. – Auf feuchtem Waldhumus. Selten.

Körnchenschirmling – Cystoderma

Hut körnig-schuppig, trocken. Lamellen weiß, angewachsen-frei. Stiel grießig-schuppig, mit hautartigem Ring. Kleine bis mittelgroße Arten. Früher zu Lepiota gerechnet.

Starkriechender Körnchenschirmling (Cystoderma carcharias). *Körnig, rotgrau, mit hautartigem Ring.* Hut 2–4 cm, flach, gewölbt-gebuckelt, körnig-mehlig, blaß rotgrau-fleischfarben. Lamellen weiß. Stiel gleichfarben wie Hut. Ring kräftig. Geruch staubartig. – Häufig, besonders in Nadelwald.

Amiant-Körnchenschirmling (Cystoderma amianthinum). *Ockergelb-körnig, Ring recht schwach.* Hut 2–5 cm, flach gewölbt, körnig-mehlig bis leicht schuppig, ockergelb bis rostgelb. Lamellen weiß. Stiel gleichfarben wie Hut, Ring recht schwach, unter dem Ring mehlig-körnig. – Häufig, besonders in feuchtem Nadelwald.

Rostroter Körnchenschirmling (Cystoderma granulosum). *Ocker-rotbraun, körnig-kleiig.* Hut 3–6 cm, gewölbt-gebuckelt, körnig oder öfter körnig-kleiig-schuppig, matt ockerrotbraun. Stiel recht kräftig, mit schwachem Ring, unter dem Ring schuppig und Farbe wie Hut. Fleisch im Hut ziemlich dick, weiß. – In Nadelwald. Gebietsweise selten.

Grünblättriger
Bunt-Schirmling

Behangener Schirmling

Rostbrauner Schirmling

Weinroter Schirmling

Starkriechender
Körnchenschirmling

Violettstieliger Schirmling

Amiant-Körnchenschirmling

Rostroter
Körnchenschirmling

Glimmerschüppling (Phaeolepiota aurea, vahlii, Pholiota). *Goldbraun, mehlig, mit hautartigem, goldbraunem Ring.* Hut 8–20 cm, gewölbt, dann ausgebreitet, fein mehlig-kleiig, schwach brüchig, goldbraun-ockergelb. Lamellen anfangs lehmfarben, später zimtbraun. Stiel lang und dick, nach unten wie der Hut, über dem Ring heller, Ring ausgeprägt hautartig und kräftig, lange als Hülle angeheftet, goldbraun mehlig. Fleisch weiß, Geruch schwach, angenehm. – Auf nahrungsreichem Boden, oft unter Nesseln. Selten. Mit den Cystodermen nah verwandt, aber mit braunen Sporen. *Als eßbar angegeben, entwickelt später etwas Blausäure.*

Egerling, Champignon – Agaricus, Psalliota

Hut weiß oder braun, faserig-schuppig. Lamellen anfangs weiß oder rosa, später hell bis dunkel schokoladenbraun. Stiel mit deutlichem Ring. Geruch angenehm.

Blut-Egerling, Blut-Champignon (Agaricus haemorrhoidarius). *Braunschuppig, rötend, kräftig.* Hut 7–10 cm, halbkugelförmig-gewölbt, dann abgeflacht, von nußbraunen Faserschuppen bedeckt. Lamellen anfangs schön hellrot, später dunkel. Stiel recht kräftig, anfangs weiß, später schmutzig, Ring hautartig, schlaff. Fleisch recht dick, in Schnitt und Bruch stark weinrot, Geruch schwach, angenehm. – Recht selten, meist in Nadelwald. *Eßbar und gut.*

Wald-Egerling, Wald-Champignon (Agaricus silvaticus, sanguinarius). *Braunschuppig, rötend, schmächtig.* Hut 4–8 cm, gewölbt-abgeflacht, dicht braunschuppig-faserig. Lamellen matt rosa, bald grau werdend zuletzt dunkel. Stiel schmächtig, weiß, nach Berührung gelblich, bald schmutzig graubraun von der Basis aus, Ring leicht doppelgerandet, weit vorstehend, anfangs weißlich, dann schmutziggrau-braun. Fleisch im Schnitt rot, Geruch schwach, angenehm. – Recht häufig, besonders in etwas feuchten Nadelwäldern, oft teilweise von Nadeln bedeckt, meist im Oktober. *Eßbar und gut.*

Riesen-Egerling (Agaricus augustus). *Riesengroß, hell nußbraun schuppig, nicht rötend.* Hut 10–20 cm, halbkugelförmig, bald ausgebreitet gewölbt, sandfarben mit hell nußbraunen Schuppen. Lamellen anfangs fast weiß, später dunkel, recht schmal. Stiel hoch, nach Berührung gelb, schwach faserig unter dem großen, schlaffen, hautartigen Ring. – In tiefer Nadeldecke. Gebietsweise selten. *Eßbar und gut.*

Mehrere andere braunschuppige Agaricus-Arten zeitweise in Wäldern zu treffen. Alle sind gute Speisepilze außer dem **Perlhuhn-Egerling** (A. meleagris), der an dem unangenehmen Geruch erkannt wird und bei Verletzung im Fleisch fast augenblicklich butterfarben-gelb wird.

Alle Abbildungen dieser Seite in halber natürlicher Größe.

Glimmerschüppling

Blut-Egerling

Wald-Egerling

Riesen-Egerling

131

Feld-Egerling (Agaricus campestris). *Weiß, junge Lamellen rosa, Stiel kurz und zugespitzt, auf Feldern und Wiesen.* Hut 4–8 cm, gewölbt, erst sehr spät ausgebreitet, weiß und seidenfaserig, bisweilen etwas schuppig in der Mitte, alte Exemplare oft am Rand rosa-schokoladenfarbig. Junge Lamellen rosa, später schokoladenbraun. Stiel kurz zugespitzt-krumm, mit schmalem und oft teilweise abfallendem Ring. Fleisch weiß und fest, Geruch schwach, etwas säuerlich. – Auf Weidewiesen, besonders Pferdeweiden. Häufig. *Ausgezeichneter und leicht erkennbarer Speisepilz, der oft in Hexenringen vorkommt.*

Garten-Champignon, Zucht-Champignon (Agaricus bisporus). *Kurz und dickgestielt, braunschuppig mit schwach rötendem Fleisch.* Hut 5–10 cm, gewölbt, faserig-kleinschuppig, hirschbraun bis hell nußbraun. Lamellen anfangs schmutzig hellrot, dann schokoladenbraun. Stiel kurz und dick, weiß, mit hautartigem Ring, der lange als Hülle zurückbleibt und oft einen Behang am lange eingebogenen Hutrand bildet. Fleisch weiß, bei Druck und Bruch schwach rötend, dick, Geruch schwach, leicht nußartig-angenehm. – Vielfach gewerblich angebaut, wilde Formen an Wegen u.ä. zu treffen. *Eßbar und gut, aber nicht ganz so aromatisch wie die besten wilden Arten.*

Weißer Zucht-Champignon (Agaricus bisporus forma albus). *Weicht ab durch seine weiße Farbe und seinen fast glatten, erst später schwach bräunlichen Hut.* – Vielfach gewerblich angebaut.

Scheiden-Egerling (Agaricus bitorquis, edulis). *Kurz dickgestielt mit doppeltem Ring, Hut schmutzigweiß, an Wegen.* Hut 6–10 cm, abgeflacht mit stark niedergebogenem Rand, zuletzt ausgebreitet und in der Mitte etwas niedergedrückt, grauweiß, etwas schuppig. Lamellen schmutzig rosa, dann dunkel. Stiel dick, kurz, weiß mit doppeltem Ring, der unterste oft an der Basis. Fleisch nach Berührung schwach gelblich-rostbraun, schwach rosa anlaufend im Schnitt. – Gewöhnlich an Straßen und Wegen, oft entfaltet bevor er aus der Erde hervorbricht; unser gewöhnlichster 'Stadt-Egerling'. *Eßbar, aber mit etwas trockenem und scharfem Aroma.*

Gegürtelter Egerling (Agaricus subperonatus). *Braunschuppig, dickgestielt mit doppeltem Ring und Schleierzacken am Rand.* Hut 6–12 cm, gewölbt, angedrückt faserig schuppig, nußbraun, Rand nicht eingebogen, oft mit weißen Schleierzacken. Lamellen blaß rosa, später dunkel. Stiel kurz und dick, Ring doppelt. Fleisch dick, nach Berührung schmutzigbraun, fleischfarben im Schnitt. – An Strohschobern, längs Wegrändern, auch im Frühjahr. Stellenweise, nicht häufig. *Eßbar und gut.*

Zwerg-Egerling (Agaricus comtula). *Klein und dickgestielt, weiß mit gelblicher Mitte, im Gras.* Hut 2–3 cm, anfangs eiförmig, später gewölbt-abgeflacht, seidigweiß, in der Mitte etwas gelblich. Lamellen anfangs rosa, später dunkel. Stiel schlank, schmutzigweiß, Ring hautartig, etwas abstehend, dünn. Fleisch weiß, etwas gilbend, besonders in der Stielbasis; schwacher Mandelgeruch. – In Rasen und auf gedüngten Feldern. Selten. *Eßbar.*

Feld-Egerling

Garten-Champignon

Weißer Zucht-Champignon

Zwerg-Egerling

Scheiden-Egerling

Gegürtelter Egerling

Dünnfleischiger Anis-Egerling (Agaricus silvicola). *Weiß, vergilbend, Stiel knollig, Anisduft.* Hut 6–12 cm, anfangs eichelförmig, bald ausgebreitet, fein faserig, weiß, später gelblich anlaufend. Lamellen anfangs weiß, später schwach matt rosa, dann grau bis dunkel schokoladenbraun. Stiel schlank mit schlaffem, hautartigem Ring, am Grund meist abgeflacht-knollig, anfangs weiß, später schmutziggrau. Fleisch weich, nach Anis duftend. Der ganze Pilz wird nach Berührung blaß gelblich. – Recht häufig, besonders in Nadelwald. *Eßbar und gut.* – Der **Karbol-Egerling** (A. xanthoderma) ähnlich, aber kalkweiß, mit unangenehmem Geruch; Fleisch wird bei Verletzung augenblicklich butterfarben-gelb. Stellenweise selten, meist in Parks und humusreichen Laubwäldern. *Schwach giftig.*

Anis-Egerling (Agaricus arvensis). *Weiß, vergilbend, ohne Knolle, Ring doppelt.* Sehr ähnlich A. silvicola, der Ring ist aber doppelt, der äußere sternförmig, dem Stiel fehlt eine deutliche Knolle, der Pilz gilbt nur wenig. – Recht häufig, besonders in Gärten und an Zäunen. *Eßbar und gut.*

Halbroter Egerling (Agaricus semotus). *Klein, hell weinrot-faserig, gilbend.* Hut 3–5 cm, gewölbt, anfangs weiß, seidigfaserig, die Fasern allmählich rosa bis blaß weinrot. Lamellen anfangs weiß, später blaß rosa, dann dunkel. Stiel schlank, weiß, faserig mit vorstehendem Ring und schwacher Knolle, bei Druck etwas gilbend. – In Laub- und Nadelwald, aber selten und meist einzeln. *Eßbar, aber etwas dünnfleischig.* Es gibt 2–3 andere kleine rötliche Agaricus-Arten, alle selten. Über die Benennung herrscht große Uneinigkeit. Die hier abgebildete Art wird oft Agaricus rubellus f. pallens genannt, während eine mehr ausgeprägt weinrote Form A. amethystinus heißt.

Großsporiger Egerling (Agaricus villaticus). *Groß, gewölbt, mit schuppigem Ring und Stiel.* Hut 12–26 cm, halbkugelförmig gewölbt, gegen den Rand fein schuppig-faserig, weiß bis schwach gelblich. Lamellen blaß fleischfarben, später dunkel. Stiel kurz und dick, unter dem Ring schuppig, Ring hautartig, weit abstehend, auf der Unterseite schuppig. – Auf grasigen Feldern, meist in Hexenringen, aber recht selten. *Eßbar.* – Auf Strandwiesen eine ähnliche Art, **Dünen-Egerling** (A. bernardii), die oft schief, brüchig und grau getönt ist mit schwach unangenehmem Geruch. *Gilt als recht schlechter Speisepilz.*

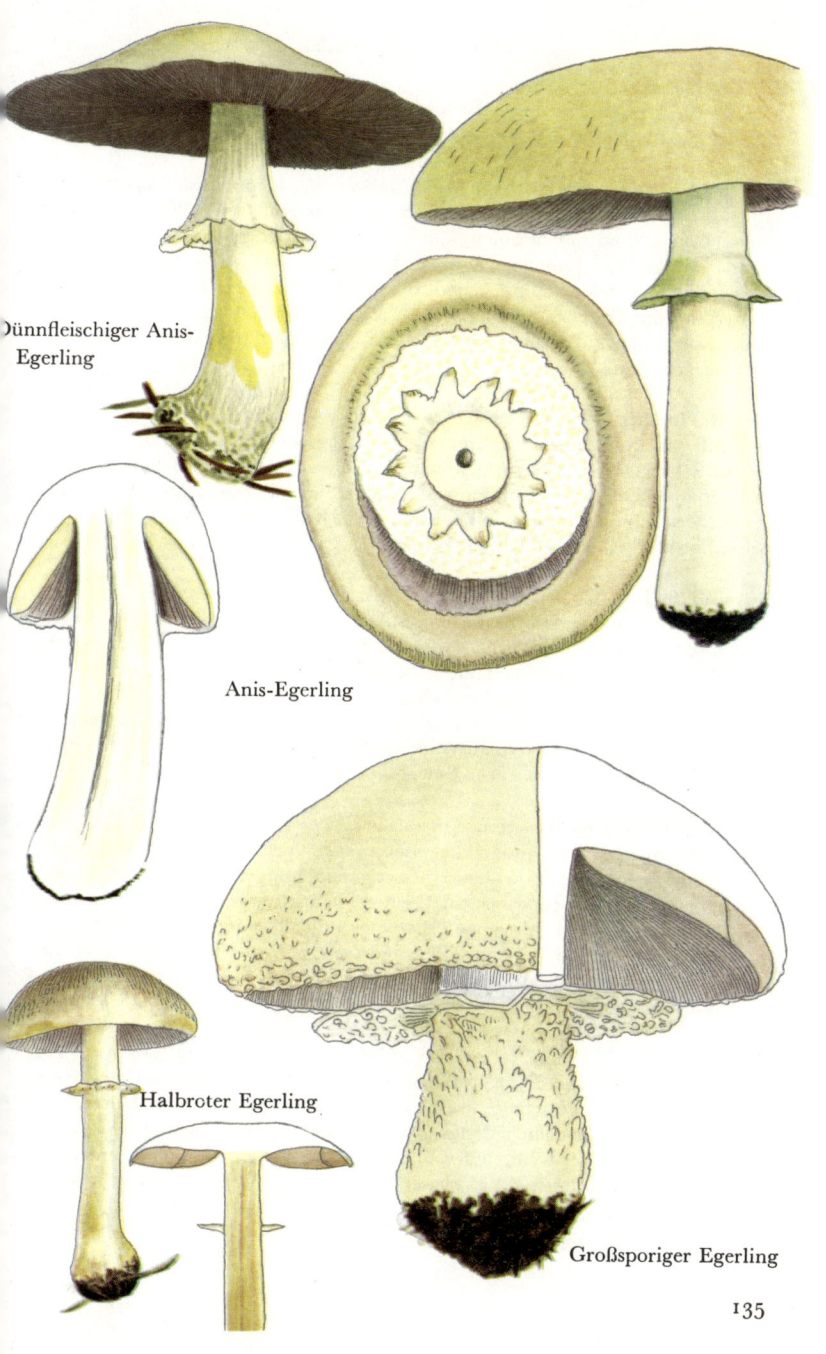

Dünnfleischiger Anis-Egerling

Anis-Egerling

Halbroter Egerling

Großsporiger Egerling

135

Tintling – Coprinus

Die Gattung weicht von den übrigen Blätterpilz-Gattungen dadurch ab, daß fast alle Arten bei Reife zu einer schwarzen, tintenartigen Flüßigkeit zerfließen. Übrigens sind die Arten sehr verschieden, sie haben jedoch alle sehr dünne Lamellen und dunkle Sporen.

Schopf-Tintling (Coprinus comatus). *Grobschuppig, weißlich, mit kräftigem Ring.* Hut 5–12 cm hoch, eiförmig zylindrisch, anfangs glatt und blaß braun, bald grobschuppig, weiß mit braunen Schuppenspitzen, der Scheitel dauernd blaßbraun und klebrig. Lamellen stark gedrängt, anfangs weiß, bei Sporenreife anfangs rosa, später graubraun und zuletzt tintenartig zerfließend. Stiel aufrecht, glatt, mit abstehendem, hautartigem Ring. Fleisch weiß, recht brüchig. – Häufig, besonders auf gedüngtem Boden an Wegen, oft in Scharen. *Jung eßbar und wohlschmeckend.*

Specht-Tintling (Coprinus picaceus). *Filzig-schuppig, klebrig, ohne Ring.* Hut 5–8 cm hoch, anfangs eiförmig, schmutziggrau-filzig, später braungrau mit grauweißen Schuppen, etwas klebrig, allmählich schwarz und zerfließend. Lamellen weiß, später blaßbraun, dann schwarz und zerfließend. Stiel aufrecht und lang, weiß, etwas faserig-schuppig ohne Ring. Fleisch brüchig. – Auf Humusboden in Laubwald. Stellenweise häufig. *Wertlos.*

Falten-Tintling (Coprinus atramentarius). *Schmutzig braungrau, etwas gefurcht.* Hut 3–7 cm hoch, anfangs eiförmig, später glockenförmig, am Scheitel fein schuppig, nach unten gefurcht, erdgrau, oft mit anhängenden Erdpartikeln. Lamellen gedrängt, anfangs grau-blaß, dann schwarz und zerfließend. Stiel zugespitzt unter einer schwachen, ringartigen Zone nahe dem Boden. – Oft büschelig wachsend, aus dem Boden oder aus modrigen Stümpfen hervorbrechend. Sehr häufig in Gärten, an Wegen und in Wäldern. *Jung eßbar, mit Alkohol genossen jedoch giftig, enthält eine antabusähnlich wirkende Substanz.*

Struppiger Tintling (Coprinus fimetarius). *Seidig-krummschuppig, Stiel wurzelnd.* Hut 1–3 cm hoch, eiförmig-zylindrisch, jung von schmutzig-weißbraunem Filz bedeckt, später mit krummen, faserigen Schuppen auf grauem, dattelbraunem, klebrigem Grund bekleidet, zuletzt vom Rand her tief zerspalten und aufgebogen-zerfließend mit lange erhaltener dunkelbrauner Mitte. Stiel weiß, glatt, am Boden etwas angeschwollen und schuppig, meist wurzelartig verlängert. – Sehr verbreitet auf Misthaufen und auf losem Dünger, seltener auf gedüngtem Boden oder modrigem Stroh.

Ring-Tintling (Coprinus sterquilinus). *Grob weißschuppig mit kräftigem Ring.* Hut 2–3 cm hoch, eiförmig, dicht weißfilzig-krummschuppig, später mit zerstreuten Schuppen auf dem ausgebreiteten, allmählich am Rand gespaltenen, zerfließenden Hut. Lamellen anfangs weiß, später fleischfarben, zuletzt schwarz und zerfließend. Stiel weiß, aufrecht, dann nach oben bräunlich, unten mit einem abstehenden, losen Ring. Fleisch recht zäh. – Auf Dünger. Recht selten.

Alle Abbildungen dieser Seite in halber natürlicher Größe.

Schopf-Tintling

Specht-Tintling

Falten-Tintling

Struppiger Tintling

Ring-Tintling

Kleiner Dünger-Tintling (Coprinus radiatus). *Klein, grau, mit sparrigen Haar-schuppen.* Hut 0,3–1 cm hoch, eiförmig, reif mit gespaltenem, zurückgerolltem Rand, mit weißgrauen, losen, gekrümmten Haarschuppen bedeckt. Lamellen bei Reife ziemlich entfernt, mit dem Hut zerfließend. Stiel weiß, etwas haarig mit Haarkranz über wurzelartiger Verlängerung. Sehr brüchig. – Sehr häufig, besonders auf ziemlich frischem Dünger.

Hasenpfote (Coprinus lagopus). *Haarig-schuppig, Stiel weichhaarig, schlank.* Hut 0,5–2 cm hoch, anfangs dicht grau haarig-filzig, allmählich grauschwarz und schuppig, Rand stark zurückgerollt. Lamellen grauschwarz von den Sporen, schwach zerfließend, so daß sie oft als blasse weitständige Rippen erscheinen, wenn die Sporen ausgefallen sind. Der unten weichhaarige Stiel wird immer länger. – Auf Boden und Zweigen in Laubwald, meist einzeln. Nicht selten.

Zweisporiger Tintling (Coprinus bisporus). *Lehmgelb, eiförmig, gefurcht, bü-schelig.* Hut 0,5–1,5 cm hoch, fast bis zur Mitte dicht gefurcht, scheinbar kahl, lehmgelblich bis blaß strohgelb. Lamellen allmählich schwarzbraun und zer-fließend zusammen mit dem Hut. Stiel weißlich, feinhaarig unter der Lupe. – Recht häufig, in Büscheln auf altem Dung oder Kompost. Viele ähnliche Arten.

Rad-Tintling (Coprinus plicatilis). *Tief gefurcht, mit Lamellennabe um den Stiel.* Hut 0,5–1,5 cm hoch, anfangs matt bräunlich, später graublaß mit dattel-brauner Mitte, tief gefältelt-gefurcht, sonst kahl. Lamellen bei Reife recht ent-fernt, eine Nabe um den Stiel bildend, nicht eigentlich zerfließend. Stiel weiß. – Sehr häufig, besonders in Rasen, verwelkt oft im Laufe des Vormittags.

Dattelbrauner Tintling (Coprinus hansenii). *Dattelbraun, gefurcht, meist in Büscheln.* Hut 1–2 cm hoch, dattelbraun mit dunklerer Mitte, dicht gefurcht-gefältelt, sonst kahl. Lamellen schmal, blaßbraun-schwarzbraun, recht gedrängt, schwach zerfließend. Stiel schwach bräunlich. – Auf Komposthaufen. Selten.

Schneeweißer Tintling (Coprinus niveus). *Kreideweiß, auf Hut und Stiel dicht mehlig.* Hut 1–3 cm hoch, eiförmig, später glockenförmig, von einer mehligen Schicht weißer, kugelförmiger Zellen dicht bedeckt. Lamellen allmählich schwarz und mit dem Hut zerfließend. Stiel recht dick. – Auf Mist. Verbreitet.

Rauhsporiger Tintling (Coprinus silvaticus). *Dattelbraun, gefurcht-kahl, büsche-lig.* Hut 1–3 cm hoch, eiförmig, allmählich schirmförmig ausgebreitet, tief ge-furcht-kahl, blaßbraun bis dattelbraun. Lamellen gedrängt, blaßbraun, all-mählich fast schwarz, mit dem Hut zerfließend. Stiel schwach bräunlich, glatt, unter der Lupe fein haarig. Sporen warzig. – Büschelig wachsend auf lehmigem Boden in Wäldern. Stellenweise. (C. tardus).

Haus-Tintling (Coprinus domesticus). *Körnig-schuppig, lederartig verwelkend.* Hut 1–2 cm hoch, eiförmig, dann ausgebreitet, mit gelblicher Filzschicht, die sich in Körnchenschuppen über graufarbenem, gefurchtem Grund auflöst. Lamellen dunkelbraun. Stiel blaß, unten leicht knollig-schuppig. Der Hut verwelkt oft bei Reife. – Auf Holz, im Waldboden, auch auf feuchten Brettern. Stellenweise.

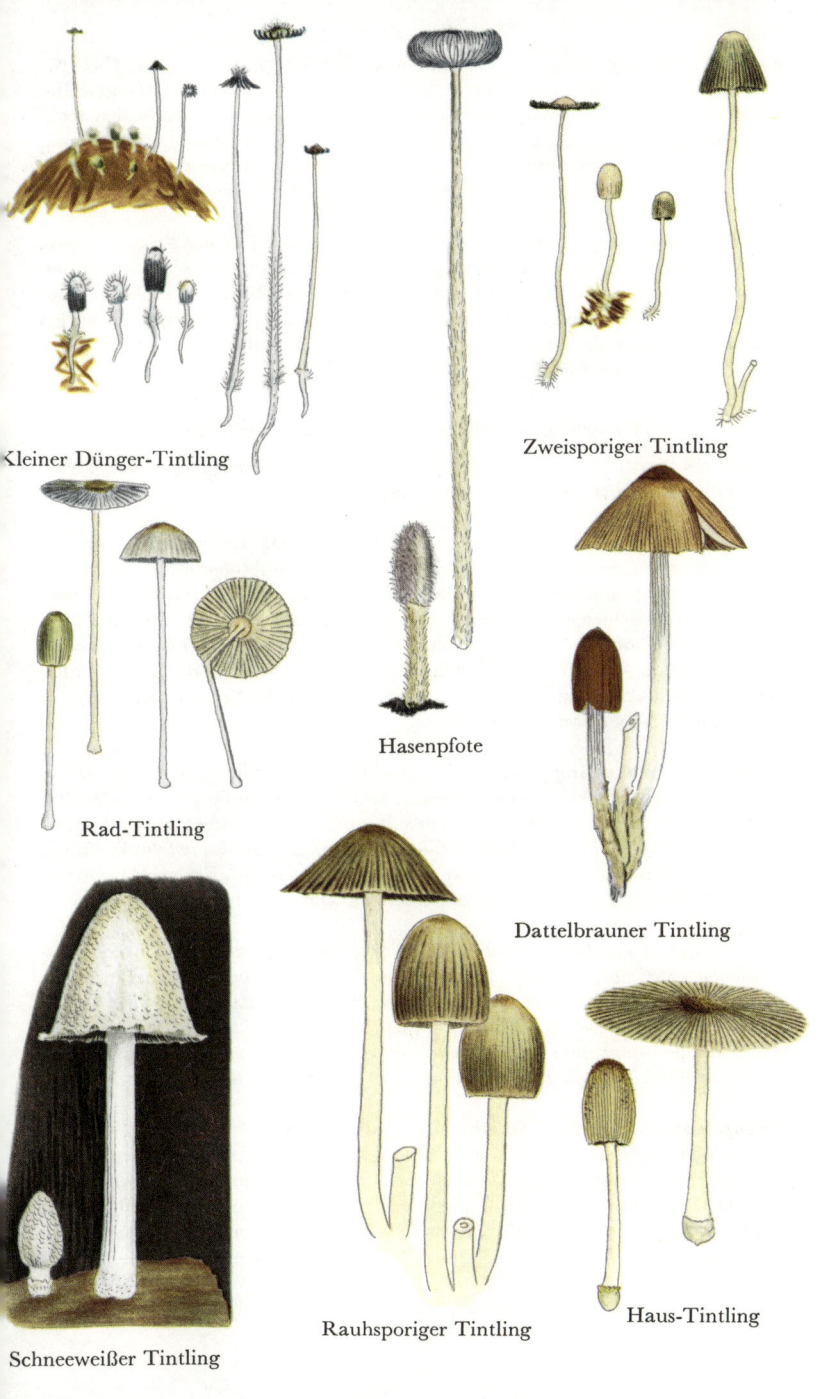

Kleiner Dünger-Tintling

Zweisporiger Tintling

Rad-Tintling

Hasenpfote

Dattelbrauner Tintling

Schneeweißer Tintling

Rauhsporiger Tintling

Haus-Tintling

Rasiger Tintling (Coprinus disseminatus, Pseudocoprinus, Psathyrella). *Gefurcht-kahl, Lamellen graubraun, nicht zerfließend.* Hut 0,5 cm hoch, eiförmig-gewölbt, lehmfarben-gelblich, allmählich dunkler, tief grubig- gefurcht. Lamellen recht breit, anfangs blaß, später bis dunkelbraun, nicht zerfließend. Stiel dünn, oft krumm, unter der Lupe fein haarig. – Büschelig wachsend, besonders an morschen Laubholzstümpfen auf feuchtem Boden. Sehr häufig schon ab Mai.

Glimmer-Tintling (Coprinus micaceus). *Gefurcht-kahl, jung mit Kristallschuppen.* Hut 1–3 cm hoch, eiförmig, dann gewölbt ausgebreitet, tief gefurcht, dattelbraun bis schmutziggelbbraun, jung von gelblich-kristallartigen Glimmerschuppen bedeckt, ältere Exemplare nur schwach und zerstreut körnig. Lamellen allmählich schmutzig dunkelbraun, nicht eigentlich zerfließend. – Sehr allgemein schon ab Mai. *Eßbar.*

Faserling, Zärtling - Psathyrella, Psathyra

Hut gewölbt, meist bräunlich, Lamellen und Sporen bei Reife dunkel purpurbraun. Fleisch brüchig. Mehrere Arten mit Schleier sind früher zu den Hypholomen gerechnet worden.

Saumpilz (Psathyrella lacrymabunda, Hypholoma, Lacrymaria). *Faserig, schmutziggolden, Lamellen mit Tropfen.* Hut 1–8 cm, gewölbt-gebuckelt, faserig bis faserig-schuppig, golden rotbraun bis schmutzig-braungelb mit blaßgelbem, faserigem Randschleier. Lamellen dunkelbraun bis schwarz mit weißem Rand, jung oft mit Tropfen. Stiel etwas blasser als der Hut, kräftig bis zart gebaut, faserig-schuppig oder nur fein faserig. Fleisch blaßbraun. – Recht verbreitet, besonders auf feuchtem Humusboden an Waldwegen. Sehr veränderlich in Größe und Farbe. *Eßbar, gilt als gut.*

Behangener Faserling (Psathyrella candolleana, Hypholoma). *Blaß mit gezacktem Randschleier und schmalen Lamellen.* Hut 2–6 cm, anfangs hoch gewölbt, später ausgebreitet, blaßgelb bis milchweiß, jung mit schwachen Hautschuppen über dem Hut Lamellen gedrängt, anfangs weiß, später graulila, reif dunkelbraun, Stiel weiß, dünn. Fleisch sehr brüchig. – Büschelig besonders an morschen Stümpfen auf feuchtem Boden. Häufig, besonders im Mai–Juli. *Eßbar.*

Wässeriger Faserling (Psathyrella hydrophilum, Hypholoma). *Blaßbraundattelbraun, Stiel hell, büschelig.* Hut 2–6 cm, flach gewölbt, glatt mit dichtem, spinnwebigem Randschleier, jung und älter in feuchtem Zustand dunkel dattelbraun, trocknend von der Mitte aus blaß lehmfarben. Lamellen fleischbraun, später dunkelbraun, schmal und gedrängt. Stiel weiß, fast glatt mit schwacher Ringzone. Fleisch brüchig, im Stiel hohl. – An Laubholzstümpfen. Häufig. *Wertlos.*

Graubrauner Zärtling (Psathyrella spadiceo-grisea). *Dattelbraun, bleichend grau lederfarben, kahl.* Hut 3–6 cm, anfangs kegelförmig, später ausgebreitet-gebuckelt, glatt oder schwach gerunzelt, feucht dattelbraun, austrocknend graulederfarben, ohne Schleier. Lamellen recht breit, anfangs blaß, später dunkel braunviolett mit weißem Rand. Stiel weiß, glatt, meist recht lang. – In Laubwäldern auf Humus und Blättern. Mai–Juni. Verbreitet. *Eßbar.*

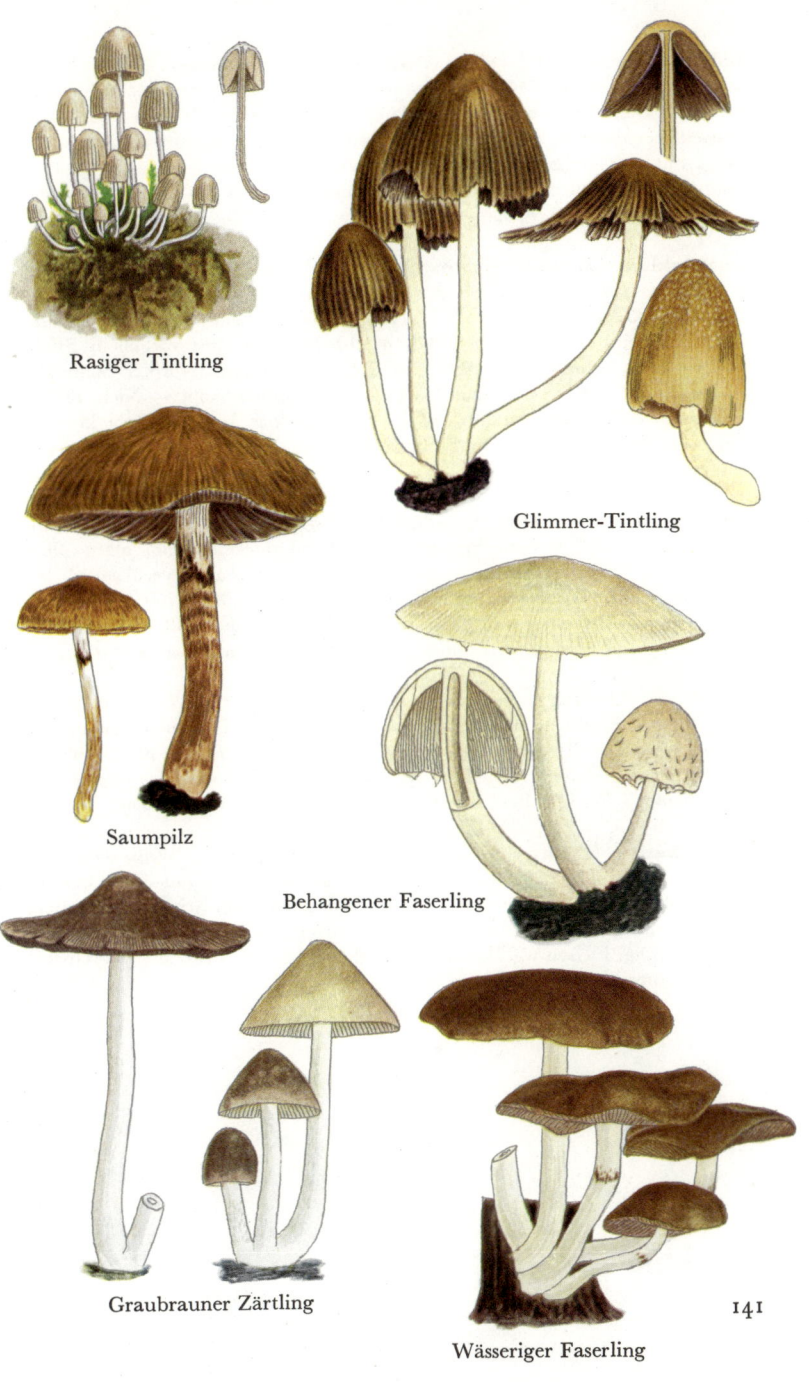

Rasiger Tintling

Glimmer-Tintling

Saumpilz

Behangener Faserling

Graubrauner Zärtling

Wässeriger Faserling

Schokoladenbrauner Faserling (Psathyrella spadicea, Psilocybe). *Dattelbraun-lehmfarben, ohne Schleier, büschelig wachsend.* Hut 2–6 cm, gewölbt-abgeflacht, schmutzig-dattelbraun, beim Austrocknen bis lehmfarben, braun oder sogar grau-weiß verblassend, ungerieft, glatt, ohne Schleier. Lamellen recht schmal, anfangs mit fleischfarbigem Stich, später schmutzigbraun. Stiel weiß, glatt. – Meist in dichten Büscheln an Stümpfen oder lebenden Bäumen. Vereinzelt, besonders spät im Jahr. *Eßbar.*

Rotschneidiger Zärtling (Psathyrella gracilis). *Gerieft-gerunzelt, Lamellen mit roter Schneide.* Hut 1–3 cm, hoch gewölbt, bis breit gebuckelt-ausgebreitet, gerieft am Rand, ohne Schleier, oft etwas gerunzelt, schmutzig-dunkelbraun, graubraun, beim Trocknen bis blaß grau-lederfarben mit rötlichem Stich. Lamellen breit, schmutzig dunkel grauviolett mit deutlicher roter Schneide. Stiel blaß, glatt, meist etwas haarig-wurzelnd. Fleisch brüchig. – Nicht selten, besonders in Laubwald im Laub und Zweigen. *Wertlos.* Viele ähnliche kleinere Psathyrella-Arten, die sich ohne mikroskopische Untersuchung nur schwer bestimmen lassen.

Kegeliger Zärtling (Psathyrella subatrata). *Kegelförmig, dattelbraun, langgestielt.* Hut 1–4 cm, anfangs eichelförmig, später kegel-glockenförmig, glatt, ohne Schleier, dattelbraun, allmählich dunkel lehmfarben braun, verblassend bei Austrocknung und dann mehlig matt. Lamellen ziemlich breit, allmählich dunkel braunviolett. Stiel sehr lang, gerade und schlank, weiß. – Verbreitet, besonders in Laubwald auf Erdboden, spät im Jahr, oft in Scharen. *Wertlos.*

Büscheliger Zärtling (Psathyrella stipatissima). *Dicht büschelig, langstielig.* Hut 1,5–3 cm, gewölbt, am Rand gerieft, lehmbraun, beim Trocknen verblassend, ohne Schleier. Lamellen gedrängt, schmutzig purpurbraun. Stiel blaß, schlank. Dichte Büschel bildend, die Stiele entspringen einer gemeinsamen wurzelartigen Verlängerung. – Recht selten, meist in Grünflächen in Parks. *Wertlos.*

Medusenhaupt (Psathyrella caput-medusae, Stropharia). *Weiß, bräunlich-wollschuppig, Ring abstehend.* Hut 3–7 cm, flach gewölbt, weiß mit dattelbrauner Mitte und braunen Haarschuppen. Lamellen dunkelbraun. Stiel ziemlich dick, oben weiß und glatt mit abstehendem Doppelring, unter dem Ring bräunlich krummschuppig. Fleisch weißlich mit süßlichem Geruch. – Büschelig wachsend an Nadelbaumstümpfen. Selten. *Wertlos.*

Schokoladenbrauner Faserling

Rotschneidiger Zärtling

Büscheliger Zärtling

Kegeliger Zärtling

Medusenhaupt

Düngerling – Panaeolus

Heu-Düngerling (Panaeolus foenisecii, Psilocybe). *Graubraun mit rötlichviolettem Stich.* Hut 1–2 cm, niedrig glockenförmig bis breit gewölbt, anfangs matt braun, später braun-grau, beim Austrocknen von der Mitte her grauviolett, glatt ohne Schleier. Lamellen ziemlich breit, grauartig mit schwach fleischfarbigem Schein, etwas marmoriert, zuletzt schmutzig schwarzbraun. Stiel leicht geschwungen, mit etwas Hutfarbe. – In Gras. Sehr häufig. *Wertlos.*

Langstieliger Düngerling (Panaeolus acuminatus). *Dattelbraun, glocken-kegelförmig, Stiel lang.* Hut 1–2 cm, hoch glocken-kegelförmig, glänzend dattelbraun, von der Spitze aus allmählich heller, glatt, ohne Schleier. Lamellen mit weißgezähnter Schneide, grau marmoriert, allmählich fast schwarz. Stiel lang und aufrecht, häufig gleichfarben wie Hut, aber heller, jung oben von Tropfen bedeckt. – Recht häufig auf altem Mist oder in Gras. P. campanulatus, der **Glocken-Düngerling,** ist heller, mit Randschleier. Auf Mist.

Ring-Düngerling (Panaeolus semiovatus, separatus). *Lehmgrau, schmierig, mit Ring.* Hut 1–6 cm, eiförmig-hoch gewölbt, bei feuchtem Wetter schleimig, glatt, blaß lehmbraun. Lamellen breit, grauartig marmoriert, zuletzt schwarz. Stiel aufrecht, recht kräftig bis schlank mit deutlich abstehendem, hautartigem Ring. – Recht häufig auf Mist und gedüngtem Boden, meist Frühjahr und Sommer.

Träuschling – Stropharia

Halbkugeliger Träuschling (Stropharia semiglobata). *Strohgelb, schleimig, mit Ring.* Hut 1–4 cm, halbkugelförmig-gewölbt, glatt, schleimig. Lamellen breit, blaß, dann schokoladenbraun. Stiel aufrecht, glatt, schleimig unter dem Ring. – Häufig, auf Mist.

Krönchen-Träuschling (Stropharia coronilla). *Flach gewölbt, dickfleischig, Ring abstehend.* Hut 1–3 cm, flach gewölbt, blaß strohgelb, feucht glatt und schleimig. Lamellen breit, fleischfarben-schokoladenfarben, später dunkel. Stiel weiß, kräftig und kurz mit abstehendem, gerieftem Ring. – Verbreitet, aber nicht häufig, besonders in Rasen und Wiesen. *Eßbar.*

Grünspan-Träuschling (Stropharia aeruginosa). *Verblassend, schleimig, Stiel weißschuppig.* Hut 2–8 cm, gewölbt-abgeflacht, stark schleimig, jung mit weißen ausgefransten Schuppen, allmählich kahl, grünspanig, verblassend bis gelblichgrün. Lamellen breit, blaß, bald schokoladenfarben. Stiel recht kräftig, glatt über dem mehr oder weniger deutlichen Ring, nach unten ausgefranst-schuppig, blasser als der Hut. – Häufig, an Wegrändern im Wald oder um Stümpfe. *Eßbar.*

Üppiger Träuschling (Stropharia hornemannii, depilata). *Groß, schleimig, Ring fleischig.* Hut 4–10 cm, gewölbt-abgeflacht, glatt und schleimig, strohgelb-kastanienbraun, jung oft mit violettem Schimmer. Lamellen breit, blaß, später rauchgrauviolett. Stiel weißlich-strohgelb, kräftig, mit losem, fleischigem Ring, unter dem Ring mit spitzen, weißen, filzigen, abfallenden Schuppen. Geruch unangenehm. – In Nadelwäldern. Sehr selten. *Giftig.*

Heu-Düngerling

Ring-Düngerling

Langstieliger Düngerling

Üppiger Träuschling

Krönchen-Träuschling

Halbkugeliger Träuschling

Grünspan-Träuschling

Schwefelkopf – Hypholoma, Naematoloma

Rötlicher bis schwefelgelber Hut, Lamellen jung gelblich, später von den Sporen purpurschwarz, Stiel meist gelb.

Schuppiger Schwefelkopf (Hypholoma squamosum, Stropharia). *Strohgelbfeuerfarben, krummschuppig, mit Ring.* Hut 2–5 cm, gewölbt, abgeflacht mit zerstreuten dreieckigen braunen Schuppen auf strohgelbem bis dunkel feuerfarbenem Grund. Lamellen anfangs gelb, später gelblich-grauviolett bis schokoladenfarben. Stiel schlank, meist verbogen mit abstehendem, gerieftem Ring, unter dem Ring schuppig, gelb. – Besonders in Laubwald, in Laub. Verbreitet.

Rauchblättriger Schwefelkopf (Hypholoma capnoides). *Blaß ockergelb, Lamellen anfangs blaßgelb, mild, auf Nadelholz.* Hut 2–6 cm, flach gewölbt-gebuckelt, schwefel-ockergelb mit blaß braungelber Mitte, schwach klebrig. Lamellen blaßgelb, allmählich grau-violett bis schokoladenfarben. Stiel schlank, jung glatt mit schwachen Schleierresten. Fleisch blaßgelb, mild. – Büschelig. Häufig. *Eßbar.*

Grünblättriger Schwefelkopf (Hypholoma fasciculare). *Schwefelgelb, Lamellen gelbgrün, bitter.* Hut 3–7 cm, flach gewölbt-gebuckelt, schwefelgelb mit braungelber Mitte, der Rand oft mit Schleierresten. Lamellen gedrängt, schmal, anfangs schwefelgelb, später olivgrün, zuletzt schokoladenbraun. Stiel schlank, mit Schleierresten, gleichfarben wie Hut, nach unten schmutzigbraun. Fleisch gelb, bitter. – In Büscheln auf Laub- und Nadelholz. Sehr häufig. *Giftig.*

Ziegelroter Schwefelkopf (Hypholoma sublateritium). *Ziegelrot, junge Lamellen lehmgelb.* Hut 3–8 cm, gewölbt-ausgebreitet, schwach klebrig-trocken, glatt, in der Mitte ziegelrot, randwärts rotgelblich. Lamellen mittelbreit, anfangs blaß lehmfarben, allmählich purpurschwarz. Stiel recht kräftig mit etwas Hutfarbe, trocken, schwach faserig, mit Ringzone. Fleisch blaß lehmgelb, fast ohne Geschmack. – Büschelig wachsend auf Laubholzstümpfen. *Eßbar.*

Wurzelnder Schwefelkopf (Hypholoma radicosum). *Ockerbraungrau, klebrig, Stiel wurzelnd.* Hut 4–8 cm, gewölbt bis ausgebreitet-gebuckelt, ockerbraungrau bis gelblich lederfarben, klebrig, Rand weißbereift, lange Zeit eingerollt. Lamellen anfangs blaß, später grauviolett, zuletzt dunkelbraun. Stiel recht lang, kräftig, mit schwacher Ringzone, darunter gezont von angedrückten, feinen braunen Schuppen auf blassem Grund. Fleisch blaßgelb, in der wurzelartigen Verlängerung des Stieles rostbraun, bitter. – An Nadelholzstümpfen. Selten.

Einsiedler-Schwefelkopf (Hypholoma dispersum). *Braungelb, Stiel graubraun, seidiggestreift.* Hut 2–6 cm, bald flach-ausgebreitet-gebuckelt, matt gelbbraun, Rand heller, gelblich. Lamellen blaßgelb, allmählich dunkel. Stiel schlank, zäh, graubraun mit Seidenfasern, unten dunkelbraun. Fleisch dunkel rostbraun, sehr bitter. - Einzeln, aber oft in Scharen an Stümpfen. Verbreitet. *Ungenießbar.*

Moor-Schwefelkopf (Hypholoma udum, Psilocybe). *Gelblich-rotbraun, Lamellen oliv, Stiel braun.* Hut 1–2 cm, flach-gewölbt-gebuckelt, dunkel lehmfarben bis rotbraun, etwas klebrig, glatt. Lamellen anfangs blaßgelb, dann oliv bis schokoladenbraun. Stiel sehr schlank, Farbe wie Hut. – Kurzgestielte Formen auf Torferde, langgestielte in Sphagnum. H. elongatum blaßgelbe Moosform. Verbreitet.

appiger Schwefelkopf

Rauchblättriger
Schwefelkopf

Grünblättriger Schwefelkopf

rzelnder Schwefelkopf

Moor-Schwefelkopf

Ziegelroter Schwefelkopf

Einsiedler-Schwefelkopf

Kahlkopf, Kugelkopf – Psilocybe

Klein, dunkelsporig, mit schmierigem Hut, fast ohne Schleier, auf Boden oder Mist.

Mist-Kahlkopf (Psilocybe coprophila). *Halbkugelförmig, dunkelbraun-glänzend, dunkle Sporen, auf Mist.* Hut 1–2 cm, halbkugelförmig, glänzend nußbraun bis dunkelbraun mit abziehbarer, klebriger Oberhaut. Lamellen sehr breit, graubraun, später fast schwarz mit weißlichem Rand. Stiel besonders im oberen Teil heller als der Hut, oft gekrümmt. Schwacher Mehlgeschmack. – Auf Mist oder stark gedüngtem Boden. Häufig. *Wertlos.*

Trockener Kugelkopf (Psilocybe atrorufa). *Rotbraun, Rand gerieft und klebrig, dünn gestielt, zwischen Flechten und Moos.* Hut 0,5–2 cm, halbkugelförmig oder schwach gebuckelt-ausgebreitet, in feuchtem Zustand schwach klebrig, kastanienbraun mit kurzen Riefen am Rand, in trockenem Zustand graubraun. Lamellen recht entfernt und breit, graubraun, später purpurbraun. Stiel schlank, dunkelbraun, oben blasser, fein faserig. Schwacher Mehlgeruch. – Nicht selten. Zwischen Becherflechten und Moos auf Sandboden. *Wertlos.*

Spitzkegeliger Kahlkopf (Psilocybe semilanceata). *Kegel-glockenförmig mit papillenartiger Spitze.* Hut 0,5–1 cm breit, bis 2 cm hoch, lehmfarben mit olivgrünem Stich, klebrig. Lamellen breit, oliv-lehmfarben, später purpurbraun. Stiel schlank, glänzend. – Gedüngte Wiesen, Wegränder. Stellenweise. *Leicht giftig.*

Schüppling – Pholiota

Braunsporige, mittelgroße Pilze, die meisten mit Ring und Schuppen.

Pappel-Schüppling (Pholiota destruens). *Grobschuppig, groß und blaßbraun, auf Pappel.* Hut 6–15 cm, breit gewölbt bis gebuckelt-ausgebreitet, von der Mitte aus jedoch besonders gegen den Rand von weißen, wollig-ausgefransten Schuppen auf blaßbraunem Grund bedeckt, Rand lange Zeit eingerollt. Lamellen blaß, später tabakbraun. Stiel kurz, dick und krumm mit Schuppen wie der Hut. Fleisch dick, zäh und weiß, rostbraun in Stielbasis, Geruch süßlich-aromatisch, Geschmack etwas bitter. – Auf Pappelstümpfen. Selten. *Wertlos.*

Feuer-Schüppling (Pholiota flammans). *Feuerfarben und trocken, mit krummen spitzen Schuppen auf Hut und Stiel.* Hut 2–6 cm, flach gewölbt, feuerfarben- löwengelb (oft heller als die Abbildung) mit dreieckigen, spitzen, schwefelgelben Schuppen; trocken selbst bei feuchtem Wetter. Stiel oft krumm, gelb und krummschuppig wie der Hut. Fleisch gelb. – Auf vermodernden Stämmen und Stümpfen von Nadelhölzern. Recht selten. *Wertlos.*

Sparriger Schüppling (Pholiota squarrosa). *Büschelig, Hut und Stiel trocken mit krummen, braunen Schuppen.* Hut 3–8 cm, gewölbt, trocken, Huthaut strohgelb, von krummen, matt nußbraunen Schuppen dicht bedeckt. Lamellen strohgelb, später olivbraun, herablaufend. Stiel mit Zonen von krummen Schuppen unter dem ausgefransten Ring. Fleisch zäh, weißgelb, dunkler in Stielbasis. – Büschelig am Fuß von Laubbäumen. Recht häufig. *Wertlos, vielleicht etwas giftig.*

Trockener Kugelkopf

Spitzkegeliger Kahlkopf

Mist-Kahlkopf

Feuer-Schüppling

Pappel-Schüppling

Sparriger Schüppling

Erlen-Schüppling (Pholiota alnicola, Flammula). *Zitronengelb, glatt, klebrig.* Hut 2–6 cm, gewölbt-abgeflacht, schleimig-klebrig, jung mit wenigen Schleierschuppen auf dem Rand, glänzend zitronengelb. Lamellen schmal, anfangs blaßgelb, später lehmfarben-zimtbraun. Stiel meist sehr krumm, oben blaßgelb, nach unten rostbraun, anfangs mit schwacher Ringzone und feinen braunen Faserschuppen, trocken. Fleisch blaß zitronengelb, rostbraun in Stielbasis, bitter. – In Büscheln oder einzeln auf Erlenstümpfen. Stellenweise. *Ungenießbar.* Nahestehende, nicht bittere Art, P. apicrea, auf anderen Laubbäumen. (Birke).

Tonweißer Schüppling (Pholiota lenta, Flammula). *Lehmfarben, stark schleimig, Stiel blaß, schuppig.* Hut 3–8 cm, gewölbt-abgeflacht, anfangs mit blassen Faserschuppen, lehmfarben. Lamellen blaß grauweiß, allmählich dunkel lehmfarben bis olivbraun, ziemlich breit. Stiel oben blasser als der Hut, unten etwas bräunlich angelaufen, mit weißen Faserschuppen dicht bedeckt. Fleisch ziemlich dick, weiß, in Stielbasis braun, Geruch und Geschmack schwach rettichartig. – Stellenweise nicht selten, besonders in tiefem Buchenlaub. *Wertlos.*

Schleimiger Schüppling (Pholiota adiposa). *Goldbraun, Hut und Stiel schleimschuppig.* Hut 5–10 cm, gewölbt-ausgebreitet, stark glänzend-schleimig mit zerstreuten, dunkelbraunen, dreieckigen Schuppen auf goldbraunem bis lebhaft strohgelbem Grund. Lamellen ziemlich breit, oliv-gelb, später zimtbraun. Stiel blaßgelb und glatt, oben mit zottigem, faserigem Ring, unter dem Ring mit groben, schleimigen Schuppen, dunkler braun. Fleisch blaßgelb im Hut, rostbraun gegen den Grund des Stieles, zäh. – Büschelig, besonders am Fuß von Buchenstämmen oder auf frischen Stümpfen. Stellenweise, nicht häufig. *Eßbar.*

Goldfell-Schüppling, Hochthronender Schüppling (Pholiota aurivella). *Goldbraun, klebrig, Stiel faserig-trocken.* Hut 5–12 cm, gewölbt-ausgebreitet mit angedrückten braunen Schuppen, klebrig, nur in gut feuchtem Zustand schleimig, goldbraun. Lamellen blaß olivgelb, allmählich dunkler zimtbraun. Stiel krumm, meist kurz, trocken, etwas faserig-schuppig unter einem schwachen, anfangs hautartigen Ring. Fleisch blaßgelb, in Stielbasis bräunlich, zäh. – Einzeln oder in Büscheln hochsitzend in Astlöchern auf Laubbäumen. Selten. *Eßbar*

Fettiger Schüppling (Pholiota lucifera). *Schleimig, zerstreut schuppig, Stiel trocken.* Hut 4–6 cm, gewölbt-ausgebreitet, klebrig-schleimig mit schwachen Schuppen. Lamellen schmal und gedrängt. Stiel trocken, faserig, mit schuppigem Ring. Fleisch bitter. – Selten, meist auf vergrabenen Laubholzzweigen.

Safranroter Schüppling (Pholiota astragalina, Flammula). *Safranrot mit gelbem Rand, klebrig, Stiel feinschuppig.* Hut 2–5 cm, abgeflacht, glatt, klebrig, in der Mitte glänzend safranrot, randwärts gelb. Lamellen schmal, anfangs blaßgelb, später zimtbraun. Stiel blaßgelb, unten fein filzig-schuppig, später rostbraun. Fleisch zäh, bitter, unter der Huthaut safrangelb, sonst blaß, Stielbasis rostbraun. – In Büscheln oder einzeln auf Nadelholzstümpfen. Selten. *Ungenießbar.*

Kohlen-Schüppling (Pholiota carbonaria, Flammula). *Klebrig, gelbbraun, auf Holzkohle.* Hut 1–3 cm, schleimig, braungelb, randwärts strohgelb. Lamellen gelblich zimtbraun. Stiel blaßgelb, unten bräunlich. – Brandstellen. Nicht selten.

Erlen-Schüppling

Tonweißer Schüppling

Safranroter Schüppling

Fettiger Schüppling

Schleimiger Schüppling

Kohlen-Schüppling

Goldfell-Schüppling

Stockschwämmchen (Pholiota mutabilis, Kuehneromyces). *Dattelbraun, beim Trockenwerden lederbraun, bald kahl.* Hut 3–6 cm, abgeflacht, junge Knospe schuppig, bald kahl, dattelbraun, beim Trockenwerden von der Mitte aus honiggelb-lederbraun. Lamellen anfangs blaß, später schmutzig zimtfarben. Stiel mit hautartigem Ring, meist schuppig, blaßbraun, nach unten dunkel. – Büschelig auf Stümpfen. Sehr häufig ab Mai. *Eßbar und gut.*

Samthäubchen – Conocybe, Galera

Roststieliges Samthäubchen (Conocybe tenera). *Matt ockerbraun, kegelförmig, Stiel schlank, gerieft.* Hut 1–3 cm, kegel-glockenförmig, glatt, matt, ocker-lehmbraun, beim Trockenwerden lehmgrau. Lamellen recht schmal, zimtfarben. Stiel sehr schlank, brüchig und steif, braun, fein längsgerieft, oben bereift, unten mit schwacher Knolle. Fleisch brüchig. – Häufig, zwischen Gras.

Milchweißes Samthäubchen (Conocybe lactea). *Hoch kegelförmig, milchweiß, Lamellen zimtbraun.* Hut 1–3 cm, hoch kegelförmig, glatt, matt milchweiß bis sahnefarben. Lamellen schmal, lebhaft zimtbraun. Stiel hoch und schlank, weiß, oben fein flockig, mit abgerundeter Knolle. Fleisch brüchig und dünn. – Stellenweise an Wegrändern im Gras.

Gold-Mistpilz (Bolbitius vitellinus). *Eigelb, schleimig, Lamellen blaß zimtbraun, schmal.* Hut 1–5 cm, anfangs glockenförmig, bald ausgebreitet, gefaltet-gefurcht am Rand, glatt, anfangs ausgeprägt schleimig, eigelb, verblassend bis strohgelb. Stiel strohgelb-weißlich, fein kleiig bis kahl. Fleisch brüchig und dünn. – Auf altem Mist, Sägemehl, modrigem Stroh und dergleichen. Verbreitet.

Ackerling – Agrocybe, Pholiota

Rissiger Ackerling (Agrocybe dura). *Milchweiß, trocken, rissig, Ring ausgefranst.* Hut 3–7 cm, gewölbt-flach, glatt mehlig oder matt glänzend, oft rautenförmig rissig, Rand mit Schleierresten. Lamellen breit, weiß, später grauviolett bis dunkel lehmbraun. Stiel weiß, mit ausgefranstem hautartigem Ring. Fleisch weiß, mit Mehlgeruch. – Stellenweise, an Wegrändern. Juni-Juli. *Eßbar.*

Voreilender Ackerling (Agrocybe praecox). *Matt lehmbraun, Stiel kräftig mit hautartigem Ring.* Hut 3–7 cm, flach gewölbt, glatt, mehlig-matt, lehmbraun. Lamellen breit, anfangs blaß, später grauviolett bis dunkel lehmbraun. Stiel blaß mit hochsitzendem, abstehendem Ring. Fleisch mit Mehlgeschmack. – Wälder, Gebüsch, Felder, meist im Mai-Juni. Häufig. *Eßbar.*

Moor-Ackerling (Agrocybe paludosa). *Dunkel lehmbraun, dünngestielt,* sonst wie eine schlanke Form von A. praecox. – In Rohrsumpf und auf Wiesen. Häufig.

Leberbrauner Ackerling (Agrocybe erebia). *Erdbraun, etwas schmierig, mit weißem, hautartigem Ring.* Hut 3–6 cm, gewölbt, glatt, dunkel erdbraun, trocken matt lehmgrau-braun. Lamellen blaß, zuletzt matt dunkelbraun. Stiel kräftig, blaß, oben gerieft, mit hochsitzendem, schmutzigweißem, hautartigem, gefurchtem Ring. Fleisch graublaß, dick. – Stellenweise auf feuchtem Humus. *Eßbar.*

Roststieliges
Samthäubchen

Milchweißes Samthäubchen

Voreilender Ackerling

Gold-Mistpilz

Stockschwämmchen

Rissiger Ackerling   Moor-Ackerling   Leberbrauner Ackerling

153

Rißpilz, Wirrkopf – Inocybe

Hut faserig oder schuppig, Lamellen bei Reife erdbraun von den Sporen, meist ohne deutlichen Schleier und oft mit charakteristischem, erdartig-spermatischem oder obstartigem Geruch. Viele Arten sind giftig. Eine große Gattung mittelgroßer bis kleiner, bodenbewohnender Formen.

Grünscheiteliger Rißpilz (Inocybe corydalina). *Niedrig kegelförmig, weißlich lehmfarben.* Hut 3–6 cm, niedrig kegelförmig ausgebreitet, besonders gegen den Rand angedrückt-faserig, Buckel glatt und etwas schmierig, weiß, allmählich grauweiß lehmfarben. Lamellen anfangs blaß, später blaß erdbraun. Stiel kurz und kräftig, blaß lehmgrau, etwas faserig, ohne eigentliche Knolle. Fleisch dick, weiß, Geruch süßlich-widerlich. Der Buckel kann bisweilen etwas schuppig und grüngrau sein, während nahestehende Formen mehr blaßbraun mit rötendem Fleisch sind. – Stellenweise in Laubwald. *Wertlos.*

Flockiger Rißpilz (Inocybe flocculosa). *Mausbraungrau, filzig-faserig, Stiel blaß.* Hut 2–4 cm, glockenförmig-gewölbt-gebuckelt, dicht filzig-faserig, Rand mit feinem Spinngewebeschleier. Lamellen schmutzig erdbraun. Stiel etwas heller, fast glatt mit schwachen Schleierresten. Geruch schwach spermatisch. – Stellenweise, besonders auf feuchtem Waldhumus. Viele ähnliche Arten. *Giftig.*

Gemeiner Wirrkopf (Inocybe lacera). *Olivgraubraun, faserig-schuppig, Lamellen entfernt.* Hut 2–4 cm, gewölbt-gebuckelt, dicht schuppig-faserig, matt braun, am Rand mit olivgelblichem Schein. Lamellen breit, entfernt, anfangs hell olivgrau, später schmutzig olivbraun. Stiel meist kurz, nach unten verjüngt, faserig, gleichfarben wie Hut. Fleisch im Stiel rostbraun. – Recht häufig, besonders auf feuchtem, sandigem Boden in Nadelwald, Heide und Düne. *Giftig.*

Erdblättriger Rißpilz (Inocybe geophylla). *Angedrückt-faserig, weiß oder lila, Lamellen schmutzig graubraun.* Hut 1–4 cm, gewölbt, später ausgebreitet-gebuckelt, etwas seidigglänzend, angedrückt-faserig, weiß oder violett, seltener ziegelrot. Lamellen recht schmal, anfangs weiß, später schmutzig graubraun. Stiel schlank und glatt. Fleisch dünn mit spermatischem Geruch. – Sehr häufig, besonders auf feuchtem Boden längs Waldwegen. In der Abbildung rechts die sehr allgemeine, fast rein weiße Form. *Giftig.*

Lilagrauer Rißpilz (Inocybe griseo-lilacina). *Faserig-schuppig, Stiel blaßlila.* Hut 1–3 cm, gewölbt, faserig oder etwas wollartig schuppig, blaß gräulichbraun mit oder ohne lila Stich. Lamellen anfangs blaßlila, bald schmutzigbraun. Stiel mit weißlichen Fasern auf blassem, lila Grund. – Recht verbreitet auf Humus in feuchten Gebüschen. *Giftig.*

Rötender Rißpilz (Inocybe pudica). *Weiß, rosa-ziegelrot anlaufend, Stiel dick.* Hut 2–5 cm, gewölbt-gebuckelt, anfangs seidigweiß, bald schmutzig-rosa oder blaß ziegelrot anlaufend, allmählich auch etwas faserig. Lamellen anfangs blaß lehmfarben, später schmutzigbraun mit ziegelrotem Schein. Stiel weiß, bald rötlich anlaufend, meist recht kräftig und unten etwas angeschwollen. – In Wäldern auf Humus. Selten. *Wertlos.*

Grünscheiteliger Rißpilz

Flockiger Rißpilz

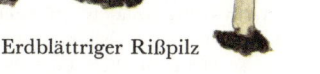

Erdblättriger Rißpilz

Rötender Rißpilz

Lilagrauer Rißpilz

Gemeiner Wirrkopf

155

Gerandetknolliger Rißpilz (Inocybe praetervisa). *Dunkel strohgelb, Stiel blaß-gelb mit gerandeter Knolle.* Hut 2–4 cm, kegelförmig, später ausgebreitet-gebuckelt, angedrückt-faserig, dunkel strohgelb mit gelbbraunem Buckel. Lamellen blaß, später gelbbraun. Stiel schlank, blaßgelblich, fein gerieft mit weißer, gerandeter Knolle. Fleisch mit spermatischem Geruch. Sporen sternförmig. – Recht allgemein, besonders an Wegrändern in Laubwald. *Giftig.*

Strohgelber Rißpilz (Inocybe cookei). *Strohgelb, faserig, Knolle weiß, mit Rand.* Hut 2–4 cm, gewölbt-gebuckelt, angedrückt-faserig bis halb gegen die Mitte, strohgelb. Lamellen anfangs blaß, später lehmfarben. Stiel mit etwas Hutfarbe, aufrecht, unten mit weißer, gerandeter Knolle, glatt, Fleisch fest und weiß. – Nicht selten, besonders auf grasigen Waldwiesen und in Gebüsch. *Wertlos.*

Schuppenscheiteliger Rißpilz (Inocybe squamata). *Kegelförmig-gebuckelt, gelb-lichbraun, angedrückt-schuppig, Lamellen gelblich.* Hut 3–7 cm, kegelförmig bis ausgebreitet-gebuckelt mit oft unregelmäßig gespaltenem Rand, dunkelbraun angedrückt-faserig auf mattgelblichem Grund, der Buckel angedrückt dunkelbraun schuppig. Lamellen blaß olivgelb, später schmutzig olivbraun mit weißlichem Rand, recht breit. Stiel kurz und kräftig, faserig, blaß, später gelblichbraun. – Vereinzelt, besonders auf feuchtem, lehmigem Boden. *Vermutlich giftig.*

Kegeliger Rißpilz (Inocybe fastigiata). *Kegelförmig, faserig, Lamellen gelb.* Hut 2–5 cm, hoch bis flach kegelförmig, spitzgebuckelt, eingewachsen-faserig, am Rand oft etwas brüchig, strohgelb bis grau- oder bräunlichgelb. Lamellen schmal, blaß strohgelb, allmählich olivgelbbraun. Stiel etwas faserig, blaß, ohne Knolle. Fleisch ziemlich dünn, Geruch spermatisch. – Verbreitet in Wäldern. *Sehr giftig.*

Lange's Rißpilz (Inocybe langei). *Ockergelbbraun, faserig-schuppig, kurz-gestielt.* Hut 2–4 cm, abgeflacht-gebuckelt, anfangs angedrückt-faserig, allmählich unregelmäßig faserig-schuppig, besonders randwärts, anfangs strohgelb später ockerbraungelb. Lamellen anfangs blaß, später olivgelbbraun, ziemlich entfernt und breit. Stiel weißlich, kurz, meist ziemlich dick und festfleischig, oben schwach gerieft. Geruch schwach spermatisch. – Stellenweise, besonders auf feuchtem Humus in Laubwald. *Vermutlich giftig.*

Gelbblättriger Rißpilz (Inocybe dulcamara). *Matt gelbbraun, feinschuppig, Stiel bräunlich.* Hut 2–5 cm, abgeflacht, samtfilzig-feinschuppig, am Rand faserig, anfangs mit Spinngewebeschleier. Lamellen anfangs blaß olivgelb, allmählich zimtbraun, schmal. Stiel faserig, anfangs schmutziggelbblaß, später bräunlich. Fleisch blaßgelblich, im Stiel bräunlich. – Besonders auf Sandboden und Torferde in Wald und Heide. Häufig. *Wertlos.*

Duftender Rißpilz (Inocybe bongardii). *Blaßbraun-schuppig, Fleisch rötend, Birnengeruch.* Hut 3–6 cm, glockenförmig-gewölbt-gebuckelt, fein faserig-schuppig, schmutzigblaß bis nußbraun. Lamellen breit, anfangs weißlich, später zimtbraun. Stiel ziemlich lang, oft verbogen, etwas faserig, anfangs weiß, allmählich bräunlich-weinrot. Fleisch weißlich, im Schnitt bald möhrenfarben mit durchdringendem Birnenduft. – Auf Humus in Wäldern. Stellenweise. *Wertlos.*

Schuppenscheiteliger
Rißpilz

Strohgelber Rißpilz

erandetknolliger Rißpilz

Gelbblättriger Rißpilz

Lange's Rißpilz

Kegeliger Rißpilz

Duftender Rißpilz

Ziegelroter Rißpilz (Inocybe patouillardii). *Jung weiß, später schmutzigbraun, an Verletzungen und Druckstellen fleischfarben.* Hut 4–7 cm breit, glockenförmig, später ausgebreitet gebuckelt, am Rand gespalten, fein seidigfaserig, weiß, allmählich schmutzig braunblaß, bei Druck und Verletzung fleischfarben. Lamellen weiß, später lehmgrau, zuletzt olivgelblich. Stiel ziemlich dick, fast glatt, weiß mit etwas Hutfarbe. Fleisch weißlich, Geruch etwas parfümiert-herb. – In Wäldern und Parks auf Kalkboden. Mancherorts selten. *Tödlich giftig. Wurde verschiedentlich mit dem Maipilz oder weißen Egerling-Arten verwechselt!*

Weinroter Rißpilz (Inocybe jurana). *Graubraun-faserig mit weinrotem Stich.* Hut 3–7 cm breit, kegel-glockenförmig, später ausgebreitet-gebuckelt, mit weinrotgraubraunen Fasern dicht bedeckt, der Buckel angedrückt-schuppig. Lamellen weißgrau, dann graubraun. Stiel mit schwacher Knolle, weiß mit schmutzig weinrotem Anstrich. Fleisch mit weinrotem Stich, besonders im Buckel und in der Stielbasis. Geruch ziemlich schwach. – In Gebüsch und Zäunen auf Erdboden, oft mit dem Stiel tief in der Erde. Recht selten. *Vermutlich leicht giftig.*

Gefleckter Rißpilz (Inocybe maculata). *Hut dunkelbraun, faserig mit blassen Schuppen auf dem Scheitel.* Hut 3–7 cm breit, kegel-glockenförmig später mehr ausgebreitet und gebuckelt, faserig bis mehr grobfaserig, Fasern dunkelbraun, Buckel dunkel mit blaß lehmfarbigen Hautschuppen. Lamellen anfangs graublaß, später tabakbraun. Stiel gerieft-faserig, mit der Hutfarbe angelaufen. Fleisch weißlich, Geruch schwach aromatisch. – Nicht selten, besonders auf Erdboden längs Waldwegen. *Giftig.*

Rübenfüßiger Rißpilz (Inocybe napipes). *Spitzgebuckelt, kastanienbraun mit abgeflachter Stielknolle.* Hut 3–5 cm breit, kegelförmig, später ausgebreitet und spitz gebuckelt, anfangs fast glatt, später schwach faserig, kastanienbraun-tabakbraun. Lamellen weißlich blaß, später gelblichbraun. Stiel recht schlank mit deutlich abgeflachter Knolle ohne Rand, gleichfarben wie Hut, oben blasser. Sporen sternförmig. – Stellenweise nicht selten, besonders in Torfmooren unter Birke. *Sehr giftig.*

Sternsporiger Rißpilz (Inocybe asterospora). *Dunkelbraun und faserig, Stiel mit gerandeter, flacher Knolle.* Hut 3–6 cm breit, stumpf gebuckelt, dunkelbraun faserig auf blassem Grund. Lamellen weißlich, später braun. Stiel recht schlank, bräunlich mit kräftiger Knolle mit deutlich abgesetztem Rand. Fleisch im Hut blaß, im Stiel bräunlich. Sternförmige Sporen. – Nicht selten, in Parks und auf Humus an Waldwegen. *Giftig.*

Wolliger Wirrkopf (Inocybe lanuginosa). *Faserig-braunschuppig mit krummen kleinen Schuppen in der Mitte.* Hut 1–3 cm breit, braun-faserig, die Mitte dunkler mit gekrümmten Wollschuppen. Lamellen weißlich, später lehmfarben gelbbraun. Stiel kurz, dünn, oft gekrümmt, braunschuppig-faserig. Fleisch wässerig bräunlich, ohne Geruch. – In Wäldern und auf Heide, besonders auf Sandboden, aber auch auf Torf und Stümpfen. Nicht selten. *Giftig.*

Ziegelroter Rißpilz

Gefleckter Rißpilz

Rübenfüßiger Rißpilz

Wolliger Wirrkopf

Sternsporiger Rißpilz

Weinroter Rißpilz

Fälbling – Hebeloma

Hut weiß bis blaßbraun, etwas klebrig. Lamellen frei, von den Sporen schmutzigbraun. Stiel blaß, mit oder ohne Schleierreste. Auf Boden. Alle Arten als Speisepilze wertlos.

Tongrauer Fälbling (Hebeloma crustuliniforme). *Schmutzigweiß, ohne Schleier, Stiel kurz.* Hut 3–7 cm, gewölbt-ausgebreitet, glatt, schwach klebrig, mit eingerolltem, weißbereiftem Rand, gegen die Mitte meist schwach bräunlich getönt. Lamellen anfangs wässerig-grau, später erdbraun, oft mit Tropfen. Stiel kurz, recht dick, weißlich, oben mit weißen Flocken. Fleisch weißlich, fest, mit Rettichgeruch. – Auf feuchtem Boden in Wäldern, oft in Büscheln. *Vielleicht schwach giftig.*

Langstieliger Fälbling (Hebeloma longicaudum, elatum). *Weißlich-blaßbraun, ohne Schleier, Stiel lang, knollig.* Hut 3–7 cm, gewölbt, klebrig, glatt, weiß mit lederbrauner Mitte. Lamellen blaßgrau-fleischfarben, allmählich erdbraun, oft mit Tropfen. Stiel schlank, unten angeschwollen-knollig, fast glatt, weiß. Fleisch weiß, fast ohne Geruch und Geschmack. – Feuchte Wälder. Stellenweise. *Wertlos.*

Rettich-Fälbling (Hebeloma sinapizans, sinuosum). *Lederfarben, groß, geschweift, ohne Schleier.* Hut 5–12 cm, gewölbt-ausgebreitet, meist etwas gebuckelt-geschweift, glatt, etwas klebrig, lederfarben bis rötlich-lehmbraun, blasser in der Mitte. Lamellen unregelmäßig, recht schmal, anfangs blaß, später lehmbraun-zimtbraun. Stiel lang und kräftig, meist mit angedrückten braunen Schuppenzonen auf blassem Grund, unten etwas knollig-wurzelnd. Fleisch blaß, Geruch schwach rettichartig. – Weit verbreitet, oft in Waldgräben und dgl. *Wertlos.*

Kleiner Fälbling (Hebeloma pusillum). *Rötlich lehmbraun, Rand blaß, ohne Schleier.* Hut 1–2 cm, gewölbt, bald ausgebreitet mit schwachem Buckel, glatt, klebrig, rötlich lehmbraun, randwärts lederbraun bis weißlich blaß. Lamellen ziemlich breit, graublaß, später lehmfarben, oft mit Tropfen. Stiel schlank, kleiig, weiß. Fleisch fest, etwas bitter. – Stellenweise in Weidenmooren. *Wertlos.*

Zwerg-Fälbling (Hebeloma pumilum). *Lederbraun, Stiel wurzelnd, mit Schleierresten.* Hut 1–2 cm, gewölbt, ohne Buckel, glatt und klebrig, lederbraun mit weißlichem Rand. Lamellen ziemlich breit, oft mit Tropfen, hell zimtbraun. Stiel leicht faserig, oben flockig, weißlich, etwas wurzelnd. Geschmack schwach bitter. – Recht selten, meist in trockenen Laubwäldern. *Wertlos.*

Dunkelscheibiger Fälbling (Hebeloma mesophaeum). *Lehmbraun, Stiel bräunlich, mit Schleierresten.* Hut 2–4 cm, gewölbt-abgeflacht, glatt, schwach klebrig, hell bis dunkel lehmbraun. Lamellen blaß, später schmutzigbraun. Stiel weißlich-blaß mit deutlichem Schleier, allmählich bräunlich und faserig. Fleisch blaßbraun, in Stielbasis dunkel erdbraun, Geschmack etwas bitter. – Häufig, besonders auf Heideboden und Mooren, auch auf besserem Boden. *Wertlos.*

Duftender Fälbling (Hebeloma sacchariolens). *Hautfarben, Stiel braun, faserig.* Hut 2–4 cm, gewölbt, hautfarben, gegen die Mitte lederfarben-lehmfarben, glatt. Lamellen breit, blaß fleischfarben-zimtfarben. Stiel recht lang und kräftig, faserig, aber ohne Schleier, blaß, allmählich bräunlich. Starker süßlicher Geruch. – In Laubwald, stellenweise. *Wertlos.*

Zwerg-Fälbling

Langstieliger Fälbling

Tongrauer Fälbling

Kleiner Fälbling

Rettich-Fälbling

Dunkelscheibiger Fälbling

Duftender Fälbling

Erlenschnitzling – Naucoria, Alnicola

Kleine, bräunliche Pilze in Erlensumpf und Weidenmooren. Große, rauhe, braune Sporen.

Gemeiner Erlenschnitzling (Naucoria escharoides). *Matt gelbbraun, flockig, Stiel braun, unter Erlen.* Hut 1–3 cm, gewölbt-ausgebreitet, schwach faserig-flockig, matt ockergelbbraun, später dunkler, beim Trockenwerden lederfarben grau. Lamellen gleichfarben wie Hut, angeheftet-frei. Stiel von unten her allmählich dunkelbraun, etwas verbogen, faserig, oft etwas gefleckt, hohl und brüchig. – Sehr häufig auf feuchtem Boden in Erlenmooren.

Dunkler Erlenschnitzling (Naucoria scolecina). *Kastanienbraun, Rand gerieft, Stiel dunkel, unter Erlen.* Hut 1–2 cm, gewölbt, glatt mit leicht grieftem Rand, matt kastanienbraun, beim Trockenwerden hell graubraun. Lamellen heller als der Hut. Stiel recht kurz und verbogen, gleichfarben wie Hut, oben heller gelblichbraun, etwas faserig. – Stellenweise in Erlenmooren.

Großsporiger Erlenschnitzling (Naucoria macrospora). *Rötlich lehmbraun, gebuckelt, Stiel braun, flockig.* Hut 1–2 cm, gewölbt-gebuckelt, meist etwas gerieft, rötlich lehmbraun, randwärts blasser. Lamellen ziemlich breit und weitständig, mattbraun mit weißem Rand. Stiel blasser als der Hut, oben flockig. Sehr große, zitronenförmige, rauhe Sporen. – In Weidenmooren. Nicht selten.

Schleierling – Cortinarius

Große Gattung von sehr verschiedenen Arten mit Spinngewebeschleier und rostbraunen Sporen.

Runzeliger Schleimfuß (Cortinarius elatior). *Schleimig, gefurcht-gerunzelt, lehmbraun-oliv, Stiel wurzelnd, weißlich-violett.* Hut 4–9 cm, kegelförmig, zuletzt abgeflacht und gefurcht-gerunzelt, schleimig, lehmbraun mit olivem Stich, seltener am Rand etwas violett. Lamellen breit, auf den Flächen gerunzelt, anfangs blaß, später lehmbraun-zimtbraun. Stiel verjüngt-wurzelnd, oben schwach gefurcht, nach unten mit hellvioletten Querzonen auf schmutzigweißem Grund, meist tief wurzelnd. Fleisch blaßgelblich. – In trockenen Laubwäldern. Stellenweise häufig. *Eßbar.*

Natternstieliger Schleimfuß (Cortinarius trivialis). *Lehmbraun, schleimig, Stiel braunschuppig.* Hut 5–10 cm, gewölbt-abgeflacht, schleimig, Rand etwas gefurcht, dunkel lehmbraun. Lamellen anfangs grau, allmählich zimtbraun. Stiel lang und kräftig, tief wurzelnd, fein gerieft über dem Ring, unter dem Ring mit schmutziggelben Schuppenzonen auf dunklem, rostbraunem Grund. Fleisch fest, rostbraun. – Stellenweise, auf lehmigem Boden unter Weide. *Eßbar.*

Blaustiel-Schleimfuß (Cortinarius collinitus). *Gelbbraun-kastanienbraun, schleimig, Stiel blaufleckig-schuppig.* Hut 5–10 cm, gewölbt-gebuckelt, schleimig, Buckel kastanienbraun, randwärts heller goldbraun. Lamellen blaß, später rostbraun, recht breit. Stiel lang und kräftig, etwas verjüngt-wurzelnd, mit spinngewebeartigem-schleimigem Schleier, unter dem Schleier anfangs von einem blaßvioletten Strumpf bedeckt, der sich in Schuppen auf gelblichbraunem Grunde auflöst. Fleisch blaßbraun, fest. – Nadelwald, tiefes Moos. Recht häufig. *Eßbar.*

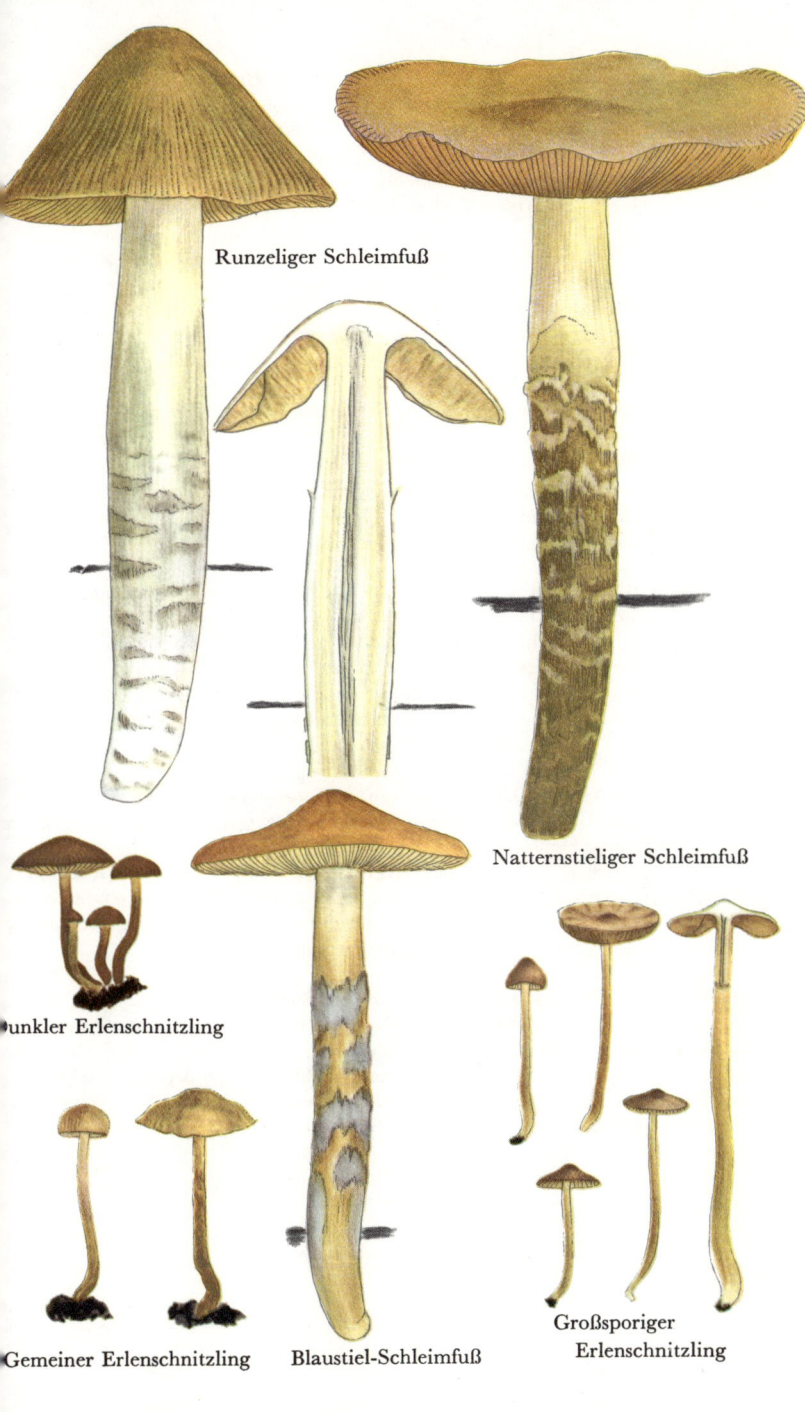

Runzeliger Schleimfuß

Natternstieliger Schleimfuß

Dunkler Erlenschnitzling

Großsporiger
Erlenschnitzling

Gemeiner Erlenschnitzling   Blaustiel-Schleimfuß

Blaublättriger Schleimfuß (Cortinarius delibutus). *Hut goldgelb, klebrig, junge Lamellen blaulila.* Hut 4–9 cm, flach gewölbt, glatt, besonders bei feuchtem Wetter klebrig, goldgelb in der Mitte, gegen den Rand blaßgelb, alt etwas bräunlich. Lamellen anfangs blaulila, später zimtbraun. Stiel unten geschwollen, blaßgelb, oben bläulich angelaufen, schwach klebrig, Ring schwach. – Besonders unter Buche und Birke auf moorigem Boden. Nicht selten. *Eßbar.*

Weißvioletter Dickfuß (Cortinarius albo-violaceus). *Hut und Stiel hell-violett, recht dickfleischig.* Hut 3–7 cm, gewölbt, später abgeflacht-gebuckelt, gegen den Rand etwas seidenfaserig, hellviolett, verblassend. Lamellen ziemlich entfernt, anfangs violett, später zimtbraun. Stiel keulenförmig und kurz oder länger und gleichmäßiger dick, hellviolett, unten mit sockenähnlicher, weißlicher Bekleidung. Fleisch weißlich bis hellviolett, besonders in der Stielspitze. – Stellenweise in Nadel- und Laubwäldern auf saurem Boden. *Eßbar, als gut angegeben.*

Der **Lila-Dickfuß** (Cortinarius traganus) ist auf der Tafel I, vorne im Buch, links abgebildet. Er ist meist größer und heller als vorgenannter Pilz, mit safranfarbenem Fleisch, besonders im Stiel. Geruch nach Azetylen. Er wächst in Nadelwald. *Leicht giftig.*

Goldbrauner Klumpfuß (Cortinarius fulgens). *Matt orange-goldbraun mit gelben Lamellen und breiter Knolle.* Hut 6–10 cm, flach gewölbt-ausgebreitet, orangegelb, später mehr gelbbraun, bei feuchtem Wetter klebrig. Lamellen gelb, später gelblich rostbraun. Stiel ziemlich lang und kräftig, oben ockergelblich, nach unten gegen die abgeflachte Knolle mehr rostbraun. Fleisch im Hut hell ockergelb, in Stiel und Knolle rostbraun. – In kleinen Gruppen in Laubwald. Recht selten. *Eßbar.*

Prächtiger Klumpfuß (Cortinarius aurantio-turbinatus). *Glänzend orangegolden, klebrig, Lamellen und Stielfleisch zitronengelb.* Hut 5–9 cm, flach gewölbt, ausgeprägt schleimig-klebrig, orangegolden, zitronengelb bis schwefelgelb gegen den Rand. Lamellen zitronengelb mit olivem Stich. Stiel kräftig, oft kurz, weißlich, nach unten zitronengelb, mit großer, braungelber, abgeflachter oder eiförmiger Knolle. Fleisch im Hut fast weiß, in der Knolle und unter der Oberhaut zitronengelb. – In tiefem Buchenlaub. Ziemlich selten. *Eßbar.*

Blaufleischiger Klumpfuß (Cortinarius coerulescens). *Jung hellblau, mit großer, weißlicher gerandeter Knolle.* Hut 6–8 cm, gewölbt-abgeflacht, schwach schmierig, anfangs hellblau, allmählich wässerig-bräunlich. Lamellen blau-violett, später zimtbraun. Stiel kurz und dick, hellblau mit großer, abgeflachter, weißer Knolle mit deutlichem Rand. Fleisch blauviolett, allmählich weißlich außer in der Stielpitze. – In tiefem Laub. Selten. *Eßbar.*

Blaublättriger Schleimfuß

Weißvioletter Dickfuß

Prächtiger Klumpfuß

Goldbrauner Klumpfuß

Blaufleischiger Klumpfuß

165

Sägeblättriger Klumpfuß (Cortinarius multiformis). *Blaßbraun, junge Lamellen blaßlila, Knolle kugelförmig, weißlich-blaß.* Hut 5–8 cm, ausgebreitet bis leicht gebuckelt, etwas schmierig, matt ocker-braungelb. Lamellen graulich lila, später matt rostbraun, gesägt. Stiel ziemlich lang und schlank, ähnlich der Hutfarbe, unten mit abgerundeter, weißer, weicher Knolle ohne deutlichen Rand. Fleisch fast weiß, alt etwas bräunlich. – In tiefem Buchenlaub. Stellenweise selten. *Eßbar und gut.*

Schleierritterling (Cortinarius bulbiger). *Bräunlich, lehmfarben mit weißlich blassen Lamellen und abgeflachter Knolle.* Hut 5–8 cm, gewölbt, schwach gebuckelt bräunlich lehmfarben. Lamellen anfangs weiß, später mit etwas Hutfarbe, längs des Randes oft etwas dunkelfleckig. Stiel blaß lehmfarben, mit weißlicher, flacher, gerandeter Knolle. Fleisch weiß, im Stiel hell lehmfarben. Anmerkung: Im Gegensatz zu den anderen Cortinarien hat diese Art weiße Sporen, sie ist deshalb früher zu der Gattung Armillaria gerechnet worden, während sie jetzt oft als eine besondere Gattung, Leucocortinarius, betrachtet wird. – In Nadelwäldern. Stellenweise häufig. *Eßbar.*

Gelbgestiefelter Schleimkopf (Cortinarius triumphans). *Ocker-gelbbraun, Lamellen blaßviolett, Stiel mit braungelben Schuppenzonen.* 6–12 cm, flach gewölbtausgebreitet, in der Mitte goldbraun, gegen den Rand hell ockergelb, klebrigschleimig, in der Mitte etwas eingewachsen schuppig. Lamellen gedrängt, anfangs grauviolett, später lehmfarbenbraun. Stiel lang, bis 15 cm, unten leicht keulenförmig erweitert, an der Spitze blaßlila, blaßgelb-lehmfarben mit kräftigen Zonen von gelblichen, später braunen Schuppen. Fleisch weißlich, allmählich blaßbraun, in der Stielspitze lange Zeit blaßlila. – In Birkenwald auf torfartigem Boden. Recht selten. *Eßbar.*

Ziegelgelber Schleimkopf (Cortinarius varius). *Gelbbraun, Lamellen violett, Fleisch weiß.* Hut 5–10 cm, halbkugelig-gewölbt, später ausgebreitet, in der Mitte niedergedrückt, glatt, klebrig, gelb- bis rotbraun, Rand gelb. Lamellen erst lebhaft blau-violett, später zimtfarben-ockerfarben. Stiel keulenförmig, unten ein wenig geschwollen, unter einer faserigen, rostbraunen Ringzone fast glatt, oben weiß mit blaßlila Schimmer. Fleisch weiß, im Stiel grauend. – In Nadelwäldern, haufenweise. Im Norden selten, im Süden häufig. *Eßbar und gut.*

Lehmbrauner Schleierling (Cortinarius decoloratus). *Blaß lehmbraun mit blassen Lamellen und blassem, langem Stiel.* Hut 5–8 cm, flach gewölbt-ausgebreitet, bei feuchtem Wetter schwach klebrig, blaß lehmfarben gelblich, die Mitte dunkler bräunlich. Lamellen blaß lehmfarben-weiß, später zimtbraun, Schneide leicht gesägt. Stiel schlank, bis 10 cm lang, unten leicht geschwollen, seidenfaserig, weiß, gegen die Basis etwas gelblich. Fleisch weiß mit schwachem, bräunlichem Schein. – In Buchenwäldern in Laub. Mancherorts nicht selten. *Eßbar.*

Schleierritterling

Gelbgestiefelter
Schleimkopf

Ziegelgelber
Schleimkopf

Sägenblättriger Klumpfuß

Lehmbrauner Schleierling

Rotschuppiger Schleierling (Cortinarius bolaris). *Zinnoberschuppig auf sahnefarbenem Grund, kurzgestielt.* Hut 3–5 cm, gewölbt mit eingebogenem Rand, trocken, gegen die Mitte mit kleinen, angedrückten, zinnoberroten Schuppen auf anfangs sahnefarbenem, später gelblich-lederfarbenem Grund. Lamellen gelblich, allmählich gelblich-zimtfarben. Stiel meist recht kurz, weiß-gelblich, zinnoberrot anlaufend mit zinnoberroten Faserschuppen. Fleisch weiß, rötend. – In kleinen Gruppen oder einzeln in Buchenwäldern. Meist selten. *Wertlos.*

Rostbrauner Dickfuß (Cortinarius caninus). *Abgeflacht, lehmbraun, junge Lamellen lila.* Hut 5–8 cm, gewölbt, bald fast flach, glatt, anfangs lehmbraun, allmählich dunkler dattelbraun. Lamellen ziemlich breit und entfernt, anfangs blaulila, später dunkel zimtfarben. Stiel lang und kräftig, weiß mit bläulicher Spitze, alt blaßbraun, mit schwachem Ring. Fleisch blaßbraun. – Ziemlich verbreitet, besonders in Gras in jungen Fichtenpflanzungen. *Eßbar.*

Schuppiger Schleierling (Cortinarius pholideus). *Dunkelbraun-spitzschuppig auf Hut und Stiel.* Hut 3–7 cm, gewölbt, später ausgebreitet-gebuckelt, nußbraun, von etwas dunkler braunen, spitzen, krummen Schuppen dicht bedeckt. Lamellen anfangs schmutziglila, später dunkel zimtbraun. Stiel lang und schlank, oben schwach lila, sonst gleichfarbig wie Hut, mit reihig stehenden krummen Schuppen. Fleisch blaßbraun, in der Stielspitze violett, nach unten dunkler braun. – In moorartigen Birkenwäldern auf Torferde. Selten. *Eßbar.*

Graubrauner Schleierling (Cortinarius anomalus). *Violett-lehmfarben, Stiel gelbschuppig.* Hut 3–5 cm, gewölbt-abgeflacht, schwach faserig-glatt, anfangs grauviolett, später blaß lehmfarben. Lamellen violett, später zimtfarben. Stiel oft verbogen, unten etwas geschwollen, jung mit violetter Spitze und unter der Ringzone gelbflockig-schuppig, später blaß, mit zerstreuten Flocken. Fleisch hellviolett, später blaß. – Häufig in Nadel- und Laubwald. *Eßbar.*

Zinnoberroter Hautkopf (Cortinarius cinnabarinus). *Zinnoberrot auf Hut, Stiel und Lamellen.* Hut 2–4 cm, flach gewölbt, trocken, zinnoberrot-glänzend. Lamellen ziemlich entfernt und breit, etwas dunkler als der Hut. Stiel kurz, oft etwas unregelmäßig, gleichfarben wie Hut. Fleisch zinnoberrot, Geruch unangenehm. – In kleinen Gruppen in trockenen Buchenwäldern. Recht selten. In Nadelwald der nahestehende **Blutrote Hautkopf** (C. sanguineus). *Ungenießbar.*

Blutblättriger Hautkopf (Cortinarius semisanguineus). *Olivbraungelb, Lamellen dunkel zinnoberrot.* Hut 2–5 cm, gewölbt-gebuckelt, trocken, schwach faserig, gelblich-olivbraun. Lamellen zinnober dann blutrot mit bräunlichem Schein. Stiel meist schlank und etwas verbogen, gelbbraun, dunkel-längsfaserig, Fleisch gelbbraun. – Recht häufig in Birken-und Nadelwäldern. *Ungenießbar.*

Zimt-Hautkopf (Cortinarius cinnamomeus). *Gelblich-olivbraun, Lamellen senfgelb.* Hut 2–5 cm, gewölbt-gebuckelt, trocken, schwach faserig, gelblich olivbraun oder dunkler. Lamellen ziemlich breit und entfernt, senfgelb, seltener blaß safrangelb, allmählich olivgelb mit braunem Stich. Stiel etwas heller als Hut, längsfaserig. Fleisch schmutzig olivgelb. Sehr variierend. – Häufig in Nadelwald, auch in Laubwald, in Torfmooren und auf Heiden. *Ungenießbar.*

Rotschuppiger Schleierling

Rostbrauner Dickfuß

Schuppiger Schleierling

Graubrauner Schleierling

Blutblättriger Hautkopf

Zinnoberroter Hautkopf

Zimt-Hautkopf

169

Geschmückter Gürtelfuß (Cortinarius armillatus). *Groß, mit zinnoberroten Zonen auf dem Stiel.* Hut 5–12 cm, flach glockenförmig gewölbt bis ausgebreitet, matt kastanienbraun, jung etwas ziegelrotbraun, besonders am Rand. Lamellen blaß, später zimtfarben, ziemlich entfernt. Stiel lang und schlank, etwas keulenförmig, blaß braun mit 3–4 schrägen, zinnoberroten Zonen. Fleisch blaßbraun. – In Birkenwäldern auf Torferde, oft zwischen Heidelbeeren. Stellenweise selten, aber oft in großen Gruppen. *Eßbar.*

Schwarzbrauner Wasserkopf (Cortinarius glandicolor). *Dunkelbraun, spitz gebuckelt, Stiel dunkelbraun mit weißer, schräger Ringzone.* Hut 2–4 cm, anfangs glockenförmig, später gewölbt mit ziemlich spitzem Buckel, dunkel kastanienbraun bis schwarzbraun, in trockenem Zustand blasser, glatt, anfangs mit weißen Fibrillen am Rand. Lamellen entfernt, gleichfarbig wie Hut. Stiel ziemlich dünn, oft etwas verbogen, mit schräger, weißer Ringzone und heller, etwas geschwollener Basis. Fleisch dunkelbraun. – Auf Moorboden besonders unter Birke und Erle. Nicht selten; mit vielen anderen kleinen dunklen Arten leicht zu verwechseln. *Wertlos.*

Spitzschuppiger Wasserkopf (Cortinarius flexipes). *Hut mit kleinen, grauvioletten Schuppen, Lamellen dunkel braunviolett.* Hut 1–3 cm, glocken-kegelförmig mit spitzem Buckel, von weißgrau-violetten, oft etwas gekrümmten Haarschuppen dicht bedeckt, Grundfarbe dunkelbraun. Lamellen dunkel braunviolett, entfernt. Stiel etwas verbogen, dunkelbraun mit weißlicher Ringzone, nach unten weißgrau schuppig. Fleisch dunkel schmutziggrau. – In Birkenmooren auf Torferde. Mehrere ähnliche, aber meist blassere Formen häufig in Nadel- und Laubwäldern, andere in Sphagnum-Mooren. *Wertlos.*

Hain-Wasserkopf (Cortinarius lucorum). *Mattbraun mit blasser Ringzone zuunterst auf dem Stiel, oft in Büscheln.* Hut 5–10 cm, flach gewölbt und dick, wässerigzimtbraun mit fleischfarbenem Stich, etwas dunkelbraun gefleckt. Lamellen ziemlich entfernt, etwas heller als die Hut. Stiel kräftig, anfangs weißlich mit blaßbraunem Anstrich, später graubraun, mit weißer Ringzone nahe der geschwollenen Stielbasis. Fleisch fleischfarben-bräunlich, etwas gerieft. – Stellenweise in Buchenwald, meist in kleinen Büscheln. *Genußwert unbekannt.*

Erdigriechender Wasserkopf (Cortinarius hinnuleus). *Ockerbraun mit entfernten Lamellen und erdartigem Geruch.* Hut 3–7 cm, gewölbt-gebuckelt, ockerbraungelb, in trockenem Zustand blasser, dunkler gefleckt-gestreift. Lamellen breit und entfernt, ocker bis zimtbraun. Stiel etwas heller als die Hut mit weißer Ringzone über der Mitte. Fleisch ockerbräunlich mit unangenehmem, erdartigem Geruch. – In Nadel- und Laubwäldern, in Lichtungen besonders im Gras auf saurem Boden. Häufig. *Wertlos.*

Schwarzbrauner
Wasserkopf

Geschmückter Gürtelfuß

Spitzschuppiger Wasserkopf

Hain-Wasserkopf

Erdigriechender Wasserkopf

Blaßfüßiger Wasserkopf (Cortinarius saturatus). *Dickfleischig, ohne Ring, Stiel-basis blaß.* Hut 5–9 cm, gewölbt-gebuckelt, glatt, schwach glänzend, ocker-gelbbraun, allmählich kastanienbraun, beim Trockenwerden blaßbraun. Lamellen breit und entfernt etwas dunkler als der Hut. Stiel kurz und kräftig, unten angeschwollen und weißlichblaß, oben wie Hut, gerieft. Fleisch gleichfarbig wie Hut, fest. – In Buchenwäldern in Gruppen oder Büscheln. Recht selten.

Braunvioletter Wasserkopf (Cortinarius saturninus). *Kastanienbraun, Stiel violett, büschelig.* Hut 4–8 cm, gewölbt-gebuckelt, trocken, anfangs dattelbraun mit weißen Seidenfasern am Rand, später kastanienbraun. Lamellen breit und ziemlich entfernt, jung mit purpurviolettem Schein, bald dunkel zimtbraun. Stiel etwas keulenförmig, blaßviolett, später lehmbraun. Fleisch in der Stiel-spitze dunkelviolett, besonders auf jüngeren Exemplaren. – Meist in Büscheln, an Waldrändern und im Gebüsch, Juni–Juli, auch später. Stellenweise. *Wertlos.*

Violetter Erlen-Wasserkopf (Cortinarius pulchellus). *Schmächtig, dunkelviolett, in Mooren.* Hut 0,5–1 cm, glockenförmig, trocken, dunkelviolett, schwach faserig. Lamellen ziemlich entfernt, dunkel blauviolett. Stiel schlank, gleichfarbig wie Hut, nach unten blasser, braunviolett. Alt wird der ganze Pilz meist matt braunviolett. – In Mooren, besonders unter Erle auf kahlem Boden. Nicht selten.

Schwarzgebuckelter Wasserkopf (Cortinarius decipiens). *Graubraun-violett, kräftig gebuckelt.* Hut 2–4 cm, glockenförmig bis gewölbt-gebuckelt, glatt, schwach weißlich, gegen den Rand seidenfaserig, graubraun-violett, Buckel am dun-kelsten, bei trockenem Wetter matt lederbraungrau. Lamellen ziemlich ent-fernt, breit, anfangs graulila, später ocker-zimtbraun. Stiel schlank, verbogen, etwas silberglänzend, schwach faserig. Fleisch blaß lilabraun. – Stellenweise, besonders in Nadelwald.

Gelbfaseriger Wasserkopf (Cortinarius saniosus). *Schmächtig, gelbbraun mit gelben Faserschuppen auf dem Stiel.* Hut 1–3 cm, glockenförmig-gewölbt, später ausgebreitet mit deutlichem Buckel, trocken, gelbbraun bis hell rostbraun mit gelblichfaserigem Rand. Lamellen sehr entfernt, etwa gleichfarben wie Hut. Stiel schlank, verbogen, oben blaß, mit unregelmäßiger Ringzone von gelb-lichen Fasern, die sich den Stiel hinab fortsetzen. – Moorboden, Waldränder, in sauren Bergnadelwäldern häufig. Mehrere ähnliche Arten.

Gerieftrandiger Wasserkopf (Cortinarius obtusus). *Gelbbräunlich, Rand ge-rieft, Stiel spitz.* Hut 1–4 cm, glockenförmig bis ausgebreitet-gebuckelt, glatt, der Rand mit deutlichen, dunkelbraunen, durchscheinenden Riefen, sonst gelb-braun bis hell dattelbraun und glänzend, beim Trockenwerden blaß lederfarben. Lamellen ocker-zimtfarben, ziemlich entfernt. Stiel blaßbraun bis fast weiß, seidenfaserig, nach unten verjüngt-wurzelnd, oft zusammengedrückt. – In Nadelwald, in Büscheln oder einzeln. Sehr häufig.

Auf der Tafel I, vorne im Buch, ist in der Mitte der **Zigeuner** (Rozites caperata) abgebildet, oft zu Pholiota gerechnet. Er ist matt lederbraun und wächst in Na-del- und Laubwald auf saurem Boden, stets zusammen mit Heidelbeeren. Häufig. *Eßbar und gut.*

Blaßfüßiger Wasserkopf

Violetter Erlen-
Wasserkopf

Braunvioletter Wasserkopf

Schwarzgebuckelter
Wasserkopf

Gelbfaseriger Wasserkopf

Gerieftrandiger Wasserkopf

173

Geflecktblättriger Flämmling (Gymnopilus penetrans, Flammula). *Gold-rostbraun, Lamellen gelb, braungefleckt.* Hut 3–6 cm, gewölbt, leicht gebuckelt, trokken, glatt, schwach faserig, anfangs chromgelb, bald gold- bis rostbraun mit dunklerer Mitte. Lamellen gedrängt und schmal, blaß schwefelgelb, später tiefer gelb mit rostfarbigen Flecken. Stiel gleichfarbig wie Hut, nach unten etwas weißlich-blaß, ohne deutlichen Ring. Fleisch gelbbraun, im Stiel rostbraun, bitter. – Auf Stubben und Zweigen von Föhre. Häufig. *Ungenießbar.*

Beringter Flämmling (Gymnopilus spectabilis, Pholiota). *Goldgelb, faserig, Lamellen rostbraun, Ring hochsitzend, hautartig.* Hut 6–12 cm, gewölbt, eingewachsenfaserig bis schwach schuppig, trocken, goldgelb bis rostgelb. Lamellen gedrängt und ziemlich schmal, gelb, allmählich lebhaft rostbraun. Stiel in der Mitte meist etwas verdickt, faserig, etwas heller als der Hut. Fleisch faserig-zäh, gelb, im Stiel gelbbraun. – In Büscheln auf Laubbaumstümpfen. Recht selten. *Wertlos.*

Rotbrauner Wurzelschnitzling (Phaeocollybia christinae, Naucoria). *Glänzend rotbraun, spitz, Stiel wurzelnd.* Hut 2–3 cm, gewölbt-spitzgebuckelt, glatt, etwas klebrig-glänzend, lebhaft rotbraun. Lamellen schmal, lederfarben, allmählich blaß rostfarben. Stiel lang und schlank, glatt, tief wurzelnd, mit etwas Hutfarbe, nach unten allmählich dunkler rotbraun. – In Nadelwald. Selten.

Gerieftrandiger Häubling (Galerina marginata, Pholiota). *Dattelbraun mit dunklem Rand, Ring hautartig.* Hut 2–4 cm, gewölbt, bald flach, glatt, fettig glänzend, dattelbraun, Randzone kastanienbraun, trocken matt lederbraun. Lamellen ziemlich schmal, blaßbraun. Stiel braun. – Büschelig auf Nadelholzstümpfen. Häufig.

Weißgesäumter Häubling (Galerina paludosa). *Matt honiggelb, Ring deutlich, auf Sphagnum.* Hut 1–2 cm, gewölbt-gebuckelt, glatt, Rand schwach gerieft, matt honiggelb bis braungelb. Lamellen recht entfernt und breit, anfangs lederfarben, später zimtfarben. Stiel schlank, verbogen, anfangs mit hautartigem Ring. – In Sphagnum, schon ab Mai. Nicht selten.

Moos-Häubling (Galerina hypnorum). *Klein, honiggelb mit glattem Stiel.* Hut 0,5–1 cm, gewölbt-glockenförmig, glatt, Rand etwas gerieft. Lamellen gleichfarbig wie Hut, breit und entfernt. Stiel glatt, sehr zart, brüchig, oft krumm, blaß, unten blaß rostbraun. – In Moos. Sehr häufig.

Flockenstieliger Häubling (Galerina mycenopsis). *Fettig glänzend, blaßgelb, langgestielt mit schwachem Schleier.* Hut 1–2 cm, flach glockenförmig gewölbtstumpf, glatt, schwach klebrig, grob gerieft vom Rand her auf honiggelbem Grund, beim Trockenwerden ledergelb. Lamellen ziemlich breit, dem Hut gleichfarbig. Stiel hoch, oft verbogen, jung mit Spinngewebeschleier, später schwach faserig. Fleisch sehr brüchig. – In tiefem Moos, in Nadelwald. Häufig.

Bernsteinbrauner Häubling (Galerina rubiginosa). *Flach gewölbt, gerieft, Stiel rostbraun, glatt.* Hut 1–2 cm, glockenförmig gewölbt, bald flach gewölbt, glatt mit kräftig dunkelbraunen, durchscheinenden Riefen auf bernsteingelbem Grund. Lamellen ziemlich breit, allmählich matt rostbraun. Stiel dunkler als der Hut, nach unten matt rostbraun, glatt. – Auf Stümpfen. Stellenweise häufig.

Geflecktblättriger
Flämmling

Beringter
Flämmling

Rotbrauner
Wurzelschnitzling

Gerieftrandiger Häubling

Moos-Häubling

eißgesäumter Häubling

Flockenstieliger Häubling

Bernsteinbrauner Häubling

175

Spitzschuppiger Schüppchenschnitzling (Phaeomarasmius aridus, Naucoria erinacea). *Gelbbraun, spitzschuppig, auf toten Zweigen, besonders von Weiden.* Hut 0,5–1,5 cm, gewölbt-abgeflacht, trocken, gelblich rostbraun mit dichten, zugespitzten Haarschuppen. Lamellen entfernt, blaßbraun. Stiel kurz, oft krumm, Farbe wie Hut, oben heller, spitzschuppig. Fleisch zäh, im Stiel braun.–Recht selten.

Bucheckern-Schüppchenschnitzling (Phaeomarasmius carpophilus). *Lederfarben, körnig, auf Buchenblättern.* Hut 0,5–1 cm, gewölbt, von Körnchenschuppen dicht bedeckt, blaß matt lederfarben, Rand mit Schleierresten. Lamellen breit und entfernt, Farbe wie Hut. Stiel ziemlich lang, meist schlank, dicht mehligschuppig. – Auf Bucheckern und Buchenblättern, spät im Jahr. Stellenweise häufig.

Winter-Trompetenschnitzling (Tubaria furfuracea). *Lehmbraun, Rand weißschuppig, Lamellen kurz herablaufend.* Hut 1–3 cm, flach gewölbt-ausgebreitet, dunkel schmutzig lehmbraun, in trockenem Zustand schmutzig lederfarben. Rand anfangs mit hellen Flockenschuppen. Lamellenfarbe wie Hut. Stiel heller als Hut, glatt oder mit schwacher Ringzone. Fleisch brüchig. – Auf Boden und Zweigen. Sehr verbreitet das ganze Jahr.

Bewimperter Filzkrempling (Ripartites tricholoma). *Kalkweiß, Rand bürstenhaarig, Lamellen lehmbraun.* Hut 1–4 cm, gewölbt, bald trichterförmig glatt oder schwach grubig, schmutzig kalkweiß bis blaß lehmfarben, Rand besonders anfangs dicht abstehend haarig. Lamellen herablaufend, schmal, anfangs blaß, später schmutzig lehmbraun. Stiel weißlich, allmählich von unten her bräunlich. Fleisch blaß. – Vereinzelt, meist in Nadelwald.

Stummelfüßchen – Crepidotus

Muschelförmig mit randständigem Stiel oder stiellos. Sporen schmutzigbraun.

Gemeines Stummelfüßchen (Crepidotus variabilis). *Klein, nierenförmig, seidigweiß.* Hut 0,5–2 cm, nierenförmig-muschelförmig, trocken, seidigweiß, der Rand eingebogen, fein filzig, weiß. Lamellen ziemlich entfernt, anfangs weiß, später blaß zimtfarben. Stiel randständig und sehr kurz; wenn er fehlt sitzt der Pilz mit der Oberfläche unmittelbar der Unterlage auf. Fleisch brüchig. – Auf Zweigen, Nesselstengeln u. dgl. Häufig, besonders spät im Jahr.

Gallertfleischiges Stummelfüßchen (Crepidotus mollis). *Blaß gelbbraun, Fleisch zäh, auf Laubholzstümpfen.* Hut 1–5 cm, nierenförmig-muschelförmig, glatt, schwach schmierig-glänzend, anfangs sahnefarben, dann blaß hornbraungelb, in trockenem Zustand weißlich. Lamellen gedrängt, anfangs blaß, später schmutzig blaß zimtbraun, oft etwas gefleckt. Stiel randständig, schwach, filzig. Fleisch dünn unter dicker, elastischer Oberhaut. – Oft dachziegelig. Nicht selten.

Gebrechliches Stummelfüßchen (Crepidotus fragilis, autochthonus). *Grauweiß, Fleisch brüchig, auf Boden.* Hut 2–6 cm, nierenförmig, schmutzig silbergrauweiß, faserig mit fein filzigem, eingebogenem Rand. Lamellen gedrängt, allmählich schmutzig lehmbraun. Stiel sehr schwach, randständig, weißfilzig. Fleisch brüchig, nicht zäh. – Auf feuchtem Humus in Laubwald. Stellenweise.

Bucheckern-
Schüppchenschnitzling

Spitzschuppiger
Schüppchenschnitzling

Winter-
Trompetenschnitzling

Gemeines
Stummelfüßchen

wimperter
Filzkrempling

Gallertfleischiges
Stummelfüßchen

Gebrechliches   Stummelfüßchen

Mehlräsling (Clitopilus prunulus). *Grauweiß, Lamellen schmutzig fleischfarben.* Hut 3–8 cm, anfangs gewölbt, später schwach niedergedrückt, trocken und glatt, schmutzig grauweiß. Lamellen herablaufend, anfangs blaß sahnefarben, später durch die Sporen schmutzig fleischfarben. Stiel meist kurz und schief, grauweiß. Fleisch weich, weiß mit starkem Mehlgeruch. – Recht häufig in Laub- und Nadelwald, in kleinen Gruppen auf Boden. *Eßbar und gut.*

Rötling – Rhodophyllus

Eine große Gattung von Pilzen mit sehr verschiedenem Aussehen, doch alle mit lachsfarbenen Sporen, die bei reifen Exemplaren den Lamellen ihre Farbe geben. Unter dem Mikroskop sind die Sporen eckig. Die Gattung wird oft mehrfach aufgeteilt (Entoloma, Leptonia, Nolanea und Eccilia). Fast alle Arten wachsen auf dem Boden.

Porphyrbrauner Rötling (Rhodophyllus (Ent.) porphyrophaeus). *Gebuckelt, faserig, langstielig.* Hut 3–8 cm, glockenförmig, bald ausgebreitet-gebuckelt, faserig bis fein faserschuppig, porphyrbraun. Lamellen breit, ziemlich entfernt, anfangs weißlich, später dunkel lachsfarben. Stiel aufrecht, gestreiftschuppig, etwas heller als der Hut, unten weißfilzig. – Im Gras in Waldlichtungen. Selten. *Eßbar.*

Stahlblauer Rötling (Rhodophyllus (Ent.) nitidus). *Stahlblau, faserig, Stiel blau.* Hut 3–6 cm hoch, gewölbt-gebuckelt, faserig, bisweilen in der Mitte kleinschuppig, trocken, schön stahlblau. Lamellen anfangs weiß, später rosa, ziemlich breit. Stiel aufrecht, sehr häufig wurzelnd, faserig-gerieft, blau, unten blasser weißlichblau. – Meist in moosigem Fichtenwald, meist einzeln. Sehr selten.

Mehl-Rötling (Rhodophyllus (Ent.) prunuloides). *Elfenbeinweiß, fettglänzend.* Hut 5–10 cm, gebuckelt-ausgebreitet, glatt, der Scheitel etwas rissig-schuppig, schwach klebrig, fettig glänzend, elfenbeinweiß bis grauweiß, Rand oft gespalten. Lamellen breit, gedrängt, anfangs sahnefarben, später gelblich rosa. Stiel meist recht kurz, weiß, fast glatt. Fleisch weiß, fest, mit Mehlgeruch. – Auf grasigen Abhängen und in Gärten. Recht selten. *Eßbar.*

Riesen-Rötling (Rhodophyllus (Ent.) sinuatus, lividus). *Perlgrau, ausgebreitetgebuckelt, Lamellen anfangs gelblich, später rosa.* Hut 7–12 cm, flach gewölbt, bald ausgebreitet und meist ausgeprägt geschweift-verbogen, glatt, schwach klebrig, fettglänzend, perlgrau bis hell gelblichgrau. Lamellen breit, ziemlich entfernt, anfangs sahnefarben, später rosa-lachsfarben. Stiel meist ziemlich kurz und krumm, glatt, oben etwas weißflockig, seidigweiß. Fleisch recht dick, weiß, fest, mit schwachem, mehlartig-gurkenartigem Geruch. – In hellen trockenen Buchenwäldern. Selten. *Giftig.*

Mehlräsling

Porphyrbrauner Rötling

Stahlblauer Rötling

Mehl-Rötling

Riesen-Rötling

179

Blaustieliger Rötling (Rhodophyllus (Ent.) dichrous). *Mausgraubraun, Stiel grauviolett.* Hut 3–6 cm, ausgebreitet-gebuckelt, fein schuppig, randwärts faserig, dunkel mausgraubraun. Lamellen anfangs blaß, später lachsfarben, recht entfernt und breit. Stiel kurz und ziemlich dick, Grundfarbe grauviolett mit schmutzigbraunen Fasern und Kleinschuppen. Fleisch grauviolett, mit süßlichem Geruch. – An totem Buchenholz zwischen Laub. Selten.

Seidiger Rötling (Rhodophyllus (Ent.) sericeus). *Erdgrau-faserig, Mehlgeruch.* Hut 2–6 cm, gewölbt-ausgebreitet, schwach gebuckelt, eingewachsen-faserig, am Rand oft gespalten, erdgrau, in trockenem Zustand etwas verblichen und seidig glänzend. Lamellen anfangs blaß, später lachsfarben, recht breit und entfernt. Stiel meist dünn, faserig, blasser als der Hut. Fleisch blaßgrau mit kräftigem Mehlgeruch. – Im Gras auf Waldwiesen, Wegrändern und Weidewiesen. Häufig, aber sehr verschieden in Wuchs und Aussehen. *Eßbar.*

Geflammter Rötling (Rhodophyllus (Ent.) clypeatus). *Erdgrau-flammig, faserig, ziemlich dickstielig.* Hut 5–10 cm, glockenförmig ausgebreitet mit deutlichem Buckel und verbogenem Rand, eingewachsen-faserig, erdgrau, meist in helleren und dunkleren grauen Farben geflammt. Lamellen anfangs hellgrau, später lachsfarben. Stiel kräftig, meist kurz und krumm, graufarben angelaufen, schwach faserig. Fleisch ziemlich dick, weißlich, mit schwachem Mehlgeruch. – In Büscheln auf Humusboden in Gärten und Gebüsch. Mai–Juni. Stellenweise. *Eßbar. Man hüte sich aber vor Verwechslung mit dem im Laubwald wachsenden, giftigen* **Niedergedrückten Rötling** (Rhodophyllus rhodopolius).

Mai-Rötling (Rhodophyllus (Ent.) majalis). *Erdbraun, gebuckelt, langgestielt.* Hut 3–6 cm, gewölbt ausgebreitet mit deutlichem Buckel, am Rand gerieft, erdbraun, in trockenem Zustand seidig grau. Lamellen ziemlich entfernt und breit, anfangs blaßgrau, dann lachsfarben. Stiel lang und ziemlich schlank, faserig-gerieft, weißlich bis blaßgrau. Fleisch fest, etwas hohl im Stiel, blaßgrau, mit schwachem Geruch. – Stellenweise in Gebüsch auf Humusboden. Frühjahr und Frühsommer. Im Herbst ähnliche Formen, oft mit starkem Mehlgeruch. Sie werden zum **Stinkenden Rötling**, (R. nidorosus) gerechnet.

Sternsporiger Rötling (Rhodophyllus (Nol.) staurosporus, pascuus). *Grauartig dattelbraun, wachsglänzend, gerieft.* Hut 2–4 cm, gewölbt, glatt, am Rand gerieft, fettglänzend, grau- bis gelblich dattelbraun, in trockenem Zustand lehmgelb. Lamellen ziemlich breit, anfangs weißlich blaß, später lachsfarben. Stiel schlank, aufrecht, gestreift, glatt, etwas blasser als der Hut, am Grund filzig. Fleisch sehr brüchig, ohne Geruch und Geschmack. Sporen sternförmig. – In Moos und Gras, in Laub- und Nadelwald und auf Wiesen. Recht häufig.

Sternsporiger Rötling   Blaustieliger Rötling

Geflammter Rötling

Seidiger Rötling   Mai-Rötling   181

Wachs-Rötling (Rhodophyllus (Nol.) cetratus). *Gelblich-dattelbraun, wachsglänzend, Stiel faserig.* Hut 2–4 cm, gewölbt, zuweilen mit abgeflachtem Buckel, wachsglänzend, am Rand etwas gerieft, gelblich-dattelbraun, beim Trockenwerden lehmgelb. Lamellen recht breit, anfangs gelblichblaß, später lachsfarben. Stiel aufrecht, fein faserig, mit etwas Hutfarbe. Fleisch brüchig, ohne deutlichen Geruch. – Recht häufig, besonders in feuchtem Nadelwald.

Gelber Rötling (Rhodophyllus (Nol.) icterinus). *Wachsgelb, nach Himbeeren duftend.* Hut 1–2 cm, gewölbt-abgeflacht, glatt, am Rand etwas gerieft, wachsgelb bis blaß schwefelgelb. Lamellen ziemlich entfernt und breit, anfangs weiß, später blaß rosa. Stiel meist recht kurz, etwas verbogen, glatt, oben fein flockig, blaß gelbbraun, am dunkelsten gegen die Basis. Fleisch brüchig mit durchdringendem, süßlichem Geruch, ähnlich Himbeerbonbons. – Einzeln wachsend, auf feuchtem Humus in Gebüsch und an Waldwegen. Stellenweise.

Seidigweißer Rötling (Rhodophyllus (Nol.) sericellus). *Schwach trichterförmig, Lamellen rosa, angeheftet.* Hut 0,5–2 cm, flach gewölbt bis leicht trichterförmig, glatt, in der Mitte oft schwach schuppig-faserig, seidigweiß mit graubraunem Schein. Lamellen anfangs weiß, später rosa, breit, entfernt, angeheftet bis schwach herablaufend. Stiel meist kurz und recht dünn, glatt, weiß. Fleisch brüchig, Geruch schwach erdartig. – Nicht selten auf sandigem Boden.

Faseriger Rötling (Rhodophyllus (Lept.) asprellus). *Erdbraun, Lamellen grau, Stiel blau.* Hut 1–3 cm, gewölbt mit niedergedrückter Mitte, erdbraun, Rand gerieft, in der Mitte fast schwarzblau. Lamellen breit, ziemlich entfernt, grau, allmählich mit rosa Stich. Stiel schlank, glatt, stahlblau, später braunblau, glänzend. – Im Gras, auf Waldwiesen und Weiden. Stellenweise.

Schönstieliger Rötling (Rhodophyllus (Lept.) lampropus). *Dunkelblau, junge Lamellen weiß, Stiel dunkelblau.* Hut 1–3 cm, gewölbt-ausgebreitet, fein schuppig-filzig, dunkelblau bis schwarzblau. Lamellen breit, anfangs weiß, später rosa. Stiel schlank, glatt, indigoblau, nach unten heller. – Im Gras auf Waldwiesen. Stellenweise selten. Es gibt eine Reihe anderer blauer Rötlings-Arten; leicht erkennbar ist der **Violette Rötling** (R. euchrous), auf Erlenstümpfen.

Braungrüner Rötling (Rhodophyllus (Lept.) incanus, euchlorus). *Grünlich-oliv anlaufend, etwas trichterförmig.* Hut 1–3 cm, gewölbt, in der Mitte meist niedergedrückt, schwach gerieft, glatt oder etwas schuppig in der Mitte, zitronengelb mit braungelber Mitte, schmutzig olivgrün anlaufend. Lamellen anfangs weißlich, später blaß schmutzig-rosa, schwach herablaufend, entfernt und ziemlich schmal. Stiel kurz und dünn, Farbe wie Hut oder mehr schwefelgelb, grünblau anlaufend. – Im Gras auf Lichtungen und auf Weiden. Mancherorts selten.

Verbogener Rötling (Rhodophyllus (Eccilia) undatus). *Erdbraun, gezontglänzend, Lamellen herablaufend.* Hut 1–3 cm, anfangs gewölbt, bald in der Mitte trichterförmig niedergedrückt, fein seidenfaserig, in den erdbraunen Farben etwas gezont. Lamellen ziemlich schmal, herablaufend, anfangs schmutzigbraun, später lachsfarben. Stiel kurz, etwas verbogen, glatt, gleichfarbig wie Hut. – Stellenweise auf feuchten Weidewiesen und in Waldmooren.

Gelber Rötling

Wachs-Rötling

Faseriger Rötling

Schönstieliger Rötling

Verbogener Rötling

Braungrüner Rötling

Seidigweißer Rötling

183

Falscher Pfifferling (Hygrophoropsis aurantiaca, Cantharellus). *Orangefarben, lederartig-trocken.* Hut 3–7 cm, ausgebreitet-trichterförmig, trocken, hautartig filzig, orangerot bis ledergelb. Lamellen schmal, gegabelt, herablaufend, orangerot, lebhafter als Hut. Stiel kurz und glatt, gleichfarben wie Hut. Fleisch zäh und trocken. – In Nadelwald, besonders Oktober–November. Nicht selten. Die Art ist als verwandt mit dem Pfifferling betrachtet worden, steht aber trotz der weißen Sporen den Kremplingen am nächsten. *Eßbar, aber nicht wertvoll.*

Krempling – Paxillus

Kahler Krempling (Paxillus involutus). *Olivbraun, Rand eingerollt.* Hut 5–12 cm, ausgebreitet-trichterförmig oder ausgebreitet-gebuckelt, Rand eingerollt, oft gekerbt, hautartig, trocken, in feuchtem Zustand schwach schleimig, olivbraun, die Mitte nußbraun. Lamellen schmal, herablaufend, unten in ein Netz auslaufend, anfangs gelblich, später olivgelb bis dunkel lehmbraun. Stiel kurz, oft schief, Farbe wie Hut, jung mit gelblichem Reif. Fleisch zäh, hell gelblich, Druckstellen schmutzig rotbraun. – Häufig bei Bäumen. *Eßbar, roh giftig. Personen mit empfindlichem Magen, Kindern und älteren Leuten sei vom Genuß überhaupt abgeraten!*

Samtfuß-Krempling (Paxillus atrotomentosus). *Rußbraun, Stiel samtfilzig.* Hut 5–20 cm, gewölbt-ausgebreitet, oft etwas lappig und schief, Rand eingerollt, filzig, sonst lederartig, gelblich-rußbraun bis kastanienbraun. Lamellen gedrängt, herablaufend, ockergelb. Stiel kurz, meist etwas seitlich, schwarzbraun filzig. Fleisch dick, weißlich. – Auf Nadelbaumstümpfen, stellenweise. *Wertlos.*

Muschel-Krempling (Paxillus panuoides, acheruntius). *Olivgelb, fächerförmig, stiellos, auf Nadel- und Bauholz.* Hut 3–8 cm, unregelmäßig, fächerförmig, trocken olivgelb, oft mit violetten Streifen, Lamellen schmal, anfangs heller als Hut, später lehmfarben. Stiel fehlt, Hut am Holz keilförmig befestigt. Fleisch dünn. – Holzzerstörer in Häusern, Bergwerken etc. Stellenweise.

Schmierling, Gelbfuß – Gomphidius

Kupferroter Schmierling (Gomphidius rutilus, viscidus). *Klebrig-feinschuppig, unter Kiefern.* Hut 4–10 cm, ausgebreitet-gebuckelt, fein-faserig-schuppig, jung klebrig, braunrot, randwärts mit Safranschein. Lamellen breit und dick, entfernt, bräunlich-safran, alt rötlich rußfarben. Stiel blasser als der Hut, oben mit Schleierresten. Fleisch safrangelb, weinrot anlaufend. – In trockenen Kiefernwäldern. Meist häufig. *Eßbar.* – In Süddeutschland und im Alpengebiet in Fichten- und Arvenwäldern häufig der ähnliche **Filzige Gelbfuß** (G. helveticus) mit filzigem, mehr orangefarbenem Hut. Der **Rosa-Schmierling** (G. roseus) ist auf Tafel I, vorne im Buch, rechts abgebildet. Er ist kleiner und schön rosenrot.

Kuhmaul, Großer Schmierling (Gomphidius glutinosus). *Grauviolett, schleimig, Stielbasis zitronengelb.* Hut 3–7 cm, gewölbt, alt etwas niedergedrückt, glatt, schleimig, grauviolett oder graubraun, oft fleckig. Lamellen herablaufend, schmal und entfernt, anfangs hellgrau, später schwarzgrau. Stiel kurz, zu oberst blaßgrau mit hochsitzenden, schleimigen Schleierresten, unter dem Ring graubraun-schleimig, Stielbasis zitronengelb, spitz. Fleisch dick, blaßgrau. – Recht häufig, besonders in Fichtenwald auf Sandboden. *Eßbar, Oberhaut entfernen.*

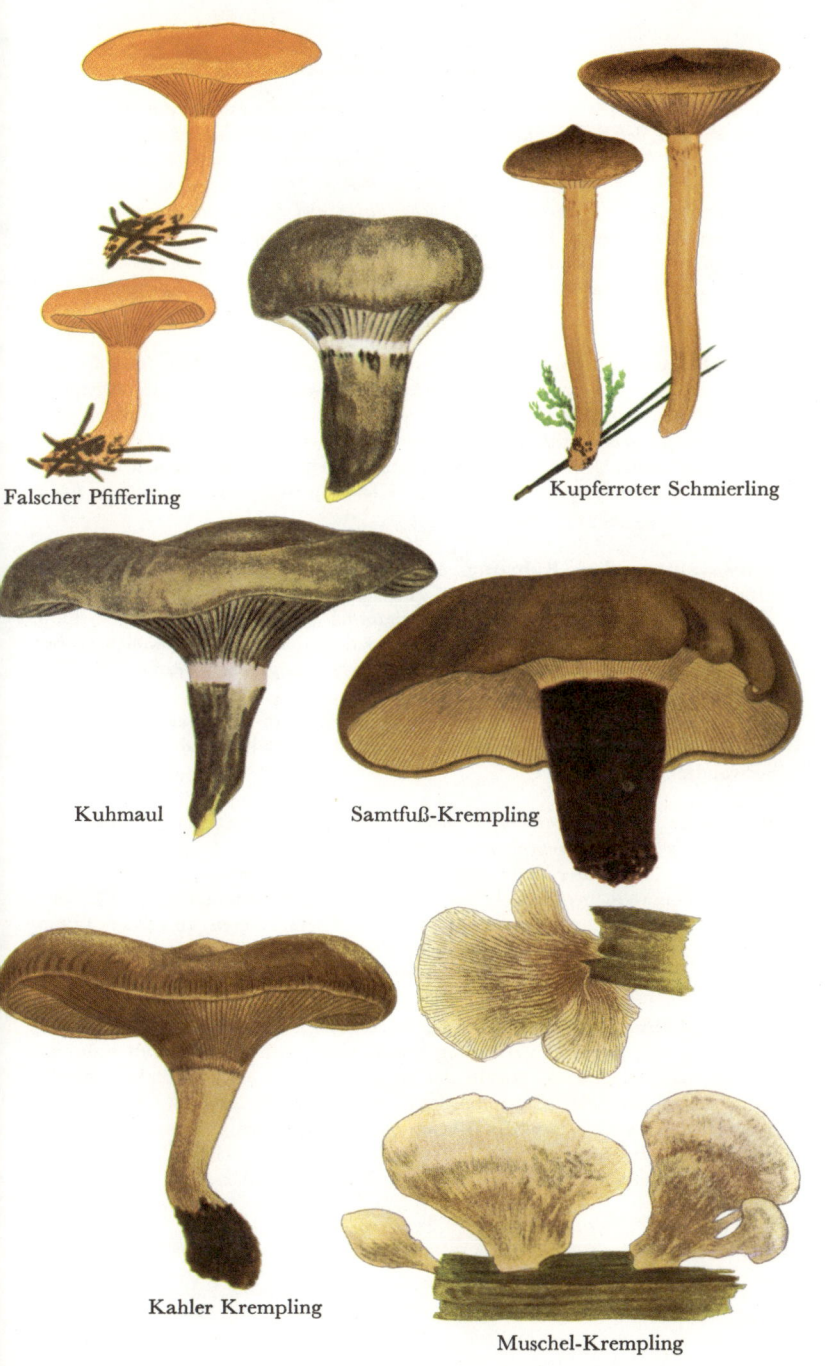

Falscher Pfifferling

Kupferroter Schmierling

Kuhmaul

Samtfuß-Krempling

Kahler Krempling

Muschel-Krempling

Röhrling – Boletus

Die meisten Arten sind groß und dickfleischig. Sie unterscheiden sich von den übrigen Hutpilzen dadurch, daß die Lamellen zu einer dichten, weichen Röhrenschicht umgebildet sind, die leicht vom Hutfleisch getrennt werden kann, im Gegensatz zur Porenschicht der Polyporaceen. Die Gattung Boletus wird oft in eine lange Reihe Untergattungen oder selbständiger Gattungen aufgeteilt; die wichtigsten unter diesen sind Suillus mit schleimigem Hut, Xerocomus mit trockenem, filzigem Hut, Boletus mit sehr dickem Fleisch und Leccinum mit schuppigem Stiel. Besonders eigenartig ist Strobilomyces mit zapfenschuppigem Hut; da sie auch stark abweichende, netzartig skulpturierte Sporen hat, ist sie hier als eine besondere Gattung aufgeführt.

Kornblumen-Röhrling (Boletus (Gyroporus) cyanescens). *Matt ledergelb, Stiel zellig-hohl.* Hut 5–10 cm, gewölbt, trocken, fein filzig, matt ledergelb oder lehmgelb. Röhrenschicht weiß, später hellgelb mit feinen Mündungen. Stiel dick spindelförmig, schmutzig blaßgelb, unten etwas filzig. Fleisch weißlich, im Stiel zellig-hohl, brüchig und trocken, Röhrenschicht und Fleisch schnell und stark blauend. – In hellen Buchenwäldern, Kiefernheiden. Ziemlich selten. *Eßbar und gut.*

Schwarzblauender Röhrling (Boletus pulverulentus). *Bräunlich-weinrot, Fleisch gelb, Hut filzig.* Hut 4–7 cm, gewölbt-abgeflacht, oft lappig, fein filzig, nußbraun-weinrot, jung oft leicht gelbflammig. Röhrenschicht ziemlich dünn, den Stiel herablaufend, lange chromgelb, zuletzt olivgelb mit ziemlich groben Mündungen. Stiel nach unten verjüngt, etwas filzig, oben orangegelb, nach unten rotbraun. Fleisch ziemlich weich, chromgelb, im Schnitt fast augenblicklich schwarzblau, Röhren ähnlich. – In feuchten Laub- und Nadelwäldern und Gebüsch auf Humus. Selten. *Eßbar.* Vermutlich mit Boletus subtomentosus nah verwandt.

Butterpilz (Boletus (Suillus) luteus). *Schleimig, braun-braungelb, mit Ring.* Hut 5–10 cm, gewölbt-ausgebreitet mit dicker Schleimschicht, jung porphyrbraun-kastanienbraun, später gelbbraun bis currygelb, oft etwas gestreift. Röhren anfangs von weißem Hautschleier bedeckt, blaßgelb, allmählich gelblich oliv. Stiel schmutziggelb, nach unten bräunlich, mit schleimigem, allmählich braunviolettem Ring, oft etwas körnig, besonders über dem Ring. Fleisch blaßgelb, weich. – In Nadelwald, oft in Gras. Recht häufig. *Eßbar und gut.*

Gold-Röhrling (Boletus (Suillus) grevillei, elegans). *Gelb, schleimig, mit Ring.* Hut 5–12 cm, gewölbt, später abgeflacht, stark schleimig, anfangs bräunlich orange, bald eigelb-zitronengelb mit etwas dunklerer Mitte. Röhren schwefelgelb, allmählich schmutziggelb. Stiel meist ziemlich lang und schlank mit hautartigem, weißgelbem Ring, etwas grubig und körnig, braungelb. Fleisch rötlich-gelb, in der Stielbasis meist schmutziggrün. – Häufig, immer unter Lärche, oft auch an einzelnen Lärchen in Laubwald. *Eßbar.*

Kornblumen-Röhrling

Butterpilz

Schwarzblauender Röhrling

Gold-Röhrling

Kuh-Röhrling (Boletus (Suillus) bovinus). *Glänzend lederbraun, ringlos.* Hut 4–8 cm, unregelmäßig gewölbt, abgeflacht, klebrig-glänzend, lederbraun-lehmbraun mit fleischfarbenem Stich. Röhren anfangs gleichfarbig wie Hut, später olivbraun, sehr grob, durch Scheidewände in schmalere Röhren aufgeteilt. Stiel meist kurz und dünn, etwas verbogen, gleichfarbig wie Hut oder dunkler braun. Fleisch blaß gelbbraun, im Stiel stärker gefärbt, schwach blauend. – Häufig in sandigen Nadelwäldern und an Nadelbäumen auf Heide. *Eßbar.*

Körnchen-Röhrling, Schmerling (Boletus (Suillus) granulatus). *Glänzend rotbraungelb, Röhren mittelweit, Stiel körnig.* Hut 5–10 cm, gewölbt – schwach gebuckelt bis ausgebreitet, klebrig-glänzend braungelb, meist etwas fleischfarben geflammt. Röhren anfangs gelb, mit weißlichen Tropfen, später oliv. Stiel blaßgelb, besonders nach oben drüsig-körnig. Fleisch gelb, im Stiel rostrot. – Häufig in Kiefernwald. *Eßbar und gut.* Abbildung in halber natürlicher Größe.

Sand-Röhrling (Boletus (Suillus) variegatus). *Gelbbraun, angedrückt-schuppig, fest.* Hut 6–12 cm, lange Zeit breit gewölbt, in feuchtem Zustand klebrig mit angedrückten, feinen oliven oder rotgrauen Schuppen auf gelbbraunem Grund. Röhren anfangs schmutzig orange, später bräunlich-oliv, recht fein, schwach blauend. Stiel meist kurz und dick, trocken, gelb, nach unten bräunlich, etwas körnig. Fleisch hell rotgelblich, schwach blauend, sehr fest. – Nicht selten, besonders in Kiefernwald auf Sandboden. *Eßbar, aber minderwertig.*

Pfeffer-Röhrling (Boletus (Suillus) piperatus). *Klein, grau-rotbraun, Stiel gelb.* Hut 2–6 cm, lange gewölbt, schwach klebrig, rotbraun, gelbbraun, oder mit hautartigem grauem Stich. Röhren ziemlich grob, rotgelb, meist stark farbig. Stiel schlank, oben rotbraun, nach unten stark gelb. Fleisch ziemlich weich, mit scharfem, pfefferartigem Geschmack. Der Pilz erscheint häufig auch in hellerer Farbe als abgebildet. – Nicht selten, besonders in sandigen Nadelwäldern an Wegrändern. *Ungenießbar wegen des Geschmacks.*

Ziegenlippe (Boletus (Xerocomus) subtomentosus). *Oliv-lederbraun, Röhren grob, chromgelb.* Hut 4–10 cm, flach gewölbt, fein filzig, alt etwas rissig, oliv-lederbraun, bisweilen mit goldenem Schein. Röhren chromgelb, recht grob, am Stiel herablaufend. Stiel kurz, oben mit grobem Netz und gelb, nach unten verjüngt und matt. Fleisch weißgelb, schwach blauend, weich. – Recht häufig in Nadel- und Laubwäldern. *Eßbar.*

Rotfuß-Röhrling (Boletus (Xerocomus) chrysenteron). *Rötlich lederbraun, Röhren schmutziggelb, Stiel rot.* Hut 4–10 cm, flach gewölbt, fein filzig, matt, etwas rissig, lederbraun oder rötlich olivbraun, längs des Randes und in den Rissen kirschrot anlaufend. Röhren schmutzig olivgelblich, kaum blauend. Stiel kurz, verjüngt, ohne Netz, meist kirschrot, etwas bunt. Fleisch weich, schmutziggelb-blaß, unter der Oberhaut blaßrot, in der Stielbasis rotbraun. – Meist häufig, sowohl in Laub- als auch in Nadelwald. *Eßbar, aber minderwertig.*

Kuh-Röhrling

Körnchen-Röhrling

Sand-Röhrling

Pfeffer-Röhrling

Ziegenlippe

Rotfuß-Röhrling

Parasitischer Röhrling (Boletus (Xerocomus) parasiticus). *Olivgelbbraun, auf Kartoffelbovist.* Hut 2–6 cm, gewölbt, oft unregelmäßig, schwach filzig, rissig, matt olivgelbbraun. Röhren zitronengelb, bald matt olivbraun, ziemlich grob, etwas herablaufend. Stiel ziemlich kurz und dünn, krumm, braungelb. Fleisch gelblich. – Selten; parasitisch, auf Scleroderma aurantium, meist auf Torferde unter Birke.

Maronen-Röhrling (Boletus (Xerocomus) badius). *Kastanienbraun, Röhren grünblauend.* Hut 5–12 cm, gewölbt, trocken bis schwach klebrig, glatt, kastanienbraun. Röhren anfangs fast weiß, später gelb bis olivgrüngelb, bei Druck grünblau. Stiel nußbraun, heller als der Hut, oft etwas gerieft, oben heller, gelblich. Fleisch im Stiel fest, im Hut mehr schwammig, weißlich-blaßgelb, gegen Stielbasis blaßbraun, etwas blauend, besonders in den gelblichen Teilen über den Röhren. – Weit verbreitet, besonders in Nadelwald. *Eßbar und gut.*

Fahler Röhrling (Boletus impolitus). *Gelblichblaß-rötlich, Röhren gelb, Stiel dick und blaß.* Hut 6–20 cm, halbkugelförmig bis gewölbt, fein filzig-faserig, hell lehmgelblich, oft etwas kirschrot geflammt. Röhren schwefelgelb, allmählich mit Olivschein, recht fein. Stiel dick, an der Mitte etwas angeschwollen, etwas blasser als der Hut, stellenweise rötlich angelaufen. Fleisch dick, fast weiß, schwefelgelb über den Röhren und unter der Stielrinde, nicht blauend, Geruch säuerlich. – Auf lehmigem, kalkreichem Boden, unter Eiche und auf offenen, grasigen Stellen. Sehr selten. *Eßbar.* Abbildung in halber natürlicher Größe.

Steinpilz, Herrenpilz (Boletus edulis). *Braun, Fleisch weiß, Stiel dick mit blassem Netz.* Hut 6–20 cm, halbkugelförmig-gewölbt, trocken, in feuchtem Zustand und im Alter klebrig. Röhren anfangs weißlich, später olivgelb, vom Stiel abstehend, nicht blauend. Stiel keulenförmig oder in der Mitte angeschwollen, blaß bräunlich, mit einem besonders oben deutlichen, feinmaschigen, blassen Netz. Fleisch weiß, unter der Oberhaut schwach rostbraun, anfangs fest und hart, später schwammig, mit angenehm nußartigem Geschmack. – Allgemein verbreitet, sowohl in Nadelwald als auch in hellen Buchenwäldern schon früh in der Saison, Juli–August. Das abgebildete Exemplar ist klein und jung. *Eßbar und ausgezeichnet.* Abbildung in halber natürlicher Größe.

Schönfuß-Röhrling (Boletus calopus). *Olivgraubraun, Stiel rot geflammt, mit Netz, Fleisch bitter, blauend.* Hut 6–18 cm, gewölbt, oft etwas lappig, matt-feinfilzig, olivgrau bis blaßbraun-oliv. Röhren fein und kurz, chromgelb, etwas blauend. Stiel schlank oder etwas angeschwollen, vom Grunde aus karminrot-geflammt, oben chromgelb, mit mehr oder weniger kräftigem, grobem Netz. Fleisch blaßgelb, schwach blauend, hart und fest, sehr bitter. – Sowohl in Laub- als auch in Nadelwald, meist auf sandigen Abhängen. Stellenweise selten. Dickgestielte Formen werden B. pachypus genannt. *Ungenießbar wegen des Geschmackes, aber in gekochtem Zustand kaum giftig.* Abbildung in halber natürlicher Größe.

Parasitischer Röhrling

Fahler Röhrling

Maronen-Röhrling

Steinpilz

Schönfuß-Röhrling

Glattstieliger Hexen-Röhrling (Boletus queletii, erythropus). *Stiel glatt, junge Röhren orange, Fleisch blauend, gelb über den Röhren.* Hut 5–15 cm, gewölbt, gelblichbraun bis ziegelrot oder rotbraun, oft mit rosa Stich, fein filzig, trocken. Röhrenschicht gelblich-olivbraun, Mündungen orangefarben, später olivbraun. Stiel manchmal ziemlich schlank, etwas verjüngt und unten purpur-blutrot, nach oben blasser, gelblichbraun, später dunkler braun, glatt. Fleisch dick, blaßgelb, blauend, Röhren bei Druck blauend. – In Laubwäldern auf Humus, besonders auf kalkreichem Boden. Selten. *Eßbar und gut. Nicht zu verwechseln mit dem schwach giftigen* **Satanspilz** (B. *satanas*) *der auf ähnlichen Stellen wächst, aber sehr selten ist. Er hat blaß lehmfarbigen Hut, dicken Stiel mit schwachem rotem Netz, und er blaut nur wenig.*

Netzstieliger Hexen-Röhrling (Boletus luridus). *Stiel netzadrig, junge Röhren orange, Fleisch blauend, rot über den Röhren.* Hut 5–20 cm breit, gewölbt, Farbe sehr variierend, schmutzig feuerfarben oder olivgelb mit rötlichem oder graufarbenem Stich, alt mehr braun, fein filzig, trocken. Röhren gelb mit orangefarbenen, später olivbraunen Mündungen. Stiel recht schlank mit Netz von groben Maschen, rot oder rotgelb auf gelbem oder rotem Grund. Fleisch und Röhren stark blauend, das Fleisch des Hutes ist hell gelb, eine dünne Schicht über den Röhren purpurrot, das Stielfleisch an der Basis dunkler gelb und alt rötlich rostbraun. – In Laub- und Nadelwäldern und Parks. Manchenorts häufig. *Eßbar, roh, schwach giftig; vergl. auch oben, B. satanas.*

Flockenstieliger Hexen-Röhrling, Schusterpilz, Donnerschwamm (Boletus erythropus, miniatoporus). *Stiel glatt- punktiert, Fleisch eigelb, blauend, junge Röhren karminrot.* Hut 5–20 cm, gewölbt, dunkelbraun oft mit rotem oder olivem Stich, fein filzig, trocken. Röhren gelb-gelbgrün mit anfangs karminroten, später rötlich olivfarbenen Mündungen. Stiel dick, oben und unten verjüngt, Grundfarbe gelblich, aber besonders nach oben dicht rotfilzig-punktiert. Fleisch eigelb und sehr fest, blauend. – In Laub- und Nadelwald auf saurem und kalkhaltigem Boden. Stellenweise häufig. *Eßbar, der beste und am leichtesten erkennbare der Hexen-Röhrlinge.*

Gallen-Röhrling (Boletus felleus). *Röhrenschicht rosa, Stiel mit grobem Netz, Geschmack bitter.* Hut 5–12 cm, gewölbt, später etwas unregelmäßig ausgebreitet, schwach filzig, trocken, gelbgrau-olivgrau. Röhren anfangs weiß, später schmutzig rosa, ziemlich weit mit eckigen Mündungen, bei Druck schmutzigbräunlich. Stiel oben lehmbraun, nach unten olivbraun mit deutlichem, meist etwas dunklerem, grobmaschigem Netz. Fleisch weiß, weich, im Bruch schwach rosa; Geschmack gallenbitter. – Meist in Nadelwäldern. Stellenweise häufig. *Besonders wegen des unangenehmen Geschmacks ungenießbar; kann jung mit dem Steinpilz (B.edulis) verwechselt werden, aber an dem gröberen, bald dunklen Netz und den rosa verfärbenden Poren zu erkennen.*

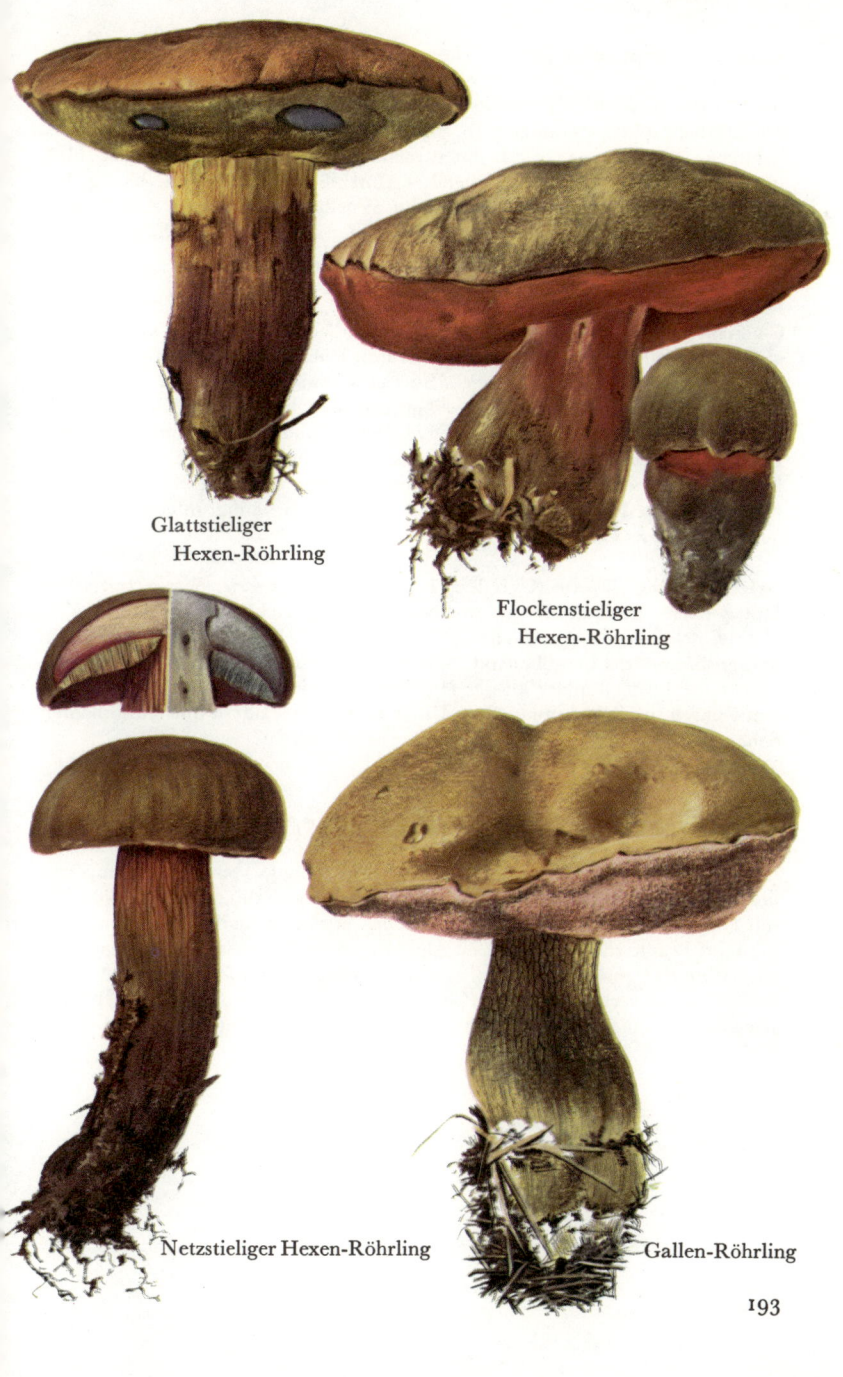

Glattstieliger
Hexen-Röhrling

Flockenstieliger
Hexen-Röhrling

Netzstieliger Hexen-Röhrling

Gallen-Röhrling

Rotkappe, Kapuziner (Boletus (Leccinum) testaceo-scabrum). *Ziegelrot-orange,*
Stiel schwarzschuppig. Hut 8–25 cm, halbkugelförmig, später gewölbt, lederartig-
matt, ziegelrot orange, alt verblassend bis hell gelblichbraun. Röhren anfangs hell
rauchfarben, später schmutziggelb. Stiel lang und dick mit kräftigen, schwarzen
Schuppen auf blassem Grund, unten meist grünspanfarben. Fleisch fest, blaß,
im Grunde des Stieles etwas blauend. – Unter Birke. Stellenweise häufig. Der
nahestehende Boletus aurantiacus hat jung ziegelbraune Schuppen auf dem Stiel
und wächst unter Espe, Boletus vulpinus unter Nadelbäumen. *Eßbar und gut.*
Abbildung in halber natürlicher Größe.

Birkenpilz (Boletus (Leccinum) scaber). *Haut grau, braun, Stiel schuppig.* Hut
6–20 cm, gewölbt, filzig-glatt. Im Alter und in feuchtem Zustand klebrig, matt
graubraun, lederbraun bis dunkel nußbraun. Röhren anfangs blaßgrau, später
braungrau-oliv, dunkler bei Druck. Stiel lang und etwas gefurcht, mit groben
oder nach oben etwas feineren, weißgrauen oder blaßbraunen Schuppen auf
hellerem Grund. Fleisch fest, aber bald weich und schwammig, bei einigen
Formen grünspanfarben gegen die Basis, bei anderen schmutzig weinrot anlaufend, später schwärzend. Geschmack mild. Sehr variabel. – In Birkenmooren
eine rein weiße Form; der Haupttypus ist besonders häufig unter Birke, selten
auch in Nadelwald zu treffen. *Eßbar und jung gut.*

Erlengrübling (Boletus (Gyrodon) lividus). *Klebrig, niedrig, Röhren herablaufend.*
Hut 4–8 cm, gewölbt, später unregelmäßig abgeflacht-niedergedrückt, glatt,
klebrig, gelblich mit bräunlichen Flecken. Röhren eigelb, später olivgelb, kurz
und grob, am Stiel herablaufend. Stiel meist kurz und unregelmäßig verbogen-
gekrümmt, etwas dunkler als der Hut. Fleisch gelblich, schwach blauend über
den Röhren, im Stiel braungelb. – Unter Erle in Auwäldern und Waldmooren.
Sehr selten. *Eßbar.*

Strubbelkopfröhrling (Strobilomyces floccopus, strobilaceus). *Schwarz und*
grobschuppig. Hut 8–15 cm, gewölbt, von groben, spitzen, wollartigen, faserigen
Schuppen dicht bedeckt, aschschwarz. Röhren anfangs von blaßgrauem, hautartigem Schleier bedeckt, blaßgrau, später aschgraubraun, ziemlich grob. Stiel
mit Ring, unter dem Ring schwarzschuppig, oben glatt und grau. Fleisch blaßgrau, im Bruch rhabarberrot, besonders an jungen Exemplaren. – In Laubwald
auf Humusboden. Recht selten und meist einzeln. *Wertlos.* Vermutlich nicht
besonders nah verwandt mit den übrigen Röhrlingen, wovon er sich auch durch
seine netzmaschigen, dunklen Sporen unterscheidet. Abbildung in halber natürlicher Größe.

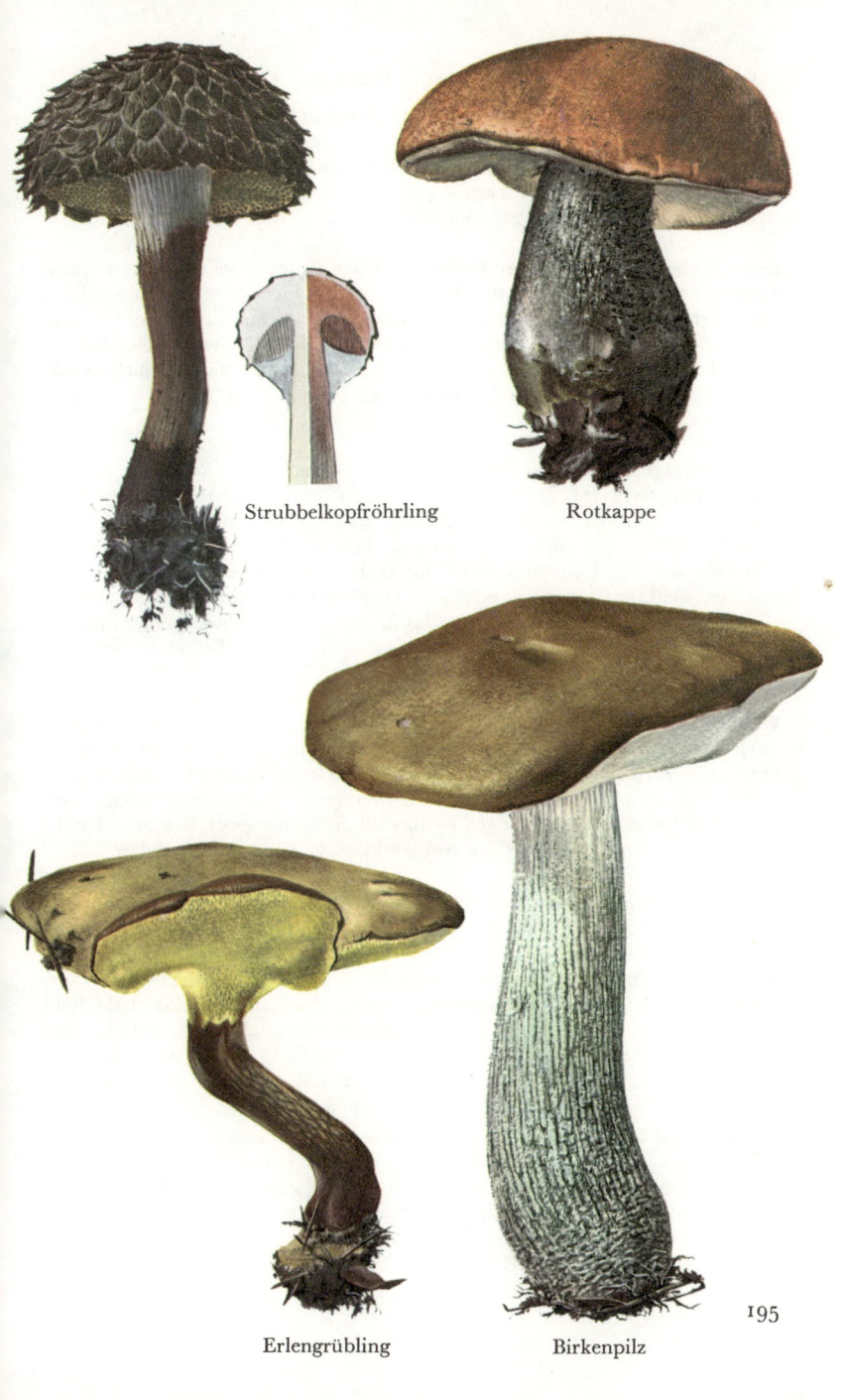

Strubbelkopfröhrling

Rotkappe

Erlengrübling

Birkenpilz

195

Täubling – Russula

Große oder mittelgroße Pilze. Hut abgeflacht, oft mit lebhaften Farben; Lamellen weiß oder gelb, brüchig; Stiel mit brüchigem, käseartigem, nicht faserigem Fleisch, ohne Milchsaft, mit mildem oder scharfem Geschmack. Sporen weiß oder etwas gelblich, unter dem Mikroskop fein stachelig. Eine unserer größten Gattungen der Hutpilze. Als Hauptregel gilt, daß milde Arten eßbar sind.

Erdschieber, Blaublättriger Weiß-Täubling (Russula delica). *Schmutzigweiß Lamellen herablaufend, Fleisch hart.* Hut 7–20 cm, trichterförmig mit eingerolltem Rand, glatt oder etwas rissig, oft teilweise bedeckt von Erde und Blättern, kalkweiß-schmutzigweiß. Lamellen schmal, kurz herablaufend, weiß, oft mit schwachem grünblauem Stich um den Stiel. Stiel kurz und dick, verjüngt, weiß. Fleisch hart und brüchig, bald wurmstichig. – Sehr häufig, Nadel- und Laubwald. *Wertlos.*

Dickblättriger Schwarz-Täubling (Russula nigricans). *Rußbraun, Lamellen entfernt.* Hut 6–12 cm, gewölbt, etwas trichterförmig, glatt-rissig, trocken, anfangs grau-rußbraun, etwas weißgefleckt, später rußbraun bis schwarz. Lamellen entfernt und dick, elfenbeinweiß, bald rußbraun anlaufend von der Schneide aus. Stiel anfangs weiß, allmählich rußbraun. Fleisch hart und brüchig, weiß, auf jungen Exemplaren im Schnitt kirschrot, allmählich grauschwarz. – Sehr häufig in Nadel- und Laubwald. Tote Fruchtkörper als Mumien im Winter und Frühjahr zu finden. *Wertlos.* Die nahestehende R. densifolia ist kleiner und hat gedrängte Lamellen.

Gelber Graustiel-Täubling (Russula claroflava). *Zitronengelb, Lamellen ockergelb, Stiel weiß.* Hut 6–12 cm, gewölbt-abgeflacht, am Rand kammfurchig, chromgelb-zitronengelb, in der Mitte am dunkelsten. Lamellen ziemlich breit, jung weiß, später sahnefarben, alt hell ockergelb. Stiel ziemlich lang, etwas aderig, kalkweiß, alt grau. Fleisch weiß, wird im Schnitt grau, Geschmack mild. – Auf Torfboden unter Birke. Im Norden häufiger als im Süden. *Eßbar.*

Stink-Täubling (Russula foetens). *Dattelbraun-schleimig, kammrandig, Geschmack scharf.* Hut 6–12 cm, anfangs fast kugelförmig, später abgeflacht-trichterförmig, Rand stark gefurcht-gekerbt, schleimig, gelblich dattelbraun. Lamellen ziemlich schmal und entfernt, schmutzigweiß, mit Tropfen, allmählich braunfleckig. Stiel kräftig, oft unregelmäßig, weiß, etwas braunfleckig, bald hohl. Fleisch weiß, hart und brüchig, mit unangenehmem, oft etwas bittermandelartigem Geruch und scharfem Geschmack. – Häufig in Nadel- und Laubwald. *Wertlos.* Mehrere nahestehende kleinere Arten (R. sororia, R. farinipes).

Gallen-Täubling (Russula fellea). *Matt ockergelb, Lamellen und Stiel blaß ocker.* Hut 3–7 cm, gewölbt-abgeflacht, Rand braun gerieft, matt ockergelb, trocken. Lamellen ziemlich schmal und gedrängt, mit etwas Hutfarbe. Stiel blaß ockergelb, oben schwach flockig, festfleischig. Fleisch weißlich mit schwachem Geruch und brennend scharfem Geschmack. – Häufig, besonders in Laubwald, meist einzeln am Fuß von Buchen. *Wertlos.*

Dickblättriger
Schwarz-Täubling

Stink-Täubling

Gelber Graustiel-Täubling

Erdschieber

Gallen-Täubling

197

Zitronen-Täubling (Russula ochroleuca). *Lamellen weiß, Stiel weiß, grauend.* Hut 4–8 cm, gewölbt-abgeflacht, schwach klebrig, glatt, außer an alten Fruchtkörpern kaum furchig am Rand, zitronengelb, in der Mitte ockergelb, etwas verblassend. Lamellen weiß. Stiel weiß, schwach grau-adrig, allmählich oft schmutziggrau. Fleisch weich, weiß, schwach grauend, meist etwas scharf schmeckend. – Sehr häufig in Laub- und in Nadelwald, meist auf feuchtem Boden. *Wertlos.*

Sonnen-Täubling (Russula solaris). *Zitronen-eigelb, Lamellen ockergelb, scharf.* Hut 3–6 cm, gewölbt, bald abgeflacht-niedergedrückt, klebrig, glatt mit gekerbtem-gefurchtem Rand, zitronen-golden mit eigelber Mitte. Lamellen anfangs weiß, bald hell ockergelb. Stiel recht dünn, weiß. Fleisch sehr weich und brüchig, weiß, mit brennend scharfem Geschmack. – In Buchenwäldern. Stellenweise selten. *Wertlos.*

Speise-Täubling (Russula vesca). *Rosaviolett, Lamellen vorstehend, Fleisch fest.* Hut 4–8 cm, gewölbt-abgeflacht, glatt oder schwach runzelig, Oberhaut etwas verkürzt, so daß die Lamellen am Hutrand hervorschauen, einfarbig oder in rosavioletten Tönen geflammt. Lamellen gedrängt, weiß, alt oft braungefleckt. Stiel weiß oder etwas bräunlich angelaufen. Fleisch fest, weiß, unter der Oberhaut violett. Geschmack mild, nußartig. – In Nadel- und Laubwald. Häufig. *Eßbar und gut.*

Frauen-Täubling (Russula cyanoxantha). *Blaugrün-rotviolett, Lamellen weiß, mild.* Hut 5–12 cm, lange Zeit halbkugelförmig-gewölbt, später abgeflacht-niedergedrückt, glatt oder leicht rissig-schuppig mit gleichmäßigem Rand, fast trocken, sehr variabel in der Farbe, meist überwiegend olivgrün-violett, aber auch mit rötlichen und bläulichen Tönen. Lamellen weiß. Stiel weiß, meist ziemlich kurz und dick. Fleisch fest, unter der Oberhaut rötlich, sonst weiß, mit mildem, nußartigem Geschmack. – Sehr häufig, besonders in Laubwald, schon ab Juni. *Eßbar und wohlschmeckend.*

Pfirsichgelber Täubling (Russula violeipes). *Stiel mit violettem Anstrich, Fleisch fest.* Hut 4–8 cm, lange Zeit gewölbt, zuletzt abgeflacht-niedergedrückt, trocken und matt, glatt oder schwach rissig mit fein mehligem Reif, pfirsichgelb oder zitronengelb, oft mit violettem Anstrich. Lamellen gedrängt und schmal, schwach gelblich. Stiel weiß, fast immer mehr oder weniger violett oder weinrot angelaufen. Fleisch sehr fest und hart, weiß, Geschmack mild. – In Laubwald, besonders auf Humusboden. Stellenweise. Nicht häufig. *Eßbar und gut.*

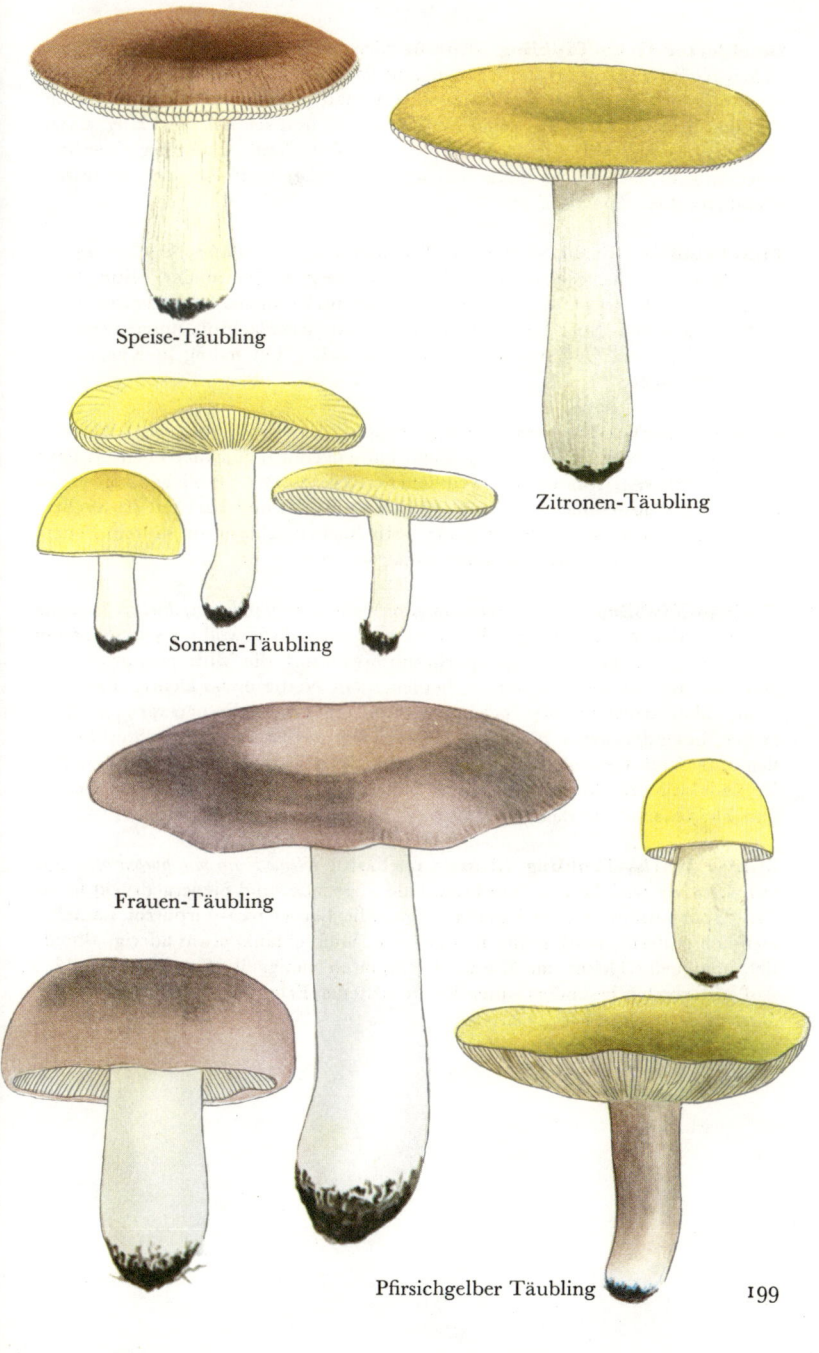

Speise-Täubling

Zitronen-Täubling

Sonnen-Täubling

Frauen-Täubling

Pfirsichgelber Täubling

199

Gefelderter Grün-Täubling (Russula virescens). *Festfleischig, grünspanig mit felderig-rissiger Huthaut.* Hut 7–12 cm, abgeflacht-halbkugelförmig, später flach gewölbt, Huthaut mehlig und rissig-felderig, matt grünspanig- bis gelblichgrün, weißlich in den Rissen. Lamellen weiß, gedrängt und schmal. Stiel kurz, unten etwas verjüngt, weiß. Fleisch sehr hart und fest, weiß, unter der Oberhaut schwach gelb; Geschmack nußkernartig. – In trockenen, freien Buchenwäldern. Ziemlich selten. *Eßbar und gut.*

Blut-Täubling (Russula sanguinea). *Scharlach-rosa, Stiel rötlich; sehr scharf schmeckend.* Hut 6–8 cm, gewölbt bis schwach niedergedrückt in der Mitte, rosa-scharlachrot, Rand glatt. Lamellen gedrängt und schmal, kurz herablaufend, blaß sahnefarben. Stiel mit rosa Stich bis blaß scharlachrot, unten verjüngt. Fleisch weiß, fest, Geschmack ausgeprägt scharf. – Oft häufig in Kiefernwäldern. *Ungenießbar.*

Harter Zinnober-Täubling (Russula lepida). *Stiel und Hut rosarot, festfleischig, Geschmack nach Bleistiftholz.* Hut 4–8 cm, halbkugelförmig, später hoch bis flach gewölbt, trocken, rosarot mit weißlichem Reif, zuletzt verblichen, oft etwas rissig. Lamellen schmal, weiß, frei. Fleisch weiß, fest und hart mit schwachem Geschmack ungefähr wie Bleistiftholz. – In Buchenwäldern auf saurem Boden. Verbreitet. *Eßbar, aber nicht besonders wohlschmeckend.*

Herings-Täubling (Russula xerampelina). *Purpurrot bis braun, Fleisch bräunlich anlaufend, Geruch nach Hering.* Hut 5–12 cm, schwach gewölbt bis ausgebreitet mit niedergedrückter Mitte, purpurbraun bis blutrot, die Mitte purpurschwarz, glatt, der Rand schwach gefurcht, bei feuchtem Wetter etwas klebrig. Lamellen breit, sahnefarben bis blaß ockergelb. Stiel etwas runzelig-netzadrig, purpurfarben, besonders gegen Basis. Fleisch recht fest, im Alter und im Schnitt bräunlich anlaufend, Geschmack mild, nußkernartig; alt mit Geruch nach Hering. – In Nadelwäldern. Meist nicht selten. Sehr variabel; blasse Formen am Geruch und Fleischfarbe zu erkennen. *Eßbar.*

Milder Wachs-Täubling (Russula puellaris). *Kleine Form mit purpurrotem Hut und gelblichem Stiel.* Hut 3–5 cm breit, bald abgeflacht und niedergedrückt in der Mitte, purpurschwarz, der Rand grob gekerbt, blasser rosa-purpurrot. Lamellen ziemlich entfernt, weiß, später hell gelblich. Stiel schlank, etwas aderig, allmählich honiggelb. Fleisch an älteren Exemplaren honiggelb, Geschmack mild. – Auf Moorboden besonders unter Fichte, seltener Erle und Birke. Meist häufig. *Wertlos, sicher eßbar, aber zu klein.*

Herings-Täubling

Blut-Täubling

Harter Zinnober-Täubling

Gefelderter Grün-Täubling

Milder Wachs-Täubling

Schwarzpurpurner Täubling (Russula atropurpurea). *Groß und kurzgestielt mit purpur-blutrotem Hut; Lamellen weiß.* Hut 9–12 cm, flach gewölbt, zuletzt in der Mitte schwach niedergedrückt, glatt, in feuchtem Zustand schwach klebrig, die Hutmitte purpurschwarz, randwärts blutrot-purpurrot, stellenweise bis Weinrot verblassend, oft auch etwas braun-gefleckt. Lamellen weiß mit gelblichem Stich, kurz herablaufend. Stiel kurz und dick, rissig-kleinschuppig, schwach bräunlich anlaufend. Fleisch fest, weiß, Geschmack mild, jung etwas scharf. – In offenen Laubwäldern. Nicht häufig. *Eßbar, aber etwas trocken und ein wenig bitter.*

Kirschroter Spei-Täubling (Russula emetica). *Hut lackrot, Lamellen und Stiel weiß, Fleisch weich, Geschmack scharf.* Hut 6–9 cm, gewölbt bald ausgebreitet-niedergedrückt, schleimig-glänzend, lackrot, gegen den etwas gekerbten Rand heller; Oberhaut abziehbar. Lamellen weiß, recht entfernt. Stiel lang und schlank, rein weiß. Fleisch weich-schwammig, weiß, unter der Oberhaut rötlich mit ausgeprägtem, scharfem Geschmack. – Auf Moorboden unter Nadelbäumen. Stellenweise, besonders im Norden häufig. *Übelschmeckend, vielleicht auch schwach giftig.*

Kleiner Spei-Täubling (Russula mairei). *Hut lackrot-rosenrot, etwas weißbereift, Stiel weiß, Geschmack scharf.* Hut 3–7 cm, bald flach ausgebreitet, fast trocken und meist matt, scharlachrosa bis blaß lackrot mit hellerem, schwach gerieftem Rand, oft fein weißbereift. Lamellen recht gedrängt, weiß. Stiel weiß. Fleisch brüchig, weich mit scharfem Geschmack. – Häufig in Buchenwäldern, oft nahe bei Stümpfen. *Ungenießbar.*

Stachelbeer-Täubling (Russula queletii). *Purpurweinrot, bunt ausblassend, Stiel purpurrot, Geschmack scharf.* Hut 4–8 cm, flach gewölbt, oft schwach gebuckelt, etwas klebrig, anfangs dunkel purpurrot, später blaß purpur-weinrot oder wässerig-lila, zuletzt oft fast weiß und fleckig. Lamellen weiß, allmählich schmutzig sahnefarben-grau. Stiel lang und schlank, fein gepudert, ganz oder teilweise in blassem Weinrot getönt. Fleisch weiß, unter der Oberhaut hellrot, Geschmack sehr scharf. – Häufig in Nadelwäldern, besonders auf feuchtem Boden, in Scharen. *Ungenießbar.*

Grasgrüner Täubling (Russula aeruginea). *Grasgrün, Fleisch weich und mild, oft etwas braunfleckig, unter Birke.* Hut 6–9 cm, bald in der Mitte niedergedrückt, grasgrün-olivgrün, heller gegen den gekerbten Rand. Lamellen recht breit und entfernt, alt sahnefarben und etwas braungefleckt. Stiel weiß, alt braungefleckt. Fleisch weich, fast ohne Geschmack. – Unter Birke, besonders auf sandigem Boden in Gras. Stellenweise, weit verbreitet. *Eßbar.*

Aderiger Täubling (Russula venosa). *Purpurrot ausbleichend, Stiel aderig, rot angelaufen.* Hut 3–5 cm, bald abgeflacht, fast trocken, Rand deutlich gekerbt, schmutzig purpurrot, in der Mitte dunkler, ausbleichend. Lamellen senfgelb. Stiel ziemlich schlank, deutlich aderig, anfangs weiß und mehr oder weniger rosa angelaufen, später vom Grunde aus gilbend. Fleisch sehr brüchig, Geschmack mild. – Verbreitet auf Torfboden unter Birke.

Kirschroter Spei-Täubling

Grasgrüner Täubling

Kleiner Spei-Täubling

Schwarzpurpurner Täubling

Stachelbeer-Täubling

Aderiger Täubling

203

Apfel-Täubling (Russula paludosa). *Blutrot-glänzend, Stiel rötlich, mild.* Hut 8–12 cm, gewölbt-abgeflacht, blutrot-purpurrot, seltener orangerötlich, etwas glänzend, am Rand schwach furchig. Lamellen ziemlich breit und entfernt, anfangs weiß, später sahnefarben, oft mit rötlichen Rändern. Stiel lang und kräftig, weiß, mehr oder weniger rosa angelaufen. Fleisch weiß, schwach scharf oder mild, im Schnitt nicht grau werdend. – In Torfmooren unter Kiefern und Birke und in sauren Kiefern- und Fichtenwäldern besonders mit Heidelbeeren. Mancherorts selten. – Auf ähnlichen Stellen eine andere große rote und milde Art: **Weinroter Graustiel-Täubling** (Russula vinosa), deren Fleisch im Schnitt grau wird. *Beide Arten sind eßbar.*

Orangeroter Graustiel-Täubling (Russula decolorans). *Bunt ziegelrot, Stiel und Fleisch grauend, mild.* Hut 5-15 cm, halbkugelig, später abgeflacht-niedergedrückt, jung ein bißchen klebrig, orange-rötlich, lehmfarben gelblich ausblassend, alt grauend. Lamellen gedrängt, um den Stiel gegabelt, weiß, später gelblich sahnefarben. Stiel oft lang und kräftig, gerunzelt-gerieft, weiß, später grauend. Fleisch weich, weiß, später grau, bei alten Exemplaren fast schwarz, Geschmack mild. – In Nadelwäldern, stellenweise, im Süden häufig. *Eßbar.*

Großer Leder-Täubling (Russula alutacea). *Furchig-runzelig, matt, Stiel mit rotem Halsband.* Hut 8–15 cm, abgeflacht-niedergedrückt, etwas konzentrisch gefurchtgerunzelt, matt, Farbe sehr variabel, weinrot mit hellerem Rand, bräunlich oliv, grünlich oliv oder mit diesen Farben etwas bunt geflammt. Lamellen breit, ziemlich entfernt, sahnefarben, allmählich ockergelb, von Sporen dicht und reich gepudert. Stiel dick, weiß, rosa angelaufen, besonders ausgeprägt in einer Zone um die Stielspitze. Fleisch weiß, fest, aber bald stark wurmstichig; mit mildem Geschmack. – Nicht selten, besonders in Buchenwald, Gras und Blättern; um den Pilz sind diese oft dicht gepudert von ockergelbem Sporenstaub. *Eßbar.*

Gold-Täubling (Russula aurata). *Orangerot-geflammt, Lamellen mit chromgelber Schneide.* Hut 6–9 cm, meist etwas unregelmäßig ausgebreitet-niedergedrückt, glatt, orangerot, geflammt mit Orangegelb. Lamellen breit und entfernt, sahnefarben mit chromgelben bis safrangelben Schneiden. Stiel kurz und dick, besonders nach unten mit orangegelbem Schein. Fleisch bald recht weich und schwammig, weiß, unter der Huthaut orangegelb, Geschmack mild oder schwach scharf. – In trockenen Fichten- und Buchenwäldern. Selten. *Eßbar und gut.*

Geriefter Weich-Täubling (Russula chamaeleontina, nauseosa). *Hell purpur, Lamellen ockergelb.* Hut 3–5 cm, bald abgeflacht-niedergedrückt, glänzend, der Rand grubig-gerieft, schmutzig purpurbraun in der Mitte, nach außen blasser purpurrot-fleischfarben oder gelblich-fleischfarben. Lamellen ziemlich entfernt, sahnefarben, allmählich ockergelb. Stiel weiß, etwas aderig, schlank, Fleisch weich und schwammig, Geschmack mild. – Ziemlich verbreitet auf feuchtem Boden in Nadelwald, in kleinen Gruppen. *Eßbar.*

Apfel-Täubling

Gold-Täubling

Großer Leder-Täubling

Orangeroter Graustiel-Täubling

Geriefter Weich-Täubling

205

Milchling – Lactarius

Trichterförmige, meist fleischige Arten mit Milchsaft. Sporen weiß.

Milchbrätling (Lactarius volemus). *Prächtig orangebraun, Haut trocken und rissig.* Hut 7–11 cm, gewölbt eingebogen bis etwas trichterförmig, orangebraun, gegen den Rand heller orangegelblich, trocken, meist etwas rissig. Lamellen sahnefarben, oft von eingetrockneten Milchtropfen braungefleckt, bei Berührung rotbraun, kurz herablaufend. Stiel glatt, hell orangebraun, unten am dunkelsten, oben weißbereift. Fleisch fest, weißgelblich, Milch weiß, reichlich; Geschmack mild. – In Nadel- und Laubwäldern, oft in großen Gruppen. Stellenweise häufig. *Eßbar.*

Rußfarbener Milchling (Lactarius fuliginosus). *Hell bis dunkel rußbraun-gepudert, Fleisch im Schnitt langsam safranfarben.* Hut 4–10 cm, allmählich trichterförmig, mit oder ohne Papille in der Mitte, trocken, gepudert, sehr variabel in der Farbe von lehmbraun bis dunkel rußbraun. Lamellen herablaufend, anfangs hell sahnefarben, später ockergelb. Stiel nach unten verjüngt, heller als der Hut, bis fast weiß. Milch und Fleisch weiß, die Wunden in 3–4 Minuten schmutzig safranrötlich. Geschmack mild bis ein wenig scharf. – In Laub- und Nadelwäldern. Verbreitet. Die beiden Abbildungen zeigen zwei extreme Formen. *Milde Formen sind eßbar.*

Wolliger Milchling (Lactarius vellereus). *Weiß, samtfilzig, Lamellen entfernt, Stiel kurz, Geschmack scharf.* Hut 10–20 cm, etwas trichterförmig mit eingebogenem Rand, dicht und kurz samtfilzig, weiß, später schmutzigweiß mit braunen Flekken. Lamellen entfernt, kurz herablaufend. Stiel kurz, dicht filzig. Fleisch weiß und fest, Milch weiß; Geschmack brennend scharf. – In Nadel- und Laubwäldern, oft in Scharen. Sehr häufig. *Nach Einsalzen und Wässern als eßbar angegeben aber minderwertig.*

Pfeffer-Milchling (Lactarius piperatus). *Weiß und glatt mit stark gedrängten Lamellen und scharfem Geschmack.* Hut 6–15 cm, allmählich trichterförmig, doch lange Zeit mit eingerolltem Rand, weiß, etwas braunfleckig, fast glatt. Lamellen stark gedrängt und schmal, alt sahnegelb, gegabelt. Stiel ungefähr so lang wie der Hut breit, ziemlich dick. Fleisch fest und weiß, Milch weiß, brennend scharf. – In Nadel- und Laubwald, in Scharen. Weit verbreitet. *Nach Einsalzen und Wässern als eßbar angegeben.*

Kleiner Duft-Milchling (Lactarius glyciosmus). *Fleischrot-violett mit gelblichen Lamellen und Kokosgeruch.* Hut 2–6 cm, bald trichterförmig mit kleiner Papille in der Mitte, etwas filzig-matt, fleischrot-violett bis braunlila. Lamellen alt ocker-sahnefarben. Stiel gleichfarben wie Hut, aber blasser. Fleisch weich, Milch wässerig klar, Geruch kokosartig süßlich. – Häufig und scharenweise in Mooren unter Birke. *Eßbar.*

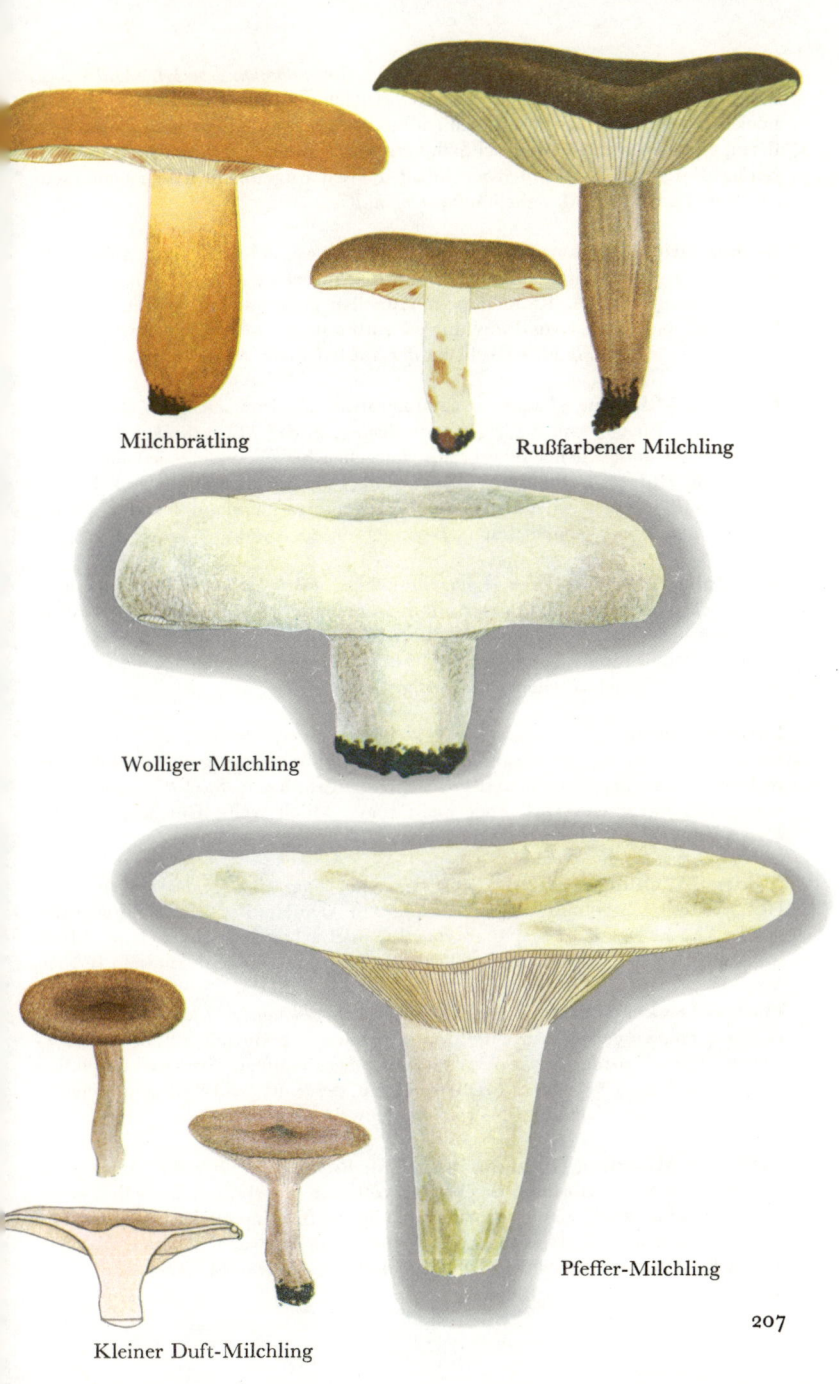

Milchbrätling

Rußfarbener Milchling

Wolliger Milchling

Pfeffer-Milchling

Kleiner Duft-Milchling

Rotbrauner Milchling (Lactarius rufus). *Matt rotbraun, gebuckelt, Milch weiß, scharf.* Hut 4–8 cm, gebuckelt, bald etwas trichterförmig-ausgebreitet, grießighöckerig, rotbraun. Lamellen blaß, allmählich schmutzig gelbbraun und gefleckt, ziemlich gedrängt und schmal, herablaufend. Stiel schwach rauh-unregelmäßig, Farbe wie Hut, unten weißfilzig. Fleisch rotgelblich. Milch weiß, sehr scharf. – In Nadelwald. Sehr häufig. *Ungenießbar.*

Becher-Milchling (Lactarius cyathula). *Klein, spitz gebuckelt, Rand gerieft, unter Erle.* Hut 1–3 cm, ausgebreitet-trichterförmig mit spitzem kleinem Buckel, rotbraun-kastanienbraun, Rand gerieft. Lamellen anfangs blaß, später wie Hut. Stiel blaß, bald vom Grund aus dunkel rotbraun. Fleisch dünn, Milch weiß, spärlich, Geschmack mild. – Recht häufig auf feuchtem Moorboden unter Erle.

Kampfer-Milchling (Lactarius camphoratus). *Dunkelrotbraun, Milch wässerig, Geruch süß.* Hut 2–4 cm, niedrig trichterförmig, in der Mitte dunkel kastanienbraun, nach außen heller leberbraun. Lamellen blasser, zuletzt jedoch gleichfarbig wie Hut. Stiel allmählich ebenso dunkel wie die Hutmitte, ziemlich kurz. Milch weißlich-wässerig, Geruch durchdringend, süßlich-kampferartig, stärker beim Eintrocknen. – Nicht selten, besonders in Laubwald.

Maggipilz, Bruch-Reizker (Lactarius helvus). *Filzig, hellbraun, Milch wässerig. Geruch süß.* Hut 6–10 cm, trichterförmig-ausgebreitet, trocken, fein zottig-filzig, hellbraun-lederbraun. Lamellen gelblichblaß, später gleichfarben wie Hut. Stiel ähnlich. Milch wässerig-weiß, Geruch süßlich-kumarinartig. – In Nadelwald auf Torfboden. Stellenweise häufig. *Giftig.*

Lack-Milchling (Lactarius cremor). *Orangerotbraun, lackiert, Stiel dick, Geschmack mild.* Hut 4–7 cm, ausgebreitet-trichterförmig, lackartig glänzend orangerotbraun. Lamellen schmal und gedrängt, blaß rotbraun. Stiel dick und kurz, zugespitzt, Farbe wie Hut, aber meist matt. Milch weiß, Geschmack mild. – In Laubwald auf Humus. Recht selten.

Milder Milchling (Lactarius aurantiacus). *Orangerotgelb, dünnfleischig, mild.* Hut 4–8 cm, ausgebreitet-trichterförmig mit kleinem Buckel, Rand gewellt, orange. Lamellen gedrängt, blaß rotgelb. Stiel schlank, ziemlich lang, Milch weiß, mild. – Nicht selten, in Nadelwald. L. mitissimus ist sehr ähnlich. *Wertlos.*

Flatter-Reizker (Lactarius tabidus). *Gebuckelt, gelbbraun, Milch hell gelb, mild.* Hut 2–4 cm, ausgebreitet-trichterförmig, gebuckelt, gerunzelt, gelbbraun-lederfarben. Lamellen blasser als der Hut, kurz herablaufend. Stiel meist ziemlich lang, schlank und verbogen, Milch weiß, an der Luft bald hell schwefelgelb, Geschmack mild. – In Torfmooren. Stellenweise häufig.

Süßlicher Milchling (Lactarius subdulcis). *Rotbraun, trichterförmig, Milch weiß.* Hut 3–6 cm, trichterförmig ausgebreitet, rotbraun-leberbraun, Lamellen etwas heller, herablaufend, gedrängt. Stiel anfangs blaß, allmählich von unten her dunkler, Milch weiß, Geschmack mild oder mit schwach bitterem Nachgeschmack. – Mancherorts sehr häufig, besonders in Laubwald. *Wertlos.*

Becher-Milchling

Kampfer-Milchling

Rotbrauner Milchling

Maggipilz

Lack-Milchling

Flatter-Reizker

Süßlicher Milchling

Milder Milchling

Eichen-Reizker (Lactarius quietus). *Matt rotbraun-gezont, Milch gelblich, Geruch süß.* Hut 4–8 cm, anfangs gewölbt, später ausgebreitet-niedergedrückt mit schwachem Buckel, etwas gerunzelt-rauh, schwach gezont, hell leberbraun bis matt rötlich holzbraun. Lamellen kurz herablaufend, sahnefarben, allmählich mit etwas Hutfarbe. Stiel faserig-gerunzelt, anfangs heller, später dunkler als der Hut. Fleisch blaßgelblich-matt rotbraun, Milch blaß sahnefarben, Geruch ausgeprägt süßlich-kokosartig, Geschmack mild-widerlich. – Häufig, aber nur unter Eiche. *Wertlos.*

Birken-Reizker (Lactarius torminosus). *Fleischfarben, Rand bärtig, Geschmack scharf.* Hut 5–10 cm, gewölbt-ausgebreitet bis niedergedrückt, angedrückt-haarig, Rand eingebogen, bärtig, fleischfarben bis gelblichblaß, meist gezont. Lamellen gedrängt mit fleischfarbenem Schein. Stiel kurz, verjüngt mit etwas Hutfarbe. Fleisch weiß mit fleischfarbenem Schein, Milch weiß, beißend scharf. – Unter Birke auf feuchtem Boden, besonders in Mooren. Allgemein verbreitet. *Nach Einsalzen und Wässern eßbar.*

Beißender Milchling (Lactarius pyrogalus). *Blaß braunviolett, Lamellen ocker, scharf.* Hut 4–8 cm, gewölbt-ausgebreitet-trichterförmig, schmutzig blaß braun-violett, etwas klebrig. Lamellen stark entfernt, ockergelb. Stiel schlank, oft unregelmäßig, trocken, mit etwas Hutfarbe. Milch weiß, brennend scharf. – Auf Humus unter Hasel. Stellenweise. *Ungenießbar.*

Fleischblasser Milchling (Lactarius pallidus). *Blaß lehmfarben, schleimig, Geschmack scharf.* Hut 6–12 cm, ausgebreitet-gewölbt, schleimig-klebrig, blaß lehm-farben. Lamellen gedrängt und recht schmal, etwas blasser als der Hut. Stiel recht kräftig mit etwas Hutfarbe. Fleisch fest, weiß, Milch weiß, scharf. – In Buchenwald. Sehr häufig. *Ungenießbar.*

Blasser Fransen-Milchling (Lactarius resimus). *Groß, gelblichblaß, Milch schwe-felgelb.* Hut 10–15 cm, gewölbt bis tief trichterförmig, klebrig, gegen den einge-rollten, schwach filzigen Rand etwas grubig, blaßgelb. Lamellen schmal, herab-laufend, gelblich. Stiel kurz und dick, blaß. Fleisch hohl im Stiel, fest, gelblich über den Lamellen, sonst weiß, Milch schwefelgelb, etwas scharf. – In Nadel- und Birkenwald. Sehr selten. *Wertlos.*

Eichen-Reizker

Birken-Reizker

Beißender Milchling

Fleischblasser Milchling

Blasser Fransen-Milchling

Violettmilchender Zotten-Reizker (Lactarius repraesentaneus). *Gelb, Stiel grubig, Fleisch im Bruch violett.* Hut 9–20 cm, stark gewölbt, in der Mitte schwach niedergedrückt, klebrig, eingewachsen filzig, gegen den Rand bärtig-zottig, strohgelb. Lamellen blaß lehmfarben, bei Druck schmutzig violett. Stiel zugespitzt, fast wurzelnd, grubig-gefleckt, Farbe wie Hut. Fleisch fest, weiß, im Bruch violett, Milch weiß, violett werdend, Geruch aromatisch. – In Fichtenwäldern auf kalkarmem Boden. Selten. *Nach Einsalzen und Wässern eßbar.* Nahestehend ist der sehr häufige **Grubige Milchling** (L. scrobiculatus) mit scharfer, schwefelgelb verfärbender Milch. In Nadel- und Laubwäldern.

Graufleckender Milchling (Lactarius vietus). *Klebrig, Milch grauwerdend, Geschmack scharf.* Hut 4–8 cm, ausgebreitet bis schwach niedergedrückt, klebrig, glänzend, grauviolett, ausblassend. Lamellen weiß, allmählich blaß schmutziggelb, gedrängt. Stiel meist lang und schlank, oben mit etwas Hutfarbe, nach unten gelblich. Fleisch weißlich, weich, Milch anfangs weiß, nach einigen Minuten in der Luft olivgrau, Geschmack scharf. – Stellenweise in Birkenmooren. *Ungenießbar.*

Violettmilchender Milchling (Lactarius uvidus). *Graulila, Fleisch im Schnitt violett, mild.* Hut 4–10 cm, gewölbt-niedergedrückt, klebrig oder schleimig, grauviolett-lila. Lamellen gedrängt, weiß, allmählich schmutzig blaßgelb. Stiel blaß, von der Basis her etwas gelblich. Fleisch weiß, in Bruch und bei Druck schnell violett, Milch weiß, Geschmack mild. – In Nadel- und Laubwäldern, Birkenmooren. Weit verbreitet, aber nicht häufig.

Graugrüner Milchling (Lactarius blennius). *Olivbraun-grün, gezont, scharf.* Hut 4–10 cm, gewölbt-niedergedrückt, klebrig bis schleimig, olivbraun-olivgraugrün, etwas gezont, oft mit dunklen Tropfenflecken. Lamellen schmal, weiß, bei Berührung schmutziggrau. Stiel kurz mit etwas Hutfarbe. Fleisch fest, weiß, Milch weiß, an der Luft grauwerdend, Geschmack scharf. – Sehr verbreitet, besonders in Laubwald. *Ungenießbar.* Oben ist eine zarte, helle Form abgebildet, unten eine kräftigere und dunklere.

Tannen-Reizker (Lactarius turpis, necator, plumbeus). *Olivbraungelb, Rand bärtig, brennend scharf.* Hut 6–14 cm, ausgebreitet-niedergedrückt, klebrigschleimig, olivbraun bis olivgrünschwarz, Rand gelblich-oliv, eingerollt, ausgeprägt bärtig. Lamellen gedrängt, herablaufend, schmutziggelb, bald graugefleckt und am Rand braun. Stiel niedrig, zugespitzt, klebrig, oft grubig, heller als der Hut. Fleisch blaß, Milch weiß, Geschmack brennend scharf. – In feuchten Nadel- und Birkenwäldern, besonders auf Torfboden. Häufig. *Ungenießbar.*

Edel-Reizker (Lactarius deliciosus). *Orange-grünspanfarben, Milch orangerot.* Hut 4–10 cm, gewölbt-niedergedrückt, eingewachsen-faserig, schwach klebrig oder trocken, Rand eingebogen, gezont in orangeroten und ziegelroten Tönen, besonders alt spangrün anlaufend. Lamellen möhrenrot, zuletzt oft grünspanig, Stiel ähnlich. Fleisch blaß möhrenrot, brüchig, Milch orangerot, Geschmack würzig. – Häufig, besonders im Gras am Rande junger Nadelholzpflanzungen. Es werden heute mehrere Abarten unterschieden. *Eßbar; er ist am besten nach Wässerung, aber dann recht gut.*

Graugrüner Milchling   Graufleckender Milchling

Violettmilchender
Milchling

Edel-Reizker

Violettmilchender
Zotten-Reizker

Tannen-Reizker   213

BAUCHPILZE – GASTEROMYCETALES

Sternsporige Laubtrüffel (Arcangeliella asterosperma). *Peridie (Außenhaut) weißlich mit grünem Schein, reife Gleba (Inhalt) purpurdunkelbraun.* 1–3 cm, kugelförmig-lappig, seidenweiß mit grünem Stich, später schmutzigbraun. Gleba weiß und fein gekämmert, reif dunkel purpurbraun und dicht. Geruch kokosartig. – Unterirdisch oder unter Laub. Ziemlich selten.

Kleine Erdnuß (Hymenogaster tener). *Peridie (Außenhaut) weiß, Gleba (Inhalt) mit deutlichen, offenen Kammern.* 0,5–2 cm, eiförmig-lappig, kreideweiß, seidenfaserig. Gleba weiß, später ziegelrot-violett, mit blassen Kammerwandungen. – Unterirdisch in leichtem Humus, besonders unter Eiche. Ziemlich selten. Zahlreiche ähnliche Arten mit lehmfarbiger Peridie.

Gelbliche Wurzeltrüffel (Rhizopogon luteolus). *Lederbraun, von braunen Fäden umsponnen, Gleba (Inhalt) olivbraun, zerfließend.* 2–8 cm, knollenförmig länglich mit dünnen, dunkelbraunen Mycelsträngen umgeben. Peridie (Außenhaut) hell lehmfarben, später ledergelb, bei Druck rotbraun. Gleba hell gelblichweiß, später olivbraun, zerfließend, knoblauchartig riechend. – In sandigen Kiefernwäldern, oft viele Exemplare zusammen, ganz oder teilweise unterirdisch.

Bunte Schleimtrüffel (Melanogaster broomeianus). *Dunkelbraun, innen schwarz mit weiß-gelben Kammerwandungen, zerfließend.* 1–4 cm, knollenförmig, dunkel kastanienbraun, schwach filzig mit angedrückten Mycelsträngen. Gleba (Inhalt) schwarz, Kammerwandungen weiß bis blaßgelb, zerfließend. Geruch süßlich aromatisch. – Meist in lehmigem Boden unter Laubbäumen. Ziemlich selten.

Kleinsporige Schwanztrüffel (Hysterangium coriaceum). *Peridie (Außenhaut) weißlich, sich abschälend, Gleba (Inhalt) dicht, olivgrün.* 1–1,5 cm, eiförmig, Peridie weißgrau, später blaß lehmfarben, unten mit kräftigem Mycelstrang. Gleba dicht und hart, olivgrün mit blassen Kammerwandungen. – Besonders in kalkreichem Boden am Fuß von Laubbäumen. Sehr selten.

Stinkmorchel, Leichenfinger (Phallus impudicus). Jugendstadium (»Hexeneier«) eiförmig, 3–4 cm, weiß im Schnitt mit Schleimschicht und grüner Sporenmasse über der Stielanlage. Bei Reife wird die Peridie gesprengt und der Stiel streckt sich 10–20 cm in die Höhe, spindelförmig, weiß und gekammert mit freiem, grobmaschigem Hut von klebriger, stinkender, grüner Sporenmasse bedeckt. – Häufig in Wäldern, besonders auf Humusboden. *Der Stielkern der Hexeneier ist in rohem Zustand eßbar.*

Dünen-Stinkmorchel (Phallus hadrianus). Form ganz ähnlich Phallus impudicus, das Ei aber fleischfarben-violett getönt, die Sporenmasse olivbraun mit schwachem Duft. – In Dünen, Ei tief im Sand. Kaum selten, besonders spät im Jahr.

Hundsrute (Mutinus caninus, Phallus). Ei schlank eiförmig, weißgelb. Stiel orangefarben, gekammert, 5–10 cm, spindelförmig, die Spitze ohne Hut, von klebriger, olivbrauner Sporenmasse bedeckt. Geruch schwach. – Stellenweise manche Jahre nicht selten, in Wäldern, besonders an Stümpfen.

Sternsporige Laubtrüffel

Kleine Erdnuß

Gelbliche Wurzeltrüffel

Bunte Schleimtrüffel

Kleinsporige
Schwanztrüffel

Stinkmorchel

Dünen-Stinkmorchel

Hundsrute

Stäubling – Lycoperdon

Meist birnenförmige Pilze. Von einer zweischichtigen Peridie umgeben. Die äußere Schicht ist in Form von Stacheln oder Körnchen ausgebildet, die Innenschicht ist hautartig. Der Pilz bricht auf, indem der obere Teil der Peridie zerfällt (Untergattung Calvatia), oder durch eine Pore am Scheitel. Bei Reife ist die Sporenmasse im Innern des Pilzes braun, pulverartig-faserig. Meist mit einem sterilen, zelligen Teil an der Basis.

Hasenbovist (Lycoperdon (Calvatia) caelatum, bovista). *Rissig-schuppig, zuletzt becherförmig.* 6–12 cm breit, birnenförmig, weißgrau, bald rissig und in eckige, etwas filzige Schuppen zerfallend, allmählich zimtbraun und oben in Stückchen abfallend, so daß die braune Sporenmasse im becherförmigen Rest des Fruchtkörpers sichtbar wird, der zuletzt unten grubig und graubraun-glänzend ist. – Meist auf sandigen Weidewiesen. Verbreitet, aber nicht häufig. *Eßbar.*

Riesenbovist (Lycoperdon (Calvatia) giganteum). *Unregelmäßig kugelförmig, lederartig, weiß.* 15–30 cm breit, kugelförmig, unten etwas furchig, hautartig weiß. Fleisch recht fest, später lose schwammig und grüngelb, zuletzt blaß zimtbraun und filzig, gleichzeitig schält sich die Außenschicht in kleinen Flächen ab. – Waldlichtungen, Gärten, Felder. Recht selten. *Eßbar.* Abb. in halber nat. Gr.

Beutel-Stäubling, Langstieliger Becher-Stäubling (Lycoperdon (Calvatia) excipuliforme, saccatum). *Langgestielt, stachelig-körnig.* 8–20 cm hoch, halb so breit, mit mehr oder weniger scharf abgegrenztem Kopf, gegen den Stiel hin wellig-gefurcht, körnig-schuppig, bisweilen mit Gruppen von Stacheln, besonders nahe dem Scheitel, weiß bis grauweiß, allmählich bräunlich und nach oben sich abschälend. Fleisch anfangs weiß, dann bei der Reife grüngelb bis zimtbraun, der Stiel gleichzeitig graubraun anlaufend. – Stellenweise, besonders in hellen sandigen Nadel- und Birkenwäldern. *Eßbar.*

Heide-Stäubling (Lycoperdon pusillum, ericetorum, furfuraceum). *Kugelförmig, birnenförmig, fein kleiig.* 1–3 cm breit, größere Exemplare birnenförmig, kleinere meist kugelförmig, fein kleiig, weiß bis weißgrau, bei Reife blaß lederbraun, zuweilen buttergelb gefleckt, am Grund bronzefarben, am Scheitel mit feiner Pore. Fleisch anfangs weiß, später gelbgrün, reif zimtbraun und pulverartig, in kleineren Exemplaren unten fast ohne sterilen Teil. – Häufig auf sandigen Feldern und in Dünen, auch im Gras auf Waldlichtungen.

Flaschen-Stäubling (Lycoperdon perlatum, gemmatum). *Birnenförmig, weißgrau, mit losen groben Stacheln.* 3–5 cm breit, 4–7 cm hoch, birnenförmig, von kegelförmigen Stacheln, die je von einem Kranz Körnchenschuppen umgeben sind, dicht bedeckt, auf dem Stiel nur körnchenschuppig, weiß bis weißgrau, allmählich schmutzigbraun mit Pore am Scheitel, nach dem Abfallen der Stacheln papierartig und netzartig gemustert. Fleisch anfangs weiß, dann grüngelb bis lehmbraun, bei der Reife staubartig, im Stiel lehmbraun bis purpurbraun und grob gekammert. – Sehr häufig in Laub- und Nadelwald, oft in Büscheln. *Jung eßbar.* In Nadelwald eine niedrig gestielte Form, L. nigrescens, mit schwarzbraunen Stacheln in Büscheln von Körnchenschuppen umgeben.

Hasenbovist

Riesenbovist

Beutel-Stäubling

Heide-Stäubling

Flaschen-Stäubling

217

Brauner Stäubling (Lycoperdon molle, umbrinum). *Stacheln braun, kurz, Sporenmasse mit Purpurstich.* 2–5 cm breit und hoch, birnenförmig oder fast kugelförmig, Stacheln meist kurz und in zerstreuten kleinen Gruppen, schmutzigbraun auf nußbraunem-lehmbraunem Grund, nach unten kleiig und grubig. Fleisch anfangs weißlich, dann gelb, bei Reife dunkelbraun mit mehr oder weniger deutlichem Purpurstich. Sterile Gewebe im Stiel bei Reife meist purpurbraun und grobgekammert. – Recht häufig, meist in Nadelwald. Die Größe der Stacheln und die Farbe der Sporenmasse sehr veränderlich.

Birnen-Stäubling (Lycoperdon pyriforme). *Graubraun, kleiig, Geruch nach Metall.* 2–3 cm breit, 3–4 cm hoch, birnenförmig, unten gerunzelt grubig, fein und dicht mehlig-kleiig, weißgrau, allmählich graubraun oder gelblich-grau. Fleisch anfangs weiß, später gelblich-oliv, bei Reife pulverartig und matt lehmbraun. Geruch metallisch-scharf. – Sehr häufig, meist auf modrigen Stümpfen von Laubbäumen, in Büscheln mit kräftigen weißen Mycelfäden, auch auf Humus und auf Zweigen. *Jung eßbar.*

Igel-Stäubling (Lycoperdon echinatum). *Von langen braunen Stacheln dicht bedeckt.* 3–6 cm breit, fast kugelförmig, mit 3–4 mm langen, nußbraunen Stacheln, die bei Reife abfallen und ein Netzmuster auf grau-umbrabraunem Grund hinterlassen. Fleisch anfangs weißlich, dann blauviolett bis dunkel purpurbraun, pulverig werdend. – In Laub auf Humus, Buchenwald. Stellenweise. *Wertlos.*

Münzen-Stäubling, Niedergedrückter Stäubling (Lycoperdon pratense, hiemale). *Kreiselförmig-abgeflacht, Sporenmasse vom Stiel abgegrenzt.* 2–4 cm breit, anfangs kurz birnenförmig-kugelförmig, allmählich abgeflacht-kreiselförmig, grobstachelig von weißen, etwas angedrückten Stacheln auf weißgelblichem Grund, bei Reife kahl, lehmgraubraun mit recht großer, unregelmäßiger Mündung. Sporenmasse bei Reife blaß lehmfarben, vom sterilen gekammerten Stiel durch ein dünnes Häutchen getrennt. – In Gras auf Weiden und Waldwiesen. Stellenweise.

Bovist – Bovista

Kugelförmig, ohne sterilen Stielteil, die Exoperidie hautartig, die Innenschicht reif papierartig, mit Mündung am Scheitel.

Schwärzlicher Bovist (Bovista nigrescens). *Bei Reife glänzend purpurbraun.* 3–6 cm breit, fast regelmäßig kugelförmig, anfangs weiß und hautartig, allmählich rissig-abschälend, bei Reife papierartig, glänzend purpurbraun mit dunkler Basis, Mündung ritzenförmig. Fleisch weiß, bei Reife purpurbraun. – Im Gras auf Weiden. Recht verbreitet. *Eßbar, solange im Fleisch weiß.*

Bleigrauer Zwerg-Bovist (Bovista plumbea). *Bei Reife bleigrau, Mündung fast rund.* 1–3 cm breit, kugelförmig, hautartig weiß, allmählich rissig, hellgrau in den Ritzen, die Außenschicht abschälend, Innenschicht bei Reife bleigrau und papierartig, Mündung meist fast rund und recht klein. Reife Sporenmasse lehmbraun-olivbraun. – Im Gras auf Weiden. Recht verbreitet.

Brauner Stäubling

Birnen-Stäubling

Münzen-Stäubling

Igel-Stäubling

Schwärzlicher Bovist

Bleigrauer Zwerg-Bovist

Erdstern – Geastrum

Junge Fruchtkörper geschlossen, bei Reife sternförmig aufspringend. Endoperidie kugelförmig mit deutlicher Mündung; Sporenpulver dunkelbraun.

Gewimperter Erdstern (Geastrum rufescens, fimbriatum). *Endoperidie sitzend, ohne abgegrenzte Mündung, Exoperidie 6–8-geteilt.* 3–6 cm breit; die Exoperidie in 6–8 zurückgebogene Lappen gespalten, die Oberfläche lederfarben, die Unterseite mit abschälender Mycelschicht und dann blaß und glatt; zuletzt papierartig. Endoperidie sitzend mit schwach abgegrenzter, ausgefranst-faseriger Mündung. – In Laub- und Nadelwald. Stellenweise nicht selten.

Kleiner Nest-Erdstern (Geastrum quadrifidum, coronatum). *Endoperidie 4-lappig, unterste Schicht abgespalten wie eine flache Schale.* 2–3 cm breit, 4-lappig, hoch gewölbt über flacher Mycelschale, purpurbraun dann blaß. Endoperidie bleigrau mit blasser Mündungsscheibe, Mündung hervorstehend und faserig. – In Nadelwäldern, in Scharen. Recht selten.

Großer Nest-Erdstern (Geastrum fornicatum). *Endoperidie spitz 4-lappig, gewölbt über tiefer 4-lappiger Schale.* 5–10 cm hoch, 3–6 cm breit, hoch gewölbt mit 4 dickfleischigen, später hornartigen spitzen Lappen über tiefer Mycelschale. Endoperidie kurzgestielt, dunkelbraun, mit hervorstehender, faseriger Mündung. – In Laubwald. Sehr selten.

Kleiner Erdstern (Geastrum nanum). *Exoperidie 5–8-lappig, Endoperidie mit gefurchter Mündung; in Dünensand.* 1–3 cm breit und hoch, unregelmäßig 5–8-lappig, anfangs dunkelbraun, dünnfleischig, dann papierartig, grau. Endoperidie gestielt, graubraun, Mündung rohrförmig ausgezogen und gefurcht. – In Dünen und auf Sandfeldern. Selten.

Kragen-Erdstern (Geastrum striatum, bryantii). *Endoperidie gestielt mit Kragen um den Stiel und gefurchter Mündung.* 3–7 cm breit und hoch, unregelmäßig 6–12-lappig, dunkelbraun und ziemlich dickfleischig. Die Endoperidie bleigrauschwarzbraun, ausgeprägt gestielt, kragenförmig über dem Stiel; Mündung rohrförmig und gefurcht. – Meist in Nadelwald. Selten.

Kamm-Erdstern (Geastrum pectinatum). *Die Endoperidie gestielt ohne deutlichen Kragen, Mündung gefurcht.* 3–7 cm breit und hoch, unregelmäßig 6–12-lappig, dunkelbraun, ziemlich dickfleischig. Die Endoperidie meist bleigrau-bereift, mit deutlichem Stiel, ohne Kragen oder mit wenigen losen Fleischresten um den Stiel; Mündung rohrförmig und gefurcht. – In Nadelwald. Selten.

Halskrausen-Erdstern (Geastrum triplex). *Dickfleischig rissig, die Endoperidie sitzend, Mündung flach.* Bis 10 cm breit, 5–7-lappig, fleischig-rissig, fleischfarben, später dunkelbraun und etwas hornartig, oft mit Schale unter der sitzenden hellbraunen Endoperidie, mit seidenfaseriger, flacher, abgegrenzter Mündung. Nicht geöffneter Fruchtkörper spitz zwiebelförmig. – In feuchtem Laubwald. Recht selten.

Gewimperter Erdstern

Kleiner Nest-Erdstern

Großer Nest-Erdstern

Kragen-Erdstern

Kleiner Erdstern

Kamm-Erdstern

Halskrausen-Erdstern

221

Gemeiner Kartoffelbovist (Scleroderma aurantium, vulgare). *Schmutzig oliv-gelb, schuppig-rissig.* 4–8 cm breit, unregelmäßig knollenförmig mit oder ohne schwachen Stielansatz, rautenförmig-rissig, schmutzig olivgelb-strohgelb, fest und hart, bei Reife mit unregelmäßig rissiger, recht großer Mündung. Im Schnitt mit dicker, blasser Außenschicht und anfangs weißlich-rosa Fleisch, das über schiefergrau-weißadrig bis grauschwarz und pulverartig reift. Geruch metallisch. – Häufig, besonders auf Torfboden unter Birke. *Wertlos.*

Dünnschaliger Kartoffelbovist (Scleroderma verrucosum). *Grau-lehmbraun, am Grund orange und wurzelnd.* 3–7 cm breit, knollenförmig, meist mit deutlichem Stielansatz, der sich in gelbe, verzweigte Mycelfäden auflöst, grobschuppig oder körnigschuppig, schmutzig lehmbraun, kartoffelbraun, bisweilen mit Bronze-schein, fest, allmählich weich mit unregelmäßiger Öffnung. Im Schnitt mit ziemlich dünner, bräunlicher Außenschicht und anfangs weißem, bald dunkel-violettem Fleisch, bei Reife pulverartig und olivbraun. Geruch metallisch. – In Laubwäldern, besonders auf Humusboden. Nicht selten. *Wertlos.*

Zitzen-Stielbovist (Tulostoma brumale). *Kugelförmig mit langem, faserigem Stiel.* 1–2 cm breit, kugelförmig, mit feiner, hervorstehender Mündung, lehmbraun, später weißgrau. Stiel 2–5 cm hoch, faserig-gefurcht, unten mit Mycelbüschel. Am Standort gleicht der Pilz einem kleinen Stäubling, da der Stiel tief im Sand eingesenkt ist. Anfangs kugelförmig, ohne Stiel. – In kalkreichem Sand. Stellenweise selten, meist übersehen. Abbildung in natürlicher Größe.

Tiegelteuerling (Crucibulum levis, vulgare, Cyathus crucibulum). *Napfförmig, strohgelb-ledergelb, mit »Eiern«.* 0,5–1 cm breit und hoch, napfförmig, anfangs mit gelbweißem Deckel und lebhaft strohgelben, zottigen Seiten, bei Reife verschwin-det der Deckel, im Napf 8–10 linsenförmige weißliche »Eier«. – Auf Zweigen von Laub- und Nadelhölzern, in kl. Scharen. Allgemein verbreitet. Nat. Gr.

Gestreifter Teuerling (Cyathus striatus). *Braunfilzig, innen gestreift, »Eier« grau.* 0,5 cm breit, 1 cm hoch, umgekehrt glockenförmig, anfangs oben von braun-zottigem, später weißem Häutchen bedeckt, außen dunkelbraun-filzig, innen glänzend graugestreift mit 10–12 linsenförmigen, blaßgrauen »Eiern«. – Auf Humus und Holz. Verbreitet. Abbildung in natürlicher Größe.

Topf-Teuerling (Cyathus olla). *Trompetenförmig, innen grau, ungestreift.* 0,5–1 cm breit und hoch, anfangs geschlossen und fein filzig, schmutzig gelbgrau, bei Reife trompetenförmig offen mit zurückgebogenem Rand und kleiig-glatt. Innen grau, ungestreift mit 6–8 seidengrauen »Eiern«. – Einzeln oder wenige zusammen auf Boden. Stellenweise. Abbildung in natürlicher Größe.

Kugelschneller, Kugelwerfer (Sphaerobolus stellatus). *Sternförmig auf-springend, orange.* Anfangs kugelförmig, 0,2 cm, blaß orangegelb, später stern-förmig aufspringend mit 4–5 kurzen Lappen, lebhaft orangegelb, feucht, mit kugelförmiger, olivschwarzer Sporenkugel, die ausgeschleudert wird. – Auf altem Mist, modrigem Holz u.v.a. Nicht selten, aber oft übersehen. Abbil-dung in natürlicher Größe, zwei Exemplare vierfach vergrößert.

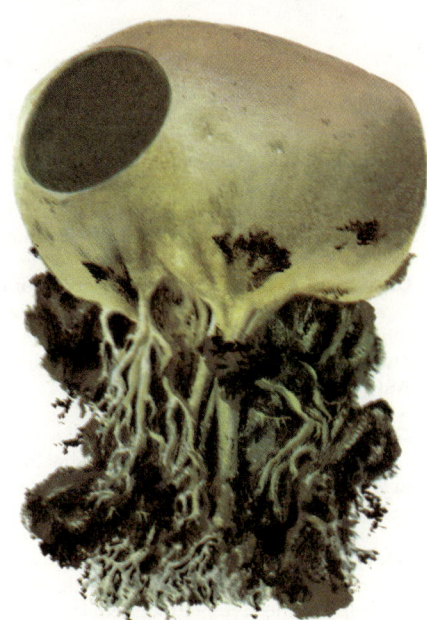

Gemeiner Kartoffelbovist

Dünnschaliger
Kartoffelbovist

Tiegelteuerling

Zitzen-Stielbovist

Gestreifter Teuerling

Topf-Teuerling

Kugelschneller

GALLERTPILZE – TREMELLALES

Judasohr (Auricularia auricula-judae, Hirneola). *Ohrförmig, leberbraun, auf Holunder.* 3–15 cm breit, anfangs muschelförmig, die Innenseite bräunlich fleischfarben, die Außenseite heller und fein filzig, allmählich unregelmäßig ohrförmiggefaltet und einheitlich dunkelbraun. In feuchtem Zustand gallertartig, in trockenem Zustand knochenhart. – Auf altem Holunder, seltener auf anderen Laubbäumen; besonders Oktober–November. *Eßbar und gut.*

Gallertzahn (Pseudohydnum gelatinosum, Tremellodon). *Perlgrau, die Unterseite stachelig.* 2–6 cm breit, zungenförmig-spatelförmig, oft etwas lappig, die Oberfläche perlgrau-bräunlich, fein filzig, die Unterseite mit feinen weißlichen Stacheln, an Wuchsstelle mit kurzem Stiel angeheftet. Fleisch gallertartig, zäh. – Auf Nadelbaumstümpfen. Selten.

Goldgelber Zitterling (Tremella mesenterica). *Orangegelb, gefaltet-lappig, auf Laubbäumen.* 2–10 cm breit, unregelmäßig faltig-lappig, gallertartig schleimig; in feuchtem Zustand hell orangegelb, in trockenem knochenhart, eingeschrumpft und dunkel orange. – Auf toten Laubholzästen, besonders Okt.–Dez. Häufig.

Kiefern-Kernling (Tremella encephala). *Fleischfarben, mit weißem, hartem Kern.* 1–4 cm breit, kissenförmig, hirnartig gewunden, blaß fleischfarben, alt etwas bräunlich, gallertartig mit weißem festem Kern. – Auf Kiefernholz. Nicht häufig.

Warziger Drüsling, Hexenbutter (Exidia glandulosa). *Olivschwarz, hirnartig gefaltet.* 2–20 cm breit, feucht kissenförmig-lappig, hirnartig gefaltet oder unregelmäßig zungenförmig herabhängend, olivschwarz, trocken hautartig und schwarzglänzend. – Häufig, auf modernden Laubholzästen, meist spät im Jahr.

Kreisel-Drüsling (Exidia recisa). *Kreiselförmig, braungelb, auf Weidenzweigen.* 1–2 cm breit, feucht kreiselförmig, gallertartig, durchscheinend braungelb, an toten oder halbtoten Weidenzweigen mit kurzem Stiel angeheftet. Meist in Büscheln. – Nicht selten, spät im Jahr. Ähnliche schwarze Art, E. truncata, auf Eiche.

Weißlicher Drüsling (Exidia albida). *Weißlichgrau, hirnartig gefaltet.* 2–10 cm breit, feucht gallertartig, weißgrau, bisweilen mit rötlichem Stich, faltig-lappig, in trockenem Zustand hornartig und grau. – Auf Laubbaumzweigen. Stellenweise nicht selten.

Klebriger Hörnling (Calocera viscosa). *Gegabelt, orangegelb, schleimig, auf Fichtenstümpfen.* 3–8 cm hoch, recht spärlich gegabelt, schleimig, nach unten trocken und haarig, wurzelartig verlängert, orangegelb, in trockenem Zustand mehr rötlich orange. – Auf Laubholz eine kleinere Form, C. cornea. Nat. Größe.

Gallertträne (Dacrymyces deliquescens). *Orangegelb, tropfenförmig, gallertartig.* 0,2–0,5 cm breit, kissenförmig, in feuchtem Zustand gallertartig und glänzend orangegelb, in trockenem Zustand etwas dunkler und matt, lehmartig. – Auf moderndem Holz, meist viele, etwas zusammenfließende Fruchtkörper. Sehr häufig. Abbildung in natürlicher Größe.

Judasohr

Gallertzahn

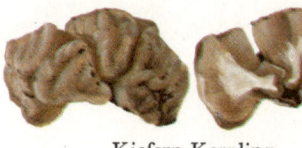

Goldgelber Zitterling

Kiefern-Kernling

Warziger Drüsling

Kreisel-Drüsling

Weißlicher Drüsling

Klebriger Hörnling

Gallertträne

REGISTER

MYKOLOGISCHE HANDBÜCHER

BESSEY, E. A., 1950: Morphology and taxonomy of fungi. – London.

COCHRANE, W. V., 1958: Physiology of fungi. – London & New York.

FOSTER, J. W., 1949: Chemical activities of fungi. – New York.

GÄUMANN, E., 1964: Die Pilze. Grundzüge ihrer Entwicklungsgeschichte und Morphologie. 2. Aufl. - Basel.

— , 1951: Pflanzliche Infektionslehre. 2. Aufl. - Basel.

HAWKER, L. E., 1950: Physiology of fungi. - London.

HEIM, R., 1957: Les Champignons d'Europe, I-II. – Paris.

INGOLD, C. T., 1960: Dispersal in fungi. – Oxford.

JOERGENSEN, A., 1948: Microorganisms and fermentation. Bearbeitet von A. HANSEN. – London.

JOSSERAND, M., 1952: La description des champignons superiéurs. – Paris.

LANGE, M., 1955: Botanik II. Systematisk Botanik nr. I, svampe. – Kopenhagen.

LOHWAG, H., 1941: Anatomie der Asco- und Basidiomyceten (in Handbuch der Pflanzenanatomie 6, Abt. II, Teilb. 3c). – Berlin.

STRASBURGER. E., 1962: Lehrbuch der Botanik für Hochschulen. 28. Auflage, bearbeitet von R. HARDER, F. FIRBAS, W. SCHUMACHER und D. v. DENFFER. – Stuttgart.

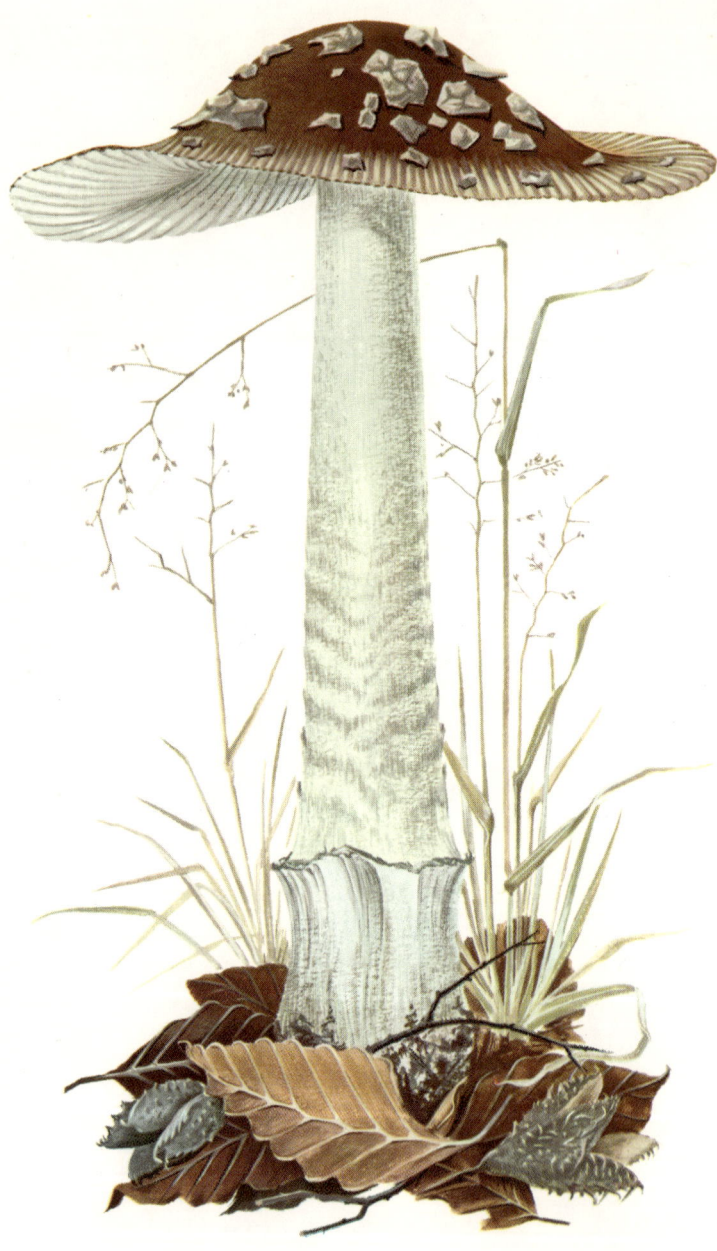

Tafel II: Doppeltbescheideter Scheidenstreifling (s. Seite 116).